U0360133

马克思主义学科群文库

# 理想与世俗之间

## 爱默生美学思想研究

李珍珍　著

上海交通大学出版社

SHANGHAI JIAO TONG UNIVERSITY PRESS

## 内容提要

本书以美国著名诗人、思想家爱默生为研究对象,深入探讨其美学特色及影响。由于爱默生演讲式、散文化的论著方式,及其随时代不断做出思想调整,使得对他展开完整思想爬梳难度较大,国内外鲜有专门美学论著。故本书选题具有较高的学术前沿价值,可为读者全面把握爱默生美学思想提供参照。本书将"诗与行动"视为爱默生美学的核心内涵,从神圣诗人、诗性直觉、诗意自然、诗性语言、感性行动、宗教行动、教育行动七个方面,分析了爱默生美学思想的价值与缺失,系统论证了爱默生美学思想不断调整、变化的动态历程。本书论述平实有力,文字准确流畅,框架严整,思路清晰,材料详实,逻辑合理,从总体上很好地勾勒出爱默生诗性理想与入世行动间的矛盾彷徨,不仅关注到爱默生思想的整体态势,而且还发掘了爱默生对后来美国实用主义的潜在影响,及其与同时代马克思思想的异同之处。

本书适合作为文艺美学类本科生或者相关专业研究生的研究参考用书,也可作为哲学专业学生的学习参考读物。

**图书在版编目(CIP)数据**

理想与世俗之间 : 爱默生美学思想研究／ 李珍珍著.
上海 : 上海交通大学出版社,2025.3. -- ISBN 978-7-313-
32412-2

Ⅰ. B712.41

中国国家版本馆 CIP 数据核字第 2025VL1846 号


**理想与世俗之间：爱默生美学思想研究**
LIXIANG YU SHISU ZHIJIAN: AIMOSHENG MEIXUE SIXIANG YANJIU

著　　者:李珍珍

出版发行:上海交通大学出版社　　　　　　　　地　　址:上海市番禺路 951 号
邮政编码:200030　　　　　　　　　　　　　　电　　话:021-64071208
印　　制:上海新华印刷有限公司　　　　　　　经　　销:全国新华书店
开　　本:710 mm×1000 mm　1/16　　　　　　印　　张:12
字　　数:200 千字
版　　次:2025 年 3 月第 1 版　　　　　　　　印　　次:2025 年 3 月第 1 次印刷
书　　号:ISBN 978-7-313-32412-2
定　　价:68.00 元

# 序言：天地一沙鸥

　　如果没有专门研究，爱默生就是一团不停扭动、变化的模糊幻影，觉得亲近的时候会倏然远去，疏远的时候却莫名来袭。这是思想的神秘，叫它魅力也行。任何一位思想家在不熟悉他的时候，应该都会有这样一段时间。当然，爱默生是特殊的，他的思想散落于随笔式的文体、诗意的表述之内，即便读过一些，形成一个相对完整的印象也不容易。大概 1996 年前后，曾因做杜威研究的需要，在复旦南区食堂门前的豆官书屋买过"三联"版的《爱默生集》，起初看的很起劲，语句很美又有余味，像"时间总是默默无言，呼应着它崇高的磨难"这类诗行，读起来就很享受，而且从中确实找到不少影响杜威的部分，比如注重当下的现代性思想，生活的偶然性和坎坷性、泛神论及乐观自强等。但这些并不是以逻辑而是用诗化的语言表达出来的，跳跃不定，甚至有些看法还自相矛盾：有时说科学是"枷锁"，献身思想"令人厌恶"，不能让思想把自己搞得"神魂颠倒"；有时又说自己很满足于认知，为获取点滴知识"就是耗尽今生今世也值得"。他到底是什么想法？令人难以捉摸。所以当时写杜威的时候明明知道他受益于爱默生很深，但由于不懂他，这条线索也就没敢多提。恐怕这些也是研究爱默生的难处，这么多年看不到爱默生美学思想研究的著作出现，并非没有道理。

　　考虑到其中的难处，李珍珍博士《理想与世俗之间：爱默生美学思想研究》能够出版，很不容易，也是件很好的事情。这本书是李珍珍的博士毕业论文，加上修改，前后历经近七年，其间还遭遇过足可铭记的周折。2021 到2022 那年她拿到国家留学基金委的项目，在德国柏林自由大学访学一年，遇到乌克兰和俄罗斯战争，缺米少粮，猴痘流行，还有新冠疫情很严重的那段时间，回国机票几经改签，柏林到法兰克福，落机国内，在重庆隔离半月，合肥隔离七天，回到家又隔离七天。好在她心很静，人也乐观，在重庆隔离的时候还在微信里跟我讲，"这样的经历是有益的"。看起来她是真的领会了爱默生"生活是冰冷的"意思，没有丝毫的怨怼和消沉，反倒在不平顺的一年中完成了论文的写作和修改，发表了数篇高质量的文章，或许，这就是青年的力量。

不久前读完书稿最后清样时，不知为何，心里蓦然有种轻快的感觉。此后反思这种感觉，应该是这本书解开了我最初的困惑：爱默生何以有那么多自相矛盾的说法。按书中的解释，爱默生虽然可以有前后期之分，有超验向事功的转变，可事实上，他"早期的诗性理想中，包含有后期关于务实经验、持续行动的潜在因子，"后期他也"没有彻底放弃早期的诗性理想，而是要将诗性直觉、想象、精神带到现实生活中。"对思想本身来说，这个特点未免不那么纯粹，可唯独如此，爱默生的形象却偏偏清晰了许多，更像身边一个真实的人，没有前期向后期突兀的跳跃，仿佛前边的自己根本不是自己；也没有成年对青春忘怀，诗意在污浊的尘烟中黯然泯灭。这样想来，当初自己令困惑不已的矛盾也并非矛盾，现实的逻辑本来就不同于思辨的空净。所以这本书最了不起的一点，应该就是遵从现实逻辑来书写爱默生，用诗人、直觉、自然、语言、行动、宗教、教育七幅画面统摄跳跃不定的爱默生，勾勒其青春超拔的岁月不忘敪擦尘世的凝重，倾墨后期的尘世喧嚣又着意点染精神的空明。一路读下去，爱默生一生的美学思想有如灌注进有机的生命，或意气飞扬，或蹙眉凝思，或怅然叹息，清爽而明晰，极少涩重。

在各篇章的处理上，此书的内容也很是饱满。其中最先打动我的是写"自然"这一章。杜威的《艺术即经验》一书出版后，研究界有一致的错愕，杜威的文字宛如其人，一向繁冗枯涩，都没想到他七十多岁时的这本书却写得激情澎湃。这个印象应该大部分出自第二章杜威写自然美的部分，他引用了不少 Henry Hudson 和爱默生对自然美的描写，野草茂盛、鸟儿啼鸣、万物吟唱，仿佛一切都具有了生命，并和作者产生了神秘的共鸣。杜威称这种现象为"审美沉迷(esthetic surrender)"，具有泛神论的倾向，而"诗歌与泛神论总是近亲"。这一点给我很大的启发，给学生讲课的时候也常说，中国的《诗经》随手拈来的"兴"，恐怕体现的也是这种倾向，是人视自然万物为平等生命，对自然还存有敬畏时的一种神秘能力，随敬畏的消失，傲慢的增长，这种能力也就不复再现了。杜威自己没有讲，但李珍珍博士写爱默生"自然"审美思想时，我才知道杜威的灵感从何而来。按她的理解，爱默生的自然美观念与美国哈德逊河画派有种隐秘的联系，所以此章她采用了二者互读的设计，通过精细的分析，认为二者眼中的自然，"不是描摹对象，而是创造的载体，它是精神的形态而不是物的枝蔓。"于是，"物"仿佛就是生命体，会和人共鸣，给人滋养。就像爱默生自己所讲，"谁能猜想，海边的岩石教给渔夫多少坚忍不拔的精神呢？谁又能说出，那蔚蓝色的天空向人传授了多少心境平和的诀窍呢？"这是杜威自然审美观的泛神论来源，李珍珍博士不但理出了这条线，还准确洞察到他们之间的不同，爱默生的自然之美，美在超验的精神天际，杜威的却美在生活经验。这些分析和看法布满张力，令我受益匪浅。

"自然"一章只是个案，如果细读下去，其他各部分也有各自的特点。比如"结语"中爱默生与马克思的比较，我觉得同样精彩。李珍珍谈及二人同中之异时，有一句话给我的印象很深，她说："马克思要将爱默生式的诗化策略颠倒过来，不是诗性想象创造历史，而是在真切的历史活动、社会生产中融入审美、诗意之维。"读到这里，令人不由心生透澈之快，她的结论至少在我看来一语中的，不但勾勒出一位长时间滞留精神时空、偶尔俯瞰尘世的理想主义诗人形象，也准确捕捉到了一位行走在大地之上的巨人影踪。这些都是弥足珍贵的。

前面只是我个人感受的点滴，李珍珍博士跟我说不用写多，那我也就拉拉杂杂至此收笔，把更多的空间留给慧雅的读者，相信诸君都会在爱默生沙鸥般的美学飞翔中，找到一份自己的灵思与快适。

张宝贵

2025 年 3 月 3 日于绿地长岛

# 前言
FOREWORD

爱默生是美国重要的思想家、诗人。他的思想中蕴含着诸多重要的美学观念,其中最为核心的便是诗与行动。二者也代表了其美学思想丰富、驳杂甚至矛盾的面向。本书试图以诗与行动为核心,拟从以下七个章节分析爱默生美学思想的价值与缺憾。

第一章重点论述作为诗意理想的先行者诗人,爱默生渴望其发挥审美功用去拯救技术理性统治下的美国社会。在形式上,爱默生指出诗人可以凭借神圣思想有机统一物质形式,让形式服务于思想的变化。这样一来,理性主义的形式逻辑、科技成果都将归结在诗人的思想内容中,受思想引领。在思想上,爱默生强调诗人的想象力和崇高情感都是心灵本性的指引,并将其与宗教、伦理紧密相连,从而促使诗歌灵感、上帝启示、伦理法则都归拢于诗人的心灵。然而,在实践上,爱默生的"理想诗人"并未取得预期效果,但其在精神上却给当时的美国注入了一剂强心针。

第二章主要从诗意理想实现方法,即直觉入手,分析面对美国经验论、怀疑论盛行,民众信仰缺失的现实状况,如何凭借超验的理性直觉,在物性社会中强调心灵价值,进而实现精神复兴。这促使爱默生不仅关注直觉在理论层面上顿悟精神本质的可行性,更看重直觉在修正科技理性弊端上所发挥的实际效用。然而,其直觉方法在实践层面并未取得理想效果,诗性直觉无力扭转工具理性下的信仰危机。

第三章论述诗意理想的重要活动场域——自然。通过与美国第一个独立画派，即哈德逊河画派相比照，显现出爱默生的诗性自然样态。爱默生对自然荒野具有鲜明热爱，既流露出自觉摆脱欧洲文化依赖的独立意识，更寄托了其崇尚诗意自然、创造整一世界的审美理想。可惜的是，自然理想遭到工业生产的冲击，爱默生不得不寻求折中方案，这也预示了理想正逐步走向破灭。诗性自然遭到工业景观不断蚕食。

第四章旨在说明诗性语言是爱默生诗意理想的表达途径，及其逐步转向行动的过渡姿态，预示着爱默生思想从诗性向行动转变的整体趋向。爱默生语言观源自对洛克语言观的继承，他同意洛克对感觉经验的肯定，认为经验是语言意义的原初来源。不过很快，他察觉到洛克语言思想对经验逻辑的过分倚重，扼杀了语言的想象与创造。他便借鉴浪漫主义的核心理论，让语言重返诗歌本源，在能指与所指的原初统一中，重塑语言的感性价值，以诗性语言勾勒世界。紧接着，他又意识到面对变动不居的心灵诗性语言也有其局限，后期则将语言视为一种行动，一种在与环境交互中所形成的结果，而这预示着后来爱默生美学思想整体向着更为务实、重视行动的方向调整。

第五章着重论述爱默生思考个体如何于行动中全面展开感性活动的问题。随着黑奴法案通过、南北方斗争日益激烈、城市犯罪失业率激增等愈发严峻的社会问题，19世纪中后期的爱默生重新审视既有理论可能存在的问题。与早期不同，再审视的爱默生更为务实、入世，不再过度倚仗诗性力量去实现精神自由。他承认个体感知力在其命运环境中有其局限，希望个体于局限中不断突破局限，扩大感知力量。为了能够更好实现感知扩展，他提出了于行动前做好感知的接收工作，于行动中训练集中、专注，并在行动中不断提升感知力。而这些提法与后来的实用主义行动观念有诸多契合之处。

第六章力图厘清爱默生美学与美国清教运动间的内在脉络。爱默生美学作为美国清教世俗化运动的有机部分，具有强烈的尘世功利色彩，其间隐现着对美国清教入世观念的继承。他将神性引入人的内心，以求解决现代理性主义下的物化局限所带来的信仰危机，在物性有限中展现心灵的无限性。

然而,爱默生并未取得理想效果,神性落入人间有诸多障碍。对此,爱默生积极调整。他以日常伦理规范代替宗教教义,让宗教成为尘世间的伦理准则,于个体行动中,检验、确认行为是否良善,让行动变为确证观念好坏的手段、场所。

第七章关注的是爱默生对知识获得、应用的审美态度。他从 19 世纪兴盛的"公共学校运动"中看到了现代知识教育专业化、固定化的潜在问题,认为其正在建立远离心灵与社会生活的"第三种秩序"。对此,他极力反对,并提出知识学习应回归行动,在日常行为中,培养、训练个体的感性能力,帮助个体不受局部限制,看到自身与事物间基本的整体关联,并于行动中调动身心,实现对知识的全面应用,这对后来杜威、舒斯特曼等实用主义者都有着不可估量的影响。不过,因其观念缺乏具体的执行方案,在切实的学校教育中难以推行。

结语以爱默生思想中诗性思维为抓手,通过比较同时代的爱默生、马克思所展现出的不同诗性追求,进而突显出爱默生诗性思维的得失之处。爱默生是从具体的自然事物中看到了诗性本源,希望凭借主体的想象力、创造力,在主客体持续相遇的行动中,不断扩大自身感知,实现自身不断接近原初本质的历史进程。与爱默生不同,马克思通过揭示制约个体感性的生产方式,发现克服感性局限的力量,进而实现人的自由与解放,恢复人的诗性之维。在对二人的比照中,可以感受到爱默生的诗化策略缺乏行动力,而马克思的诗性寓于真切的生产实践中,具有切实、革命的社会价值。

# 目录
CONTENTS

绪论 ·········································································· 1

　一、爱默生美学的矛盾姿态 ································ 1

　二、研究文献综述 ············································ 8

　三、研究的理论意义与实践价值 ······················· 17

　四、研究目标与思路 ········································· 18

　五、研究方法与创新之处 ·································· 20

第一章　诗人的神圣追求与困局 ························· 22

　第一节　对理性主义的反拨 ····························· 23

　　一、对科学自然形式的整合 ·························· 24

　　二、对机械理性形式的替代 ·························· 26

　第二节　诗人之思的神圣价值 ························· 29

　　一、确信诗人思想的价值 ····························· 29

　　二、发挥诗人引领思想的能力 ······················ 30

　第三节　理想诗人的现实困局 ························· 34

　　一、有机形式的局限 ···································· 35

　　二、诗人能力的限度 ···································· 36

第二章　直觉解蔽心灵的诗性方法 ···················· 40

　第一节　直觉方法的酝酿 ································ 40

一、对经验压制心灵的批判 ⋯⋯⋯⋯⋯⋯⋯⋯⋯⋯ 41

二、从既有理论中发现直觉力 ⋯⋯⋯⋯⋯⋯⋯⋯⋯ 43

第二节 直觉的多重内涵 ⋯⋯⋯⋯⋯⋯⋯⋯⋯⋯⋯⋯⋯ 45

一、改造理性主义直觉观 ⋯⋯⋯⋯⋯⋯⋯⋯⋯⋯⋯ 45

二、直觉内涵的多重维度 ⋯⋯⋯⋯⋯⋯⋯⋯⋯⋯⋯ 47

第三节 直觉的诗意归宿 ⋯⋯⋯⋯⋯⋯⋯⋯⋯⋯⋯⋯⋯ 51

一、以诗为载体的两重原因 ⋯⋯⋯⋯⋯⋯⋯⋯⋯⋯ 51

二、以直觉去建构诗性世界 ⋯⋯⋯⋯⋯⋯⋯⋯⋯⋯ 53

第四节 直觉本意的背离 ⋯⋯⋯⋯⋯⋯⋯⋯⋯⋯⋯⋯⋯ 54

一、直觉方法的初心 ⋯⋯⋯⋯⋯⋯⋯⋯⋯⋯⋯⋯⋯ 54

二、诗性直觉的苍白 ⋯⋯⋯⋯⋯⋯⋯⋯⋯⋯⋯⋯⋯ 56

第三章 于荒野中建构自然理想及破灭 ⋯⋯⋯⋯⋯⋯⋯⋯ 59

第一节 感知自然的多样与无限 ⋯⋯⋯⋯⋯⋯⋯⋯⋯⋯ 60

一、发掘自然的审美多样性 ⋯⋯⋯⋯⋯⋯⋯⋯⋯⋯ 62

二、深化对自然感知的长度 ⋯⋯⋯⋯⋯⋯⋯⋯⋯⋯ 64

第二节 创造诗意的理想自然 ⋯⋯⋯⋯⋯⋯⋯⋯⋯⋯⋯ 66

一、在整一中追寻崇高意境 ⋯⋯⋯⋯⋯⋯⋯⋯⋯⋯ 67

二、从透亮处洞察自然本质 ⋯⋯⋯⋯⋯⋯⋯⋯⋯⋯ 70

第三节 人工介入后的自然命运 ⋯⋯⋯⋯⋯⋯⋯⋯⋯⋯ 71

一、工业化下的自然境遇 ⋯⋯⋯⋯⋯⋯⋯⋯⋯⋯⋯ 71

二、介入自然的诗意姿态 ⋯⋯⋯⋯⋯⋯⋯⋯⋯⋯⋯ 72

三、理想自然难抵工业蚕食 ⋯⋯⋯⋯⋯⋯⋯⋯⋯⋯ 75

第四章 诗性语言及其行动转向 ⋯⋯⋯⋯⋯⋯⋯⋯⋯⋯⋯ 79

第一节 对洛克语言观的遵从与批判 ⋯⋯⋯⋯⋯⋯⋯⋯ 80

一、对洛克语言思想的遵从 ⋯⋯⋯⋯⋯⋯⋯⋯⋯⋯ 81

二、于批判中建构诗性语言 ⋯⋯⋯⋯⋯⋯⋯⋯⋯⋯ 83

第二节 语言的诗性本源及其特征 ⋯⋯⋯⋯⋯⋯⋯⋯⋯ 84

一、诗性语言的情感性 ●●●●●●●●●●●●●● 85

二、诗性语言的象征性 ●●●●●●●●●●●●●● 86

三、诗性语言的创造性 ●●●●●●●●●●●●●● 88

第三节　诗性语言的局限 ●●●●●●●●●●●●●● 89

一、无法指称绝对本质 ●●●●●●●●●●●●●● 89

二、语言创作的不自觉 ●●●●●●●●●●●●●● 90

第四节　诗性语言转向行动 ●●●●●●●●●●●● 91

一、看重语言行动的实际效用 ●●●●●●●●●● 92

二、关注行动语言的传递语境 ●●●●●●●●●● 93


第五章　感知命运的行动力量 ●●●●●●●●●●●● 97

第一节　对时代问题与理论的务实思考 ●●●●●● 98

一、愈发严峻的现实问题 ●●●●●●●●●●●● 98

二、基于现实的理论审视 ●●●●●●●●●●●● 101

第二节　从命运局限中生发感知力量 ●●●●●●● 103

一、承认感性能力有其限度 ●●●●●●●●●●● 104

二、于局限中生发感知力量 ●●●●●●●●●●● 107

第三节　感性生活的准备与训练 ●●●●●●●●●● 108

一、行动前的感知准备 ●●●●●●●●●●●●● 108

二、行动中的感知训练 ●●●●●●●●●●●●● 110


第六章　逐步入世的宗教行动 ●●●●●●●●●●●●● 114

第一节　宗教世俗化的脉络 ●●●●●●●●●●●● 114

一、清教入世的原因及表现 ●●●●●●●●●●● 115

二、清教世俗化的潜在问题 ●●●●●●●●●●● 117

第二节　重构后的宗教审美迹象 ●●●●●●●●●● 118

一、寓于现实的审美情感 ●●●●●●●●●●●● 119

二、忠于心灵的创造活动 ●●●●●●●●●●●● 121

第三节　宗教经验的落地障碍及调整方向 ●●●●● 123

一、对个体内心的过度倚仗 ………………………………………… 123
二、弱化心灵的主宰性 ……………………………………………… 125
第四节 以道德代宗教的确证实践 ………………………………… 126
一、日益衰落的宗教形式 …………………………………………… 127
二、回归道德感与道德情操 ………………………………………… 128
三、于行动中评估实践价值 ………………………………………… 131

第七章 于行动中获得知识教育 …………………………………… 134
第一节 反对建构"第三种秩序" …………………………………… 135
一、反对专业化的知识设置 ………………………………………… 137
二、反对照本宣科的知识学习模式 ………………………………… 137
三、反对教师规范知识内容及形式 ………………………………… 138
第二节 知识的获得途径与全面应用 ……………………………… 139
一、在知识训练中提升整体意识 …………………………………… 140
二、在行动中实现知识全面应用 …………………………………… 143
第三节 爱默生知识教育的价值与缺憾 …………………………… 145
一、于行动中习得应用知识的意义 ………………………………… 145
二、爱默生知识教育的缺憾 ………………………………………… 147

结语 爱默生与马克思诗性、行动思维的分途 …………………… 149
一、回到感性的诗意路径 …………………………………………… 150
二、诗性的历史行动之维 …………………………………………… 154
三、诗意复归的不同内涵 …………………………………………… 161

参考文献 ……………………………………………………………… 163

索引 …………………………………………………………………… 176

后记 …………………………………………………………………… 177

# 绪　　论

## 一、爱默生美学的矛盾姿态

爱默生(Ralph Waldo Emerson)作为美国精神、文化的缔造者之一,其思想是驳杂的、变化着的,甚至是充满矛盾的。这使得历来学者们对他的思想有着诸多不同的评述。一类学者突出了爱默生思想对个体无限可能、心灵永恒力量的肯定,认为其是美国超验主义的代表人物。例如理查德·鲁兰(Richard Ruland)在《从清教主义到后现代主义:美国文学史》中,这样描述爱默生的超验思想,说:"爱默生关于用清纯的目光看待自然世界的观点,意味着他本人及所有美国人的新开端,而结果正是如此。"①鲁兰所言的"清纯的目光"指的便是,爱默生在自然世界中,对内心的诗意关注,对直觉、想象等浪漫方式的热爱。鲁兰的观点代表了这类学者的普遍主张,他们都认可:"拉尔夫·沃尔多·爱默生被公认为是19世纪美国超验主义运动的主要代言人,他在第一部著作《论自然》中全面深刻地诠释了他的超验主义自然观,成为'新英格兰超验主义的宣言'。"②

有趣的是,另一类学者则主张要对爱默生的思想"去超验化"(detranscendentalization),认为他思想强调人与自然经验,在环境中的交互作用,其思想蕴藏着经验行动、讲求效用等实用主义的诸多因素。劳伦斯·布尔指出,一个"去超验的爱默生[他]更符合80年代的心态而不是60年代的心态"③。梅楠德则明确表示,"美国实用主义思想恰恰脱胎于美国文化打破原有体制的冲

---

① Richard Ruland. *From Puritanism to Postmodernism: A History of American Literature* [M]. New York: Routledge, 1991, p.119.

② 俞田荣:《德性·人性·生态:西方道德基点的演进》,哈尔滨:黑龙江人民出版社,2011年,第112页。

③ Lawrence Buell. *The Emerson Industry in the 1980's: A Survey of Trends and Achievements*[J]. ESQ, 1984(03):117-136.

动之中，这种冲动即源自爱默生的著作。"①作为理查德·罗蒂学生的韦斯特，在其书《美国人对哲学的逃避：实用主义的谱系》也指出，爱默生"严肃地思考理想在现实中如何体现、原则在实践中如何推行——简而言之，就是思想和行动、理论和实践之间存在的那种不可分割的联系"②。这类学者肯定了爱默生思想里的实用因子，他要求个体去冒险、随时劳作、积极行动，也关注行动的效用、价值，而这些的确可视为实用主义思想的滥觞。

两类学者的研究面向，为我们呈现了爱默生美学思想的矛盾姿态。他的美学既关乎心灵的永恒神性，也关乎世俗的认知经验，既有超验的直觉想象，也有去超验的行动效用，既重视诗意理想，也热衷尘世事功……乍看起来，爱默生思想如同一团乱麻，杂糅了理想与世俗的诸多冲突性元素。然事实上，这正是爱默生作为过渡思想家的重要表征。

他是美国思想史中承上启下的关键性人物。作为美国精神、思想的缔造者，他在不断否定、调整中，完成了对美国实用主义兴起、超验主义消退的历史勾连。③ 爱默生是美国超验主义运动的领袖。他的超验思想源于其对传统思想、既有理论的大胆批判，他要带领民众与传统决裂，发挥个体诗性力量，实现个人无限可能。诚如相关学者所说，"超验主义代表着人类不可剥夺的品质"。"它是被旧唯理主义推翻的那种思想的重新发现，它最终在神秘主义的自我中心的世界上创造出来……赋予人性以巨大的潜力。"④这场"相信自我""回归内心"的诗意活动，成为美国思想、文化史的重要组成部分，其功绩自不用多言。但很快，面对日益严峻的社会现实，敏锐、伟大的爱默生又对自己的超验理论产生了质疑。在自我反思、修正中，他的思想逐渐弱化诗性成分，更为看重实践、效用，重尘世事功，成为后代实用思想的促进者，"预示了美国实用主义最突出的主题"⑤。换句话说，他是通过直觉、想象等诗性力量展开对理性主义思想攻讦，又以行动、效

① ［美］路易斯·梅楠德：《哲学俱乐部》，肖凡，鲁帆译，南京：江苏人民出版社，2006年，第71页。

② ［美］康奈尔·韦斯特：《美国人对哲学的逃避：实用主义的谱系》，董山民译，南京：南京大学出版社，2016年，第3页。

③ David M. Robinson. *Emerson and the Conduct of Life: Pragmatism and Ethical Purpose in the Later Work*［M］. Cambridge：Cambridge University Press，1993，p.2. 具体可参见该书introduction中的描述。

④ ［美］沃农·路易·帕灵顿：《美国思想史》，陈永国译，长春：吉林人民出版社，2002年，第678、679页。

⑤ ［美］康奈尔·韦斯特：《美国人对哲学的逃避：实用主义的谱系》，董山民译，南京：南京大学出版社，2016年，第1页。

用等实用因子完成着对过度强调诗性的修正。这样一来,他的思想不可避免会出现矛盾、冲突的现象,也自然会出现或超验、或实用的不同阐释。这也正是爱默生最为可贵之处,或许对他的历史定位无须局限于理想超验或世俗行动的框架内,或许"间性"更能表明其思想面貌。他既是超验主义的代表者,也是实用主义的先行者。爱默生是在理想与世俗之间,完成着对美国思想谱系的重要勾连。

要想切实把握爱默生"理想与世俗之间"的美学思想,便要厘清他思想发展的整体脉络,尤其是在关键节点时他的思想转向。具体而言,爱默生思想发展大致可分为两个阶段。第一阶段大约是在 1840 年之前。这一时期他的思想具有典型理想化、浪漫诗性的特征,《论自然》《美国学者》等重要的超验作品,都发表于这一阶段。在这一阶段,受柏拉图、新柏拉图主义、欧洲浪漫派、德国观念论等影响,他形成了两个最为重要的认识,一是有形、可见的自然世界是无限、不可见精神世界的入口,二是进入的手段为主体的诗性直觉。

于柏拉图、柯勒律治等人处,他看到了主体心灵的突出力量及自然形象的诗性本质。爱默生大学时(1820 年前后)便读过柏拉图著作。与许多柏拉图的追随者一样,爱默生从其灵魂说中,意识到物质形式源自深邃的思想,灵魂才是物质世界的本原。他想从灵魂处"开始寻找一个新的时代"①,去宣告工具理性的衰败。而英国浪漫派的诗性构想,更让爱默生看到心灵力量、自然精神将成为对机械、僵化的经验论、怀疑论的有效替代。诚如学者所言,"这个更完美的时代的线索和暗示已经从大洋彼岸传来,从华兹华斯和雪莱,从库辛和斯达尔夫人,从柯勒律治和卡莱尔那里传来。"②在《抒情歌谣集》第二版序言中,华兹华斯写到,他和柯勒律治的主要任务就是从"日常生活中选择事件和情景",并"给它们加上某种想象的色彩,从而使普通的事物以不寻常的面貌呈现在人们的脑海中"③。这份呈现意味着理想化的诗性思维在现代工具理性统治下的复活,这让爱默生觉得亢奋。他捕捉到应对经验论压抑、机械弊端的诗性方式,那就是回到自然世界,发挥主体心灵的绝对力量去洞见自然形象背后的精神。

而浪漫派柯勒律治对康德先验论的变形式解读,更让爱默生将诗性方式具

---

①　［美］沃农·路易·帕灵顿:《美国思想史》,陈永国译,长春:吉林人民出版社,2002 年,第678 页。

②　［美］沃农·路易·帕灵顿:《美国思想史》,陈永国译,长春:吉林人民出版社,2002 年,第678 页。

③　William Wordsworth. *The Poetical Works of Wordsworth* ［M］. Paul D. Sheats, ed. Boston: Houghton Mifflin Company, 1982, p.791.

体锁定为直觉。据目前文字记载来看,爱默生没有直接阅读过康德的著作。他对康德的了解源自柯勒律治、马什等人的"变形"论著,致使其简单估计康德所言的先验,就是那种类属于直觉思维的东西。诗性直觉便是能洞见到事物本质的能力,它来自主体心灵那高于感官经验、推理认知的理性。基于这样的认识,爱默生形成了他重要的诗性路径:借助主体心灵至高的理性去直觉洞见自然形象背后不可见的精神,而《论自然》便是对这一路径具体、系统的详尽阐述。它不仅成为超验主义思想的核心指南,更意味着浪漫主义思想实现了跨大西洋的重要转移。有学者对其做过中肯的评价,认为:"这篇长文的全部相关性,只有在跨大西洋的背景下才能得到欣赏:爱默生不仅为美国浪漫主义创造了一个基础文本,而且在许多方面,他完成了一个其他浪漫主义者只是零敲碎打阐述的项目。"①也就是说,爱默生全面整合了以英国浪漫派为代表的诗性理想,将关于自然的诗意阐述带到了缜密完善的新高度,这是他的卓越贡献。

但就其诗性理想改变既有理论的初衷而言,他的诗性理想被多次证明是空虚无力的,这促使其开始反思、调整甚至否定自己的某些观念。这就迎来了爱默生思想发展的第二个重要阶段,即约 1840 年之后,他开始对自身理论进行了深刻反思。在阐述爱默生第二阶段思想特征前,还有一点值得注意,那就是他早期的诗性理想中,包含有后期关于务实经验、持续行动的潜在因子,不容忽视。在《论自然》等文中,爱默生提及直觉力时,也很看重源自感性经验的感官直觉,强调超验的直觉力是从感官直觉逐渐发展形成的。他没有忽视感官经验对个体审美培养的益处,看重感官训练。更为难得的是,他还认为诗性直觉、想象能力的运用不应处于一个封闭稳固的系统里,而应蕴于不断变化、交往的诗意进程中。爱默生主张只有在一个动态、持续的诗性活动中,自身思维才能与自然精神的不断靠拢。这在爱默生思想后期,被增强、调整为持续的智力感知、探索过程,也成为日后美国实用主义的核心观念:看重持续的经验过程,而非静止的体系构建。②

至于他调整转变的具体契机、得失,则要从第二阶段的具体内涵中探寻踪迹。不少学者将他出版于 1844 年的《经验》,作为其思想的分水岭,意味着爱默

---

① Samantha C. Harvey. *Transatlantic Transcendentalism: Coleridge, Emerson and Nature* [M]. Edinburgh: Edinburgh University Press, 2013, p.119.

② Samantha C. Harvey. *Transatlantic Transcendentalism: Coleridge, Emerson and Nature* [M]. Edinburgh: Edinburgh University Press, 2013, p.16.

生从乐观的诗性理想向悲观务实的经验行动转变。这种评述基本符合爱默生思想的变化态势。《经验》对探寻爱默生思想的实用转向，有其价值。在《经验》开篇，爱默生便批判性地质疑唯心论、观念论的作用。他早期思想的形成主要得益于唯心观念论给予充分养料，而面对理论无法扭转工具理性统治下的美国现实，他自然对其产生了强烈质疑。他写道："我们像幽魂似的在自然中悄然滑行，再也认不出我们的位置。"①他质疑唯心、观念论，通过不断强调、升华心灵力量，将其逐渐带离凡俗肉体，使之成为高高在上的空虚精神。他写道："此刻的我变成了一只透明的眼球。我不复存在，却又洞悉一切。"②此刻的"我"虽统领万物，但就如同"幽魂似的"漂浮在诗性上空，与现实生活彻底疏离，也对自然尘世毫无用处，这让爱默生无法容忍。他越发意识到空虚、永恒的心灵力量只是美好的诗意理想，心灵、观念只有回到切实的经验中、回到感性生活里，才能实现其价值。爱默生所意识到的，也是西方哲学传统坚持本体论、二元论的问题，从柏拉图、普罗提诺再到黑格尔、康德及浪漫派，对于整个传统来说，基本上都没有将肉身、物质视为心灵活动的土壤，纯粹的思维活动不会实现观念与实践的勾连。

事实上，在《论自然》时期，爱默生就明白："在他的思想和他的情感身体之间有一条裂缝，就是在真实的生活中，在自己和生活之间有一条裂缝。"③只不过那时的爱默生非常积极乐观，坚信诗性直觉、强大的心灵能够勾芡这条裂缝，远没有中后期这样悲观、冷静的思考。这份悲观、冷静主要源于爱默生在 1842 年1 月痛失爱子小沃尔多。儿子的离去，也勾起了他对已过世 11 年的妻子艾伦·塔克的哀思，悲伤情绪长久驻留于爱默生的心间，潜移默化地改变着爱默生早期积极乐观的诗性态度。大多数爱默生研究学者都认为，爱默生小儿子的离世对其影响巨大，甚至改变了他对现实问题的思考态度，使其思考向着悲观、务实的姿态发展。在他儿子离世两年后的《经验》中，他多次谈及"死亡"，表述异常冷静。他写道："现在，我们除了死亡便一无所有。但我们仍带着一种苦中作乐的

---

　　① ［美］爱默生：《爱默生集》，吉欧·波尔泰编，赵一凡等译，北京：生活·读书·新知三联书店，1993 年，第 523 页。

　　② ［美］爱默生：《爱默生集》，吉欧·波尔泰编，赵一凡等译，北京：生活·读书·新知三联书店，1993 年，第 10 页。

　　③ Branka Arsić. *Against Pessimism: On Emerson's "Experience"* [J]. Arizona Quarterly: A Journal of American Literature, Culture, and Theory. 2016(03)：25 - 45. 绪论中多处参考该文观点。

满足,对它产生了好感,说什么我们至少还有不会躲避我们的现实。"①"而为了跟这种现实接触,哪怕牺牲儿子和爱人也在所不惜。"②事实上,爱默生想表达的是,在强烈的悲伤情绪中,他前所未有地体验到主观情感、思维与现实情况离得如此近。他有种思想真正存于现实中的满足感③。在"死亡"所引发的悲痛中,爱默生冷静地感受着心灵与现实的短暂连接,似乎找到缝合自我与生活裂痕的方式,即不断产生强烈的情感,让浓烈情绪"把我撕裂,要把它扩大必须是使我富裕"④。但很快冷静的爱默生便发现,主观情绪、情感并"没有给我任何教益,也没有把我带进真正的自然一步"⑤。他说:"这种灾难是昙花一现的东西。"⑥短暂的悲痛没有帮爱默生实现思想与物质生活的切实关联,如何让思想观念真正回到感性世界是爱默生后期要解决的核心问题。

对此,虽然他并没有彻底看清,现实生活的精神支撑到底是什么、源自哪里,但他明白要从中断诗性理想开始,重新探索自我与物质世界的可能关系。在这个意义上,他实现了对自己早期超验、诗性思想的某种否定。他写道:"由于阻力无处不在,常识便由此推知它们无关紧要。事物的整套结构都在鼓吹无关紧要的意识。再不要让思想把你自己搞得神魂颠倒;到什么地方忙你自己的事情去吧。""从智性上品味生活并不能取代体力活动。"⑦不难看出,他要在切实的行动、劳动、实践中,建立起自我身心、思想与物质间的联系。发挥行动的勾连力,让自我智力、思维能够作用于物质世界。更为重要的是,行动的目的不是战胜物性、消灭阻力,爱默生写得很清楚"阻力无处不在",是克服、消灭不掉的。我们行动的目的是为了在与阻力持续不断的斗争中,获得身体训练、经验认知,提高思维智力,收获生活的智慧。智慧的生活才是行动想要的一切。

① [美]爱默生:《爱默生集》,吉欧·波尔泰编,赵一凡等译,北京:生活·读书·新知三联书店,1993年,第526页。

② [美]爱默生:《爱默生集》,吉欧·波尔泰编,赵一凡等译,北京:生活·读书·新知三联书店,1993年,第525页。

③ Branka Arsić. Against Pessimism: On Emerson's "Experience" [J]. Arizona Quarterly: A Journal of American Literature, Culture, and Theory. 2016(03): 25-45.

④ [美]爱默生:《爱默生集》,吉欧·波尔泰编,赵一凡等译,北京:生活·读书·新知三联书店,1993年,第526页。

⑤ [美]爱默生:《爱默生集》,吉欧·波尔泰编,赵一凡等译,北京:生活·读书·新知三联书店,1993年,第526页。

⑥ [美]爱默生:《爱默生集》,吉欧·波尔泰编,赵一凡等译,北京:生活·读书·新知三联书店,1993年,第526页。

⑦ [美]爱默生:《爱默生集》,吉欧·波尔泰编,赵一凡等译,北京:生活·读书·新知三联书店,1993年,第532页。

从 1844 年《随笔》第二系列出版(《经验》便在其中),他逐步关注自我经验、行动对进入切实自然世界的价值,经由 1850 年《代表人物》(尤其是《蒙田》等文)的持续探索,再到 1860 年《生活的准则》深入剖析自我感性力量于《命运》中的局限、于行动中不断突破限度、发掘自身可能性的行动进程,爱默生持续不断地探索,经验行动对个体不断发展、进步的切实意义,明显弱化了他思想早期对个体诗性直觉、心灵神性的强调,愈发务实了。

也正是他的这一务实转变,对后来詹姆斯、杜威等实用主义大家产生了重要影响。詹姆斯、杜威等从爱默生的行动理论中,看到了事物间的相关性。它们与其他事物、与个体思维在行动实践中,会不断发生交互作用、相互影响,共同形成动态的经验世界。因此,詹姆斯认为爱默生预言了美国哲学的实用方向①,皮尔士指出爱默生的功绩是为美国思想朝向现实开辟了道路,杜威则将爱默生与柏拉图相比照,认为其是"新世界中唯一可以与柏拉图相提并论的公民"②。他赞扬爱默生对经验的广泛理解,它不仅是在知识体系中区别、分类的真实,更是生活中所有公民的共同经历,是关乎未来经历的无限可能。

不过相较于詹姆斯、杜威意识到除了个体经验,没有任何超越经验的力量会决定现实世界,爱默生还是相信存有更为本质的精神在引领现实生活,自然是经验物质与绝对本质相遇的中间地带。他说:"中部世界是最美好的","我们生命的中部地带是温带……在这两个极地之间是生命、思想、精神和诗的赤道。"③不难看出,他的行动观念有不彻底性,他没有彻底放弃早期的诗性理想,而是要将诗性直觉、想象、精神带到现实生活中。换句话说,如果早期爱默生要在自然中通过强大的直觉力,洞见永恒神圣的时间点,那么在其思想后期,他以持续行动的时间长轴消解了永恒的此刻,弱化了诗性直觉、想象的洞见能力,探索它们能在实际生活里认知经验、激发情感等作用,并且承认永恒精神是现实行动无法企及的终点。虽然无法企及,但他依旧鼓励个体发挥当下有限的感性能力,不断亲近这一终点,而个体亲近的场所就是当下的现实生活。它是物质世界与永恒精

---

①　See Russell B. Goodman, "Emerson, Romanticism, and Classical American Pragmatism," in *The Oxford Handbook of American Philosophy*[M]. Cheryl Misak, ed. Oxford and New York: Oxford University Press, 2008, pp.19 - 37.

②　John Dewey. "Ralph Waldo Emerson: Philosopher of Democracy," in John Dewey. *The Middle Works*, 1899 - 1924[M]. Jo Ann Boydston, ed. Carbondale: Southern Illinois University Press, 1977, p.191.

③　[美]爱默生:《爱默生集》,吉欧·波尔泰编,赵一凡等译,北京:生活·读书·新知三联书店,1993 年,第 535、534 页。

神不断相遇的中间地带。

既追求现实效用，又相信永恒精神的存在，使得后期爱默生的行动面向常会出现悖论，加之关于行动方案，他始终不如诗性理想那样，思考的成熟全面，观念提出往往略显局促，"许多都是针对当代问题，尤其是 19 世纪 40 年代的各种改革运动"①，匆忙发出行动号召。这就造成了他后期的行动观念缺乏思维上的统一性。换句话说，爱默生后期的行动转向更应被视为一种要于劳动中不断认知、改造现实世界的姿态。他不厌其烦地鼓励人们投身到行动中，也不断在尝试解决如何让观念积极入世的问题。诚如某些学者所言，爱默生后期的《命运》等文，"不似《代表人物》(*Representative Men*)中的文章那样，是整齐划一的争论和反驳，而是一种无休止的、重复辩论，就像 1846 年至 1851 年的国会辩论。"②正是在他一次次的行动尝试中，我们能看到他对自身超验、诗性的不断调试，看到他对后来实用主义的积极影响。

最后，不妨以约瑟夫·乌尔巴斯(Joseph Urbas)的话，对爱默生美学思想做一归拢。在《爱默生的哲学》中，他精准地总结到，"正如詹姆斯和杜威都承认的那样，爱默生哲学在实用和诗意的综合中，拥抱了理想与世俗。"③

## 二、研究文献综述

爱默生作为美国文化的缔造者之一，其思想深深影响了一代又一代的学者。学界从传记、哲学、文学、政治、文化等领域出发，深入探究了爱默生思想对于美国精神的塑造作用，成果丰硕。但遗憾的是，学界却忽略、淡忘了爱默生思想中熠熠生辉的美学印记。而这一印记恰恰是美国精神的重要组成部分。因此，要想完整把握爱默生对于美国精神的缔造性影响，必然要对爱默生的美学思想进行分析研究。

学界长期以来没有对爱默生美学思想进行系统研究并非没有原因。一方面，爱默生没有完整的美学思想体系，其美学观点常散见于诗歌、散文等作品中，

---

① Joseph Urbas. *The Philosophy of Ralph Waldo Emerson*[M]. New York：Routledge，2021，p.144.

② *The Collected Works of Ralph Waldo Emerson*[M]. vol 06. Eds Alfred R. Ferguson，Joseph Slater，Douglas Emory Wilson，Ronald A. Bosco, et al. Cambridge：Harvard University Press，1971 - 2013，p.xlvii..

③ Joseph Urbas. *The Philosophy of Ralph Waldo Emerson*[M]. New York：Routledge，2021，p.64.

不易察觉。故学者们长期将其作为爱默生的文学特色进行分析。另一方面,作为时代的精神领袖,爱默生的美学观点与时代的社会问题高度关联。学者容易将其观念简单归置在社会文化、政治、宗教等研究领域下,忽略了其对于审美问题的思考。也正因为此,爱默生审美问题的系统研究迟迟未曾展开,仅能从政治理论、哲学思想、文学批评、宗教文化等研究论著中捕捉到些许爱默生美学踪迹。然而,这些研究领域的学者们没有从审美层面分析、研究爱默生思想的主观意愿,因而论及的美学观念极其有限,往往呈现出碎片式、概述式的特点,难以捕捉到爱默生美学思想的核心范畴与整体思路。但也正是在这只言片语间,有一批学者敏锐地觉察到了爱默生美学研究的可能趋势、所涉问题、核心观念以及重要范畴,意识到爱默生美学研究的可能与必然。

这一批学者有意识地从审美角度研究爱默生思想对于美国精神的重要意义。就国内外研究现状来看,这一类研究数量不多,且大体呈现出爱默生超验主义美学研究与实用主义美学分析两大趋势。具体而言,研究多集中在如下几大方面:

其一,爱默生美学思想的宏观研究。

(1) 对于爱默生美学思想中的核心概念进行整体把握。无论是在劳伦斯·布尔(Lawrence Buell)的《文学超验主义:美国文艺复兴时期的风格与视野》和斯坦利·布罗德温(Stanley Brodwin)的《爱默生式的普罗提诺:对美的追求》中,将爱默生美学概念的根源定义为灵魂对美的渴望,抑或是在托马斯·蒙罗(Thomas Munro)的《美学中的社会与孤独》中,将爱默生美学方法的源头追溯到东方,称其为信仰美学,其实质都是将爱默生作为超验主义美学的代表,分析"心灵""崇高"等概念在爱默生美学中的意义,而弱化了"经验""行动"等实用观念的存在。学者对实用主义观念弱化的同时,也弱化了爱默生"超验"与"实用"观念的诸多冲突以及冲突背后爱默生思想的现实价值。而这一点在罗杰·贝林(Roger Bellin)的《论证:美国超验主义者和争论性的理性》中稍加改善。在该论文中,贝林认为超验思想虽让爱默生的论著显出了文学、审美价值,但其目的似乎不仅限于此。爱默生想让超验美学观念进入社会生活,可惜贝林没有深入探讨爱默生思想轨迹中"超验"与"实用"因子的交杂,而是依旧将其思想方案置于超验主义下。与此相似,在奥斯隆(Ahlstrom. S.)的《拉尔夫·沃尔多·爱默生和美国超验主义者》、蒋孔阳、朱立元主编的《西方美学通史》以及珀西·布朗(Percy W. Brown)的《爱默生的美学哲学》中,学者们在论述其超验美学的同时,也注意到了爱默生美学思想的多种面向，指出其美学思想既有神秘色彩又有务实精神。只是在其行文时，却并未将这一思路贯彻下去，依旧侧重于对灵魂、直觉的探索，淡化了爱默生思想的矛盾属性。

而在重点论述爱默生实用思想的论著中，学者们也很少会涉及他思想中依旧存有的超验因素。雷扎·霍塞尼（Reza Hosseini）的《爱默生与"苍白的学者"》，关注的是爱默生"行动"实践演变的本质，强调他的美学看重生命行为。大卫·罗宾逊（David M. Robinson）的《爱默生与生活的准则：后期作品中的实用主义和伦理目的》、保罗·格里姆斯塔德（Paul Grimstad）的《经验与实验性写作：从爱默生到詹姆斯的文学实用主义》以及凯特·斯坦利（Kate Stanley）的《爱默生之后美国文学中的惊奇实践》等，主要是结合爱默生后期作品、演讲，着重分析其思想中关乎感官经验、行动效用，于经验行动中检验真理等潜在的实用元素，将其思想视为实用主义的前奏，不再重点关注爱默生思想中的超验元素。此外，布兰卡·阿尔西奇（Branka Arsić）的《反对悲观主义：论爱默生的〈经验〉》、杰弗里·斯托特（Jeffrey Stout）的《天才向实践力量的转化——读爱默生的〈经验〉》和瑞恩·怀特（Ryan White）的《非此非彼：论爱默生〈经验〉中的悲伤与缺席》，则是以爱默生《经验》一文为中心，将该文视为其思想愈发务实、愈发看重行动的重要文献，着重论述爱默生实用因子的萌芽及爱默生的行动方案，而不是为了在转折处，集中呈现爱默生美学思想的矛盾冲突。

（2）在与相关美学家的比照中，分析爱默生的美学思想。这一块在爱默生美学研究中所占比重较多，是学者们集中采用的研究方式。在与超验主义的代表人物进行对比的论著中，查尔斯·里德·梅兹格（Charles Reid Metzger）可作为代表。他在《爱默生与格里诺：美国美学的超验先驱》等论著中，因其比照对象是超验主义美学的代表，因而他很少会关注爱默生美学思想中的"实用"元素。即使作者有意结合时代背景对其思想进行分析，也无法展现出爱默生"超验"与"实用"矛盾纠结的意蕴。同样地，将爱默生与实用主义美学代表人物进行对比时，又难以兼顾到其"超验"观念。在理查德·舒斯特曼（Richard Schustermann）的《情感与行动——实用主义之道》、殷晓芳的《实用主义的审美形式论——杜威和爱默生的交集与分野》、斋藤直子（Naoko Saito）的《光明之光：杜威和爱默生的道德完美主义和教育》等论著中，都试图将爱默生美学思想与杜威相比照，触及爱默生对经验连续性、人的感觉以及日常生活体验等方面的主张，指出爱默生的美学原则为生活伦理、实践行为提供了依据，从而认定爱默生与杜威思想的亲缘性。这一认定对实用美学研究或许有着意义,但是,对爱默生美学思想研究而言,过分重视爱默生美学里的实用成分也颇有剑走偏锋之举,丢弃的是爱默生思想复杂、纠结的时代价值。对此,格雷格·克雷恩(Gregg Crane)的《直觉:连接爱默生和詹姆斯的"看不见的线"》可视为兼顾"超验"与"实用"的典范。在其论文里,克雷恩以"直觉"为钥匙,不仅指出爱默生的诗性直觉里蕴藏有后期实用主义的影子,更提出詹姆斯的直觉观念也有受到超验思想影响。克雷恩模糊了二者思想或超验、或实用的界限,在二者思想的相关处,肯定了两位学者对现代性问题的有益探索。

此外,也有学者将爱默生与尼采、维柯等美学家进行比照。在《个性与超越:尼采解读爱默生》一书中,贝内代塔·扎瓦塔(Benedetta Zavatta)指出爱默生与尼采都看重人的个性、创造与批判精神,尤其是二人对于自由、权力的强调,该书阐释了爱默生对尼采哲思的影响,论述主要围绕尼采展开,兼谈爱默生的某些美学观念,故难以涵盖爱默生思想的多种面向。直到卢卡·塔托(Luca Tateo)的《诗意的毁灭者:维柯、爱默生与经验的美学维度》一文的出现,比照研究下的爱默生才显现出"超验"与"实用"交杂的思想状态。卢卡·塔托在将爱默生与维柯的比照中,指出爱默生美学有意识地调和诗意象征与经验实用,他发展了一种理想主义的实用主义美学。塔托的研究路径致使爱默生思想的矛盾现状还未得以充分展开,便在象征与经验的调和中已然"和解"了。

(3)从爱默生思想变化的进程中来考量爱默生的美学观念。乔纳森·莱文(Jonathan Levine)与克里斯汀·凯斯(Kristen Case)是学界少有直面爱默生思想矛盾、变化的学者。两位学者在其论著《过渡的诗学:爱默生、实用主义与美国文学现代主义》《美国实用主义与诗歌实践:从爱默生到苏珊·豪的错流》中,都提及如何平衡、调试"精神"与"物质"、"超验"与"实用"之间的微妙关系贯穿了爱默生美学思想的始终,也都意识到爱默生的审美认知有从前期侧重"心灵直觉"到后期强调"实践力量"的转变过程。但可惜的是,莱文、凯斯与勒内·贝特洛(René Berthelot)一样,在将爱默生与杜威、詹姆斯等哲人进行比照后,更为侧重强调爱默生思想与实用主义的亲缘关系。贝特洛在《功利主义的浪漫主义:实用主义运动研究》指出,实用主义是一场浪漫的功利主义运动,爱默生是这场运动的先驱。他们试图将"超验"观念看作是爱默生"实用"思想的起源,希望调和爱默生前后期思想上的矛盾。这一调和其实违背了历史发展的客观线索,违背了爱默生思想变化的事实状况。如若学者采用历史分析的方法,便会发现"超验"与"实用"观点的冲突、前后期思想重心的变化都与时代经济、科技、文化的变迁息息相关。换言之，历史环境推动、决定了爱默生思想的冲突与变更。

综上所得，爱默生美学宏观研究没有重视爱默生思想的复杂与矛盾，忽略了其与历史时代的紧密关联，而这都会影响学者们真正把握爱默生美学的整体思维。爱默生"超验"思想与"实用"观念的冲突矛盾以及背后所透露的时代精神、现实意义正是其美学思想的独特所在，这应当作为爱默生美学宏观研究的重点。

其二，爱默生美学思想关系研究。

（1）美与宗教。爱默生的美学思想深受宗教影响，因此有不少学者便以此为依据，从宗教信仰出发分析爱默生的美学观。在《爱默生对美的宗教观念》中，查尔斯·梅茨格（Charles R. Metzger）指出爱默生对"美"的认识，深受唯一神教影响，强调心灵的崇高感、真善美的统一。伊雷娜（Irena Makarushka）的《爱默生和尼采的宗教想象和语言》，则从爱默生语言观念出发，阐述其语言观中潜在的宗教经验与情感，指出语言的想象力、创造力所依托的是人的内在神性。毋庸置疑，爱默生早期的美学思想的确有着浓郁的宗教色彩。但是，爱默生美学观念后期发生了转变，越发注重艺术、审美的实际效用，也越发重视实际生活中的道德情感，而这些便难以用宗教信仰做到有力阐释。另有一部分学者关注到了爱默生牧师身份对其美学思想的影响。在劳伦斯·布埃尔（Lawrence Buell）《唯一神教美学和爱默生的诗人牧师》、韦斯利·莫特（Wesley T. Mott）的《爱默生与波士顿第二教堂》等论著中，学者通过对爱默生牧师经历的梳理与分析，指出爱默生的布道非常重视灵感、艺术的作用，强调宗教表达必须以一种直击心灵的方式进行，这在客观上佐证了爱默生美学的"超验"色彩。不过，作为牧师的个人经历仅仅是宗教影响爱默生美学思想的一部分，在爱默生辞去教职后，宗教教义改革、教会仪式变迁等运动都对爱默生美学思想产生过重要影响，也应当融进对爱默生的美学思想的分析中。如果学者可以采取历史分析方法，这一问题便可得到很好的解决。

（2）美与诗意。爱默生的美学表达是充满诗意的。在海特·瓦格纳（Hyatt H. Waggoner）的《作为诗人的爱默生》为爱默生的诗人身份正名，通过对他诗歌作品的细腻分析，肯定了他的诗性思维对当时美国精神、文化的重要价值。莱恩·古琼（Len Gougeon）则结合爱默生 19 世纪 50 年代的诗作，确证作为诗人的爱默生与社会改革事件间的紧密关联。辛西娅·卡瓦诺（Cynthia A. Cavanaugh）的《伊奥利亚竖琴：爱默生诗歌和散文中的美与统一》、弗兰克·汤普森（Frank

T. Thompson)的《爱默生的诗歌理论与实践》等文,则指出爱默生是诗人化的学者,其诗性语言、象征、艺术形式都向读者传达出灵魂和谐统一的美,引领个体体验浪漫与崇高。此外,还有学者从爱默生宗教思想与其诗学的关联上,展开研究,例如曾雪梅的《在文学与宗教之间寻求平衡——解读爱默生的"诗人—神父"》,通过关注爱默生神学观点,来看其诗学的审美价值。可惜的是,上述学者基本上都将爱默生"实用"的诗性认识,排除在论著之外。与之相反,在扎卡里亚·施尼尔(Zachariah Schnier)的学位论文《"在转折的闪光与陨落之间":"纽约"诗派、美国实用主义与主体性建构》中,该学者尝试以爱默生等美国实用主义美学思想解读纽约学派诗作所呈现的多变的自我,强调日常经验可以转化为充满行动与力量的审美体验,将诗歌艺术特色与美学思想相贯通。事实上,爱默生的诗意不仅具有灵魂对美的寻求、顿悟,也有日常经验生活下对美生产制造的愉悦表达。纵使二者之间常有冲突,但这都应是爱默生诗意美学的内涵。

(3)美与自然。学者们展现出了对于爱默生自然观的浓厚兴趣,积极探索其自然美学思想。在萨曼莎·哈维(Samantha C. Harvey)的《跨大西洋超验主义:柯尔律治、爱默生和自然》、芭芭拉·诺瓦克(Barbara Novak)的《自然与文化:美国风景与绘画,1825—1875》、程虹的《自然与心灵的交融——论美国自然文学的源起、发展与现状》、杨丽的《爱默生自然美思想研究》、左少锋的《爱默生的神人一体自然观与美学观》、杨建丽的《人与自然的共鸣——论爱默生的超验主义美学以及文学影响》等论著中,都论及了爱默生自然美学思想与艺术、精神之间的关联,强调在直觉与灵感下,诗人等艺术家创造出美的作品。上述关于爱默生的自然美论研究,主要涉及的还是关于爱默生对山川河流、虫鸣鸟叫等原始自然景观的审美分析,实际上爱默生的自然也包括人工制造的场所,甚至是世间一切非我的存在。因而爱默生的自然美必然会关涉到人与世间非我事物审美活动的交流,其可论述的内容也就可以不局限于自然景物层面。

(4)美与修辞。从修辞角度把握爱默生的美学特征主要集中在国外学者的研究中,国内学者少有关注。就国外修辞美学研究而言,妮娜·拜姆(Nina Baym)在《从形而上学到隐喻:爱默生和梭罗笔下的水形象》中,指出"水"是爱默生与梭罗作品中的核心意象,希望凭借分析"水"的变化,揭示二者审美思想的差异。穆特鲁·布拉辛(Mutlu Konuk Blasing)的《美国诗歌:形式的修辞》、劳伦斯·布尔(Lawrence Buell)的《文学超验主义:美国文艺复兴时期的风格和视野》等书,则将爱默生修辞特征置于整个美国诗歌、文学史中,肯定其想象、直觉等修辞方式对美国文学复兴的重要意义。而在安德鲁·汉森（Andrew C. Hansen）的《在爱默生的〈自助〉中解读声波文化》中，作者通过对爱默生隐含的声音修辞理论进行梳理，试图印证爱默生《自助》一文中对于民族独立精神的强调。但无论是声音修辞抑或是文学修辞，都更倾向将其看作是一种文艺理论的修辞手法，并不全然是爱默生美学话语体系下的"修辞"意义。相比之下，罗斯·温特罗德（Ross Winterowd）的《爱默生与"悲怆"之死》、理查德·亚当斯（Richard Adams）的《爱默生与有机隐喻》等文，则更侧重于将"修辞"视作爱默生美学的思维方式与表达手段，强调爱默生隐喻、象征等表达方式对于意义传达、建立审美交互关系的重要作用。而对于爱默生修辞内涵理解最为深刻的是肖恩·米汉（Sean Ross Meehan）。肖恩在《生态学与想象：爱默生、梭罗和转喻的本质》中，以"隐喻"揭示了爱默生早期思想所强调的精神与物质的对应关系，随即又指出后期爱默生试图从隐喻转变为转喻来修改他的超验主义诗学，不在寻找对应关系，而是一种更为经验化思考方式，这种方式将科学与形而上学、物质和思想融为一体。肖恩既揭示了爱默生从"隐喻"向"转喻"修辞变化所映射出的美学转向，也展露了"隐喻"与"转喻"间爱默生美学的矛盾张力。该文对于研究爱默生美学思想过渡性特征与前后冲突都有着重要意义，可惜这样的作品还很缺乏。

（5）美与社会。对于社会问题的持续关注也直接影响到了爱默生美学观念，尤其是其后期的美学观念。卢克·卡森（Luke Carson）的《"陛下的自我不过是一场仪式"：劳拉·杰克逊、爱默生与生活的准则》则指出爱默生将美的力量、效用延续到物质生活之中，鼓励人们从社会形式中解脱出来，活的纯粹审美体验。让·麦克卢尔·马吉（Jean McClure Mudge）编辑的《爱默生先生的革命》则是基于时间脉络，梳理了爱默生参与的诸多社会事件及其思想转变过程，足见爱默生哲学、美学观念调整与社会政治变化紧密相关。当爱默生美学与社会问题相扣，学者们的研究也逐渐淡化了"心灵""直觉"等超验观念，开始留意"实用"因素，甚至一改超验主义美学的论调，认为寻找天才、重申艺术奇迹是徒劳的，"超验"与"实用"、"前期"与"后期"的矛盾更为胶着。约翰内斯·沃兹（Johannes Voelz）在《拉尔夫·沃尔多·爱默生与认知的双重经济》中，便展现了爱默生思想的矛盾，指出爱默生所主张的审美认知一方面源于超验的自我，另一方面源于他者对自我审美体验的持续促进。而这双重认知属性在个体与社会的互动过程中不断发生着冲突与摩擦。只可惜作者没有追根溯源，历时性地勾勒出这一矛盾冲突不断缠绕、纠结的过渡变化。

　　学界在对爱默生的关系研究中，也呈现出了不少问题与缺失。具体来看，在宗教、诗意、社会关系的研究中，学者们弱化了"超验"思想与"实用"观念所造成的矛盾冲突，导致无法洞察冲突背后的时代精神旨归。而在自然、修辞关系的研究中，学者们又常会主观缩小了爱默生"自然""修辞"对象的范围，将其局限在自然景观、文艺修辞形式内，使得二者研究未能完全展开。

　　其三，爱默生的艺术观。

　　（1）对其艺术观念进行把握。杰夫·维兰德（Jeff Wieand）在《爱默生论艺术的未来》中，结合爱默生《艺术》一文，强调爱默生最终目标是将"美的艺术"融入其他的创造性活动之中，将审美活动融入个体本性及其行为中。诺曼·福斯特（Norman Foerster）的《爱默生谈艺术中的有机原则》则从有机形式、原则切入，强调爱默生所推崇的艺术形式、创造方式都与自然法则相协调，艺术活动类似不断生成的有机体。唐纳德·麦克雷（Donald Macrae）在《爱默生与艺术》中，将爱默生的艺术理论划分为艺术心理学，艺术原理和艺术道德，结合爱默生关于欧洲建筑、雕塑、绘画的游记，强调艺术创造需要对美的强烈感知、直觉洞察。不过，麦克雷的分析浓缩了爱默生对"艺术"的广泛定义。在爱默生的美学体系里，"艺术"并非局限在具体的文艺作品上，而指的是人类精神创造性的或生产性的制作活动。

　　（2）象征。埃德里安娜·拉姆齐（Adrienne L Rumsey）在其学位论文《审美的自助：对美国艺术发展的爱默生式影响》中，涉及了爱默生的象征理念，他认为可见自然事物透露着不可见的崇高精神，理想的自然象征着通达的心灵。这深刻影响了美国光亮主义（The Luminists）的绘画风格。可见，爱默生的"象征"并非仅是诗歌、艺术表现的手法与方式，它更是爱默生将物质与精神、知性与理性相结合的重要手段。《爱默生的哲学》《作为象征的自然：爱默生的崇高怀疑》等论著都曾表达过，象征或类比方式是爱默生哲学、美学的基石，是他勾连起人与自然、社会的纽带。

　　（3）崇高风格。爱默生非常重视文艺作品的崇高风格，因此，这也成为其艺术分析的一个方面。雅各布·布莱文斯（Jacob Blevins）的《无限是你的：特拉赫恩和爱默生的所有权与超验崇高》和乔安妮·迪尔（Joanne Feit Diehl）的《女诗人与美国崇高》等论著，都涉及爱默生对崇高的热爱，希望诗人能引领个体超越具体物质现实，体验到无限的崇高感，从而到达心灵与自然精神融为一体。此外，还有学者从科技发展角度来评述爱默生的崇高风格，这是颇有新意的分析视角。在《爱默生的〈自然〉、类比和崇高物理学》和《爱默生的崇高科学》等论著中，学者便探讨了爱默生崇高理论与新兴电磁学发展的关系，指出科学技术的发展让爱默生看到了"力"的爆发，刺激了爱默生对于崇高风格的思考。但遗憾的是，多数学者还是喜欢从文艺风格角度去论述爱默生的崇高理论。

由上可知，学界对于爱默生艺术观的研究分析多侧重于文艺层面，较少从审美生活领域，论述"象征""崇高"等概念所担当的诗性责任，这就难以在具体的历史背景中显现审美概念的时代价值。

总的来说，爱默生美学研究取得了不错的成绩，大体有如下三个方面：一是研究论著对爱默生美学思想的核心观点、基本范畴等方面均有所论及，研究涵盖的内容较为全面；二是爱默生美学思想比照研究成果较为丰硕。学者善于选取某一具体美学家的重要观点与爱默生的美学思想进行细致的比照，发现二者思想中的异同之处，进而显示出爱默生美学思想的独特魅力。三是学者意识到爱默生美学理论对于美国文学、艺术创作的重要影响，故有意识地将其理论观点应用于文艺作品的分析批评之中，检验爱默生理论的应用价值。这些研究策略与成果都是值得肯定的，但总体上爱默生美学研究起步较晚，依旧较为薄弱，也呈现出不少缺失与不足。

其一，学者们无论是侧重于爱默生超验主义美学研究，还是强调爱默生实用主义美学价值，都人为割裂了爱默生美学思想中"超验"与"实用"的双重内涵，放弃了二者共存所造成的矛盾状况。而正是这矛盾状况展露着爱默生对于社会现实的严肃思索。

其二，学者在忽略爱默生美学思想矛盾冲突的同时，也随之忽略了爱默生美学一直都处于矛盾张力之中的"过渡性"发展特征。这是由于他对当时社会现实的思考决定的。爱默生的思想会随着社会生活的变化而做出相应的调整，从而实现在文化审美层面给予人们切实的精神指导。这就造成了爱默生美学前后要点不同、冲突不断、新旧混杂等独特的发展趋势。

其三，已有研究简单明畅的定义、归类爱默生的美学思想，容易就理论谈理论，忽视了其美学思想从历史现实分析的维度。历史时代推动了爱默生美学理论的变化，而爱默生美学理论的改变也体现了这一时代的精神走向。二者互为因果，紧密相连。如若割裂爱默生美学理论与时代变迁之间的内在脉络，便难以真正把握爱默生美学思想的现实价值。

其四,爱默生美学研究缺乏历史文化分析方法,这加剧了部分学者将其简单视为文艺理论家,进而弱化了直觉、象征、隐喻等概念所涉及的审美问题,更难以意识到这些审美问题背后所指向的现实内涵与时代困惑。

这一研究现状招致爱默生美学思想的真实面貌没有得到展露,分析浮于表面。爱默生美学思想研究似乎急需寻找一条新的路径来展开。

### 三、研究的理论意义与实践价值

鉴于研究综述中所归纳出的不足,本书从爱默生思想的庞杂、矛盾处入手,对其展开系统研究,便有其独到价值:

就理论意义而言,主要体现在三个方面:

(1)爱默生既是超验主义美学的代表人物,又是实用主义美学的先驱,并且其人深受浪漫主义、德国古典唯心主义、观念论、柏拉图主义等多方面的影响,有着深厚的美学积淀。深入研究爱默生美学思想中多方冲突与表现,利于肃清源头,在根源处找到超验主义美学、实用主义美学的土壤。

(2)更为重要的是,爱默生思想经历了从执着于诗性力量向重视现实行动的转变过程,通过对爱默生这一思想脉络的厘清,可以从侧面反映这一时期美国哲学、美学思想的态势。

(3)爱默生虽无美学专著,但其美学思想影响了尼采、杜威、詹姆斯等一系列重要的美学家。因此,爱默生美学思想研究的推进可以丰富当前对于上述美学家思想的研究。例如,近些年,西方不少学者将兴趣聚焦于爱默生与尼采思想的关系上,认为其有紧密的亲缘性,其关系就如同柏拉图与苏格拉底。

就实践价值而言,主要体现在三个方面:

(1)从爱默生美学思想切入,以小见大,审视爱默生对于美国意识形态、农业经济发展、宗教黑奴等社会问题的态度,从而更加理解爱默生思想对于美国社会发展的价值;关注爱默生美学思想中"实用""力量""行动""灵魂""直觉"等核心因素对于美国文化政治、民族精神、伦理观念等方面的重要影响。只有如此,才能理解为何爱默生思想是美国精神的滥觞。

(2)从历史现实的角度看,爱默生的美学思想并非完全是思想本身的选择,它常与现实生活问题相裹挟。爱默生美学思想充满矛盾,恰恰是因为现实生活本身就是一个充满矛盾和持续演进的过程。爱默生对其理论不断"入世"的调整

17

就是在用行动表明，理论观念不能脱离现实生存之维。如何更好地有道德、有理想的生活是爱默生美学持续关注的问题。

（3）伴随工业、经济的快速发展，中国的现代化建设也将面临西方国家曾经遇到过的诸多问题。即使中西方的国情不同，面对的生活现状、宗教问题、生态环境、科学技术、经济生产等具体问题都有出入，但是，爱默生的理论依旧有着借鉴价值。例如，爱默生对自然美的寻求，对人与自然的关系的论述，对于当下生态美学的建设、人与自然关系的改善都具有启示意义。普适性的理论不会因为理论家的国别而有所局限，但对理论真理性的检验只能在本国的实践中得以完成。

## 四、研究目标与思路

### 1. 研究目标

本书拟在细读爱默生文本和相关研究资料的基础之上，结合其论述中所涉及的其他相关著作，全面梳理爱默生哲学、美学思想所具有的内在脉络，以期达到以下几点目标：

一是充分尊重爱默生在美国思想史中承上启下的特殊地位，既看到他对于传统理性主义的批驳，也关注他对于自身超验思想的修正。把握其思想发展的整体脉络，其核心是关注爱默生美学从诗性理想向务实行动转变的原因、表征及转变过程中存在的理论问题。

二是尊重爱默生思想的复杂与矛盾，兼顾其思想中所呈现出的超验主义特征和实用主义特征，分析在不同的时间阶段，"超验"与"实用"在其美学观念中所占比重的变化。深入探讨爱默生美学中，诗性力量与务实经验两大重要主题，重点分析爱默生何以兼容二者，二者又在其美学思想中起到何种效用。

三是结合爱默生所处时代热点问题、改革策略等，将其美学思想置于时代背景中，与 19 世纪美国社会、思想、政治文化相结合，发掘其美学观念、话语表述、思想调整等背后所指向的社会问题。着重刻画作为热衷社会活动的爱默生，其美学观念会存有的社会、文化关怀，进而从其美学理论上体现出这一时期美国精神、文化的历史走向。

### 2. 研究思路

爱默生美学经历了从复活诗性理想到重视现实行动的思维转向。这一思维转向与当时社会思想、科学技术等方面的变迁、发展有着相当紧密的关联，具有强烈的时代色彩。就思想层面而言,以笛卡尔、洛克为代表的哲学思维方式难以满足美国民众对自由、民主、平等的时代呼唤,教条机械的思维活动不符合 19 世纪美国民众的思想态度。爱默生渴望以探寻真理的诗性活动去置换既有、固化的思维模式,促进思想解放,去满足民众对自由民主的向往。而思维方式的调整变革,需要一个相当漫长且复杂曲折的过程。在这一过程中,爱默生又根据不断发展的时代环境,对理论不断进行调试,最终呈现出从诗性理想逐渐转向务实经验的思想变化历程。

就科技层面来看,19 世纪的美国自然科学、化工矿能等多方领域都得到了快速发展。万有引力、能量守恒转化定律等科学理论的发现,让人们的思维认知越来越脱离寻找形而上的不变本质,更为关注周遭世界中不断发展、转变、活动的事物。此外,随着科技发展,人们智力、身体机能得到了扩展,使得个体更为信任自身的感知经验,而不是上帝、理论的权威。这些变化都促使爱默生思想,从对诗性本质的寻求逐步转向对不断变化发展的感性事物的关注。受科技影响,爱默生美学展露出不断调整理论方向的强烈意识。

因此,为了能够准确把握爱默生美学思想过渡性的特征及其这些特征与历史时代的紧密联系,本书拟抓住爱默生前期重视诗性,后期更在意行动的整体趋势,以"诗"与"行动"作为他美学思想的核心关键词,以求展现出爱默生在不同时期的审美取向及其历史成因。重点突出爱默生在不同阶段,其美学观念的不彻底、甚至矛盾冲突的特征,把握其作为过渡性思想家,思想发展难免出现的杂糅状况。

就他的"诗性"思想而言,爱默生展现出从物质经验向精神本质升华的直觉洞见历程。他试图通过对主体感性的夸张强调,以求纠正"理性时代"过分注重科技理性所造成的后果,强调诗性直觉、想象、情感等在审美活动中的重要作用,将周遭世界都纳入主体洞见一切的心灵中。在爱默生的诗性构想里,诗人应是诗性世界的领路人。在诗人的带领下,民众发挥着诗性直觉,洞见、创造了诗意自然,并用诗性语言将其表达出来。遗憾的是,爱默生试图以诗性力量对理性主义传统发出攻讦,却并没有真正扭转技术理性统治下,信仰缺失、道德沦丧等危机。爱默生渴望在审美层面上,关注日常经验的精神维度,但完全抽象的直觉、想象却无法提供任何具体的行为原则,因此,日常经验的审美升华是无力、缺乏支撑的。值得注意的是,在他的诗性世界里,爱默生从未否认过经验知识的合理性,从未否认过认知理性、智力思维的价值,他甚至还鼓励个体在诗性王国里,去不断训练自身的认知能力。对于经验、训练的看重预示了爱默生美学后期转向"行动"的可能性。

就其"行动"思想来看，随着宗教改革、黑奴解放、南北战争等社会改革运动持续深入，爱默生愈发意识到诗性理想只会让"我"与真实的生活越来越远，对于引导社会生活毫无益处。作为一个关注现实、热爱生活的思想家，爱默生于19世纪中期对其"诗性"思想做出了批判性调整。在他思想后期，爱默生更为看重感性力量于行动的效用、实践价值。他将关注重心下移到日常生活，承认诗性本质对现实中的个体而言难以企及，但鼓励个体以追寻诗性光辉为目的去展开行动，认为个体可以在现实行动中不断、无限逼近最终的本质。也就是说，爱默生将对精神本质的探索看成了一个不用彻底实现的过程性活动，在这样的活动中，个体可以在与他人交往中不断丰富自身的审美经验，在劳动工作中获得认知训练、情感熏陶，也能在行动中检验行为目的的善恶。

相较于早期的诗性构想，爱默生后期的行动美学思想明显不够周全、略显局限。究其原因，一方面是因为他的行动方案常是针对现实知识教育、宗教变革、个体生活等问题做出的快速回应，另一方面则是因为他不再考虑从诗意角度解决社会问题，弱化了诗性力量，这造成了其后期行动理论中审美占比大幅减少，他不再直接论述审美方式、情感等。这些都导致其后期行动美学不够成熟、相对零散。但这并不意味着分析他的行动美学路径失去了意义，恰恰相反，正是这些零散、不成熟的思考，成为日后詹姆斯、杜威等实用主义者的重要参照。

## 五、研究方法与创新之处

### 1. 研究方法

在具体阐释和分析爱默生时，尊重研究对象丰富、驳杂的思想特征，打破物质与精神、"超验"与"实用"、诗意与行动等简单的二分法所造成的人为地割裂研究对象整体的机械做法，将爱默生思想中的矛盾概念放置于美国文化思想环境之下，以社会背景为抓手，带动对爱默生思想的解读。

（1）文本细读法。集中于爱默生文本以及相关论著的搜集和阅读，尤其关注爱默生美学相关论点。尊重爱默生美学观念的复杂性，遵循"诗"与"行动"两大主要方向进行分类整合，尤为观照其思想前后期的差异性。

（2）对比研究法。在分析阐释研究对象时，以爱默生思想中的悖论处作为切入点，并与其同时代的马克思等人进行比照，发现爱默生美学思想的独特点。

（3）历史与社会分析方法。目的是寻绎爱默生美学思想历时性的转变过程，并结合这一时期美国政治、科技、思想文化等诸多方面的重要事件，以小见大，从爱默生美学观念的流变透视美国建国初期，其思想文化兴起、发展的动因与过程。

2. 创新之处

（1）学术思想的创新：观照爱默生美学思想完整的发展过程，对爱默生美学研究而言，具有前沿性，有一定的创新意义。

（2）学术观点的创新：将爱默生思想置于美国文化思想环境之下，将其作为美国思想史中承上启下的思想家，不再对其做超验主义代表人物或实用主义先驱的固化定义，历时性地探寻爱默生美学前后期的变化，发掘其独特的美学观念。这是本书希望完成的创新之处。

# 第一章
# 诗人的神圣追求与困局

爱默生成长于 19 世纪的美国,而 19 世纪又恰是美国社会价值转型的特殊时期。这一时期,美国的自然科学、工业生产、商业经济都取得了全面繁荣,轮船铁路、金钱贸易等现代文明产物也迅速融进世俗生活。人们的目光不再驻足于农业社会下的田园乡村,不再局限于神性的感召呼唤,反而越来越迷失于不断增长的物质欲望中。前现代社会的神圣自然被科学推理、物性规则所拆解,自然不再是人们的精神慰藉处,也失去了伦理、审美意义上的存在感,人们甚至逐渐丢弃了对自然法则的敬畏心。这引发了爱默生对商业、科学的反思,他在日记中写道:"这种用金钱、信誉、轮船铁路对自然的入侵,威胁着人类的平衡,将建立一个比巴比伦和罗马更加专制的新的独裁世界。"①道德伦理、价值信仰跟不上科技发展的步伐,工具理性统治、占有着美国社会,"如今我们所受的折磨是信仰虚无,即不知道自己该做什么,怀疑自己所做的事情的价值"②,缺失对自我的发现与关注。爱默生意识到工具理性正蚕食着人们神圣的精神,重构信仰迫在眉睫。

为了重拾神圣精神,爱默生向诗意审美寻求力量。他相信诗性力量可以整合、创造社会新价值、新信仰。而他的目光首先落在了他最喜爱的诗人身上,认为诗人是重构诗意理想的先行者,他写道,"我们去考虑诗人或者美的发现者的本性和功能,引导我们去接近他(诗人)运用的手段和材料"③,爱默生想从诗性思维中找到调和工具理性的路径。诗人成为爱默生改变技术理性诸多问题、克服信仰危机的救赎者。

---

① *The Journals of Ralph Waldo Emerson* [M]. vol V. Ed. Edward Waldo Emerson and Waldo Emerson Forbes. Boston and New York: Houghton Mifflin Co, 1909 - 1914, pp.285 - 286.

② [美]爱默生:《爱默生集——论文与讲演录》,吉欧·波尔泰编,赵一凡等译,北京:生活·读书·新知三联书店,1993 年,第 180 页。

③ [美]爱默生:《爱默生集——论文与讲演录》,吉欧·波尔泰编,赵一凡等译,北京:生活·读书·新知三联书店,1993 年,第 496 页。

## 第一节 对理性主义的反拨

爱默生将诗人（poet）定义为"命名者"（Namer）、"言说者"（Sayer），这一定义显然不是由语词所派生出的。就词源本身而言，"诗人"一词，源于希腊单词 *poiētēs*，意为"制造"（to make），也与梵语单词 *cinoti* 相关，意为"整合，堆积"（gather，heap up），指的是编辑、整合已有相关素材的人。这与爱默生眼中"命名""言说"的诗人形象区别明显。首先，命名意味着命名前要对命名对象有所预测、感知，这需要运用诗人洞察、想象的能力，而不是组合、制作的本领。其次，命名潜藏着辨别、区分事物本质的要求，言说重心也随之指向对事物本性的庄严宣告。这就要求诗人不再一味追求格律节奏、华丽辞藻，而应不受限于形式，成为洞察事物内核的预言家。这符合爱默生对诗人的期许：成为摆脱形式束缚的学者，成为美国精神的代表人物。

爱默生的这一期许是基于对理性主义下形式问题的反思。在工具理性的统治下，原本整一、相连的人类社会被分割为一个个僵硬固化的部分，框入了分门别类的理性形式中。工具理性主导的工业化、机器化生产致使原本完整的人类成为生产线上的组成零件。"在分裂的，或者说是社会的状况下，上述的职能被分派给每一个个人，""每一个人都好比从躯体上锯下的一段，它们昂然行走，形同怪物……从来不是完整的人。"①人们只需具备手或脚的形体，"形体迫切地依赖灵魂，对此人们似乎已经失去觉察，……不相信物质世界本质上依赖思想和意志。"②在理性形式面前，对利益、科技的追求代替了对人类思想的关注，机器化的形式意义远超于人性本身的关辉，这是爱默生所不能接受的。他认为世界上最崇高的心灵从来没有停止过探索形式背后的含义，人类不是内容的载体，"不是运火者和举火把者，而是火的孩子，是用火造成的"③。而最能代表崇高心灵的人便是诗人，爱默生说："诗人具有代表性。他在局部的人中间代表着完整的

---

① ［美］爱默生：《爱默生集——论文与讲演录》，吉欧·波尔泰编，赵一凡等译，北京：生活·读书·新知三联书店，1993 年，第 63 页。

② ［美］爱默生：《爱默生集——论文与讲演录》，吉欧·波尔泰编，赵一凡等译，北京：生活·读书·新知三联书店，1993 年，第 495 页。

③ ［美］爱默生：《爱默生集——论文与讲演录》，吉欧·波尔泰编，赵一凡等译，北京：生活·读书·新知三联书店，1993 年，第 496 页。

人，他提供给我们的不是他的财富，而是全民的财富。"①在其看来，诗人具备统一与解放的双重力量，既能整合、还原支离破碎的人类社会，也能冲破形式的藩篱，解放人类思想、恢复精神自由。

## 一、对科学自然形式的整合

诗人的功用首先便展现在对科学自然形式的有机整合上。19世纪是美国科技蓬勃发展的时期，以天文学、力学、光电学为代表的自然科学见证了人类理性思维、形式逻辑的无限潜能，改变着人们的生活方式和对自然宇宙的认知。在爱默生的时代，"翻开任何一本最新的科学杂志"，"关于光呀、热呀、电呀、磁性呀、生理学呀等方面的问题"②铺满纸页，"一个穷人现在也享有为他建造的城市、船只、运河和桥梁"，"他驾驶火车急速穿越田野，从一座城镇到另一座城镇，就像一只苍鹰或燕子掠过天空……"③爱默生赞叹人类改造世界的能力，他说："人是一个精明的发明家，他一直从自己的构造那里接受关于一种新机器的暗示，用钢铁、木头、皮革使某种自己的秘密构造适应世界工作的某些必要的功能。"④他不排斥科技给人的恩惠，不否认人类理性思维的强大。

但他也清楚地意识到，科技的蓬勃兴盛对人类思想、自然社会所带来的负面价值。就人类思想而言，人类精神活动被具体经验归纳、推理、论证过程所取代，精神受限于经验物性中，受限于形式逻辑的控制下，失去了本应具备的自由。"人们发现的机器阉割了使用机器的人。他在织布中获得的东西在一般力量中又失去了。"⑤事实的确如此，技术理性成为滋养形式主义的土壤，"它们窒息人们那种天生的自由情操，使他们喜爱自己的被奴役状态，并且使他们成为人们所谓的文明民族。"⑥就自然宇宙观念来看，随着人类理性思维能力的膨胀，人们不再把宇宙自然想象为超验、神秘的存在，而是可以掠夺、改造的资源。"科技革命

① ［美］爱默生：《爱默生集——论文与讲演录》，吉欧·波尔泰编，赵一凡等译，北京：生活·读书·新知三联书店，1993年，第496页。
② ［美］爱默生：《心灵的感悟》，李磊，文小勇译，北京：当代世界出版社，2002年，第21页。
③ ［美］爱默生：《爱默生集——论文与讲演录》，吉欧·波尔泰编，赵一凡等译，北京：生活·读书·新知三联书店，1993年，第13页。
④ ［美］爱默生：《爱默生随笔》，蒲隆译，上海：上海译文出版社，2010年，第455页。
⑤ ［美］爱默生：《爱默生随笔》，蒲隆译，上海：上海译文出版社，2010年，第455页。
⑥ ［法］卢梭：《论科学与艺术》，何兆武译，北京：商务印书馆，1963年，第37页。

决不仅仅是'科技'上的'革命',它提供了看待宇宙的新方式。"①科技理性忽视了自然的教化作用,将自然视为无生命的客体,纵容形式逻辑拆解着本应浑圆一体的自然。自然从神性、超验的代言者逐步沦为人类理智开发的对象。这些都推动着爱默生从本质上思考如何纠正技术理性的形式影响,在思考中他洞见到价值理性对技术理性的引领意义。

他发现科学研究本质上只是帮助人类认识自己、认识宇宙的方式,其最终目的是为了探索人自身的价值。科学研究应服务于人自身思想的完善,其研究只有关注到人自身才有切实意义。而技术理性的负面价值恰恰在于没有关注到人自身,简单将事物形式变化、表象更新当作事物发展的全部意义,没有挖掘其本质内涵。基于此,爱默生给出的解决方案是让科学接受思想的指导,让内容决定形式,让科技力量在诗意的想象力、超验力中实现价值输入,并且将方案的执行者赋予诗人。

在爱默生眼中,诗人天生具备这一能力:透过形式表象发现精神真理,并以真理法则引领科学研究、整合宇宙万物。他指出诗人有隐秘不宣的智力直觉(intellectual intuition),凭借这一直觉,诗人不仅能理解事物的形态构造,更能洞察到形式背后所潜藏的本质属性。在认知事物、洞察心灵上,诗人"就是一个没有障碍的人,能看见、能处理别人梦想到的一切,跨越经验的整个范围"②,这些都是科学家无法企及的。科学家的研究只能停留于事物的经验层面,"地球、天体、物理、化学,我们只凭感官来对待",从未逃开形式表象,"因而变得缺乏诗意,""是感性的,因此也是肤浅的。"③科学家需要诗人为肤浅的研究提供方向。也正是在此意义上,爱默生认为诗人才是最伟大的科学家④,"这才是真正的科学。……他不是停留在这些事实面前,而是把它们当作标志来使用,""科学总是和人的升华齐步前进的。"⑤这一点启发了后来的实用美学大家杜威。在《经验与自然》中,杜威写道:"当从目的方面来看对象时,当最真正的知识对象,即存在

① 〔英〕莱蒙:《历史哲学:思辨、分析及其当代走向》,毕芙蓉译,北京:北京师范大学出版社,2009 年,第 156 页。
② 〔美〕爱默生:《爱默生集——论文与讲演录》,吉欧·波尔泰编,赵一凡等译,北京:三联书店,1993 年,第 497 页。
③ 〔美〕爱默生:《爱默生集——论文与讲演录》,吉欧·波尔泰编,赵一凡等译,北京:三联书店,1993 年,第 502 页。
④ Emerson Ralph Waldo. *Selected Writings*[M]. New York: Modern Library, 1992, p.296.
⑤ 〔美〕爱默生:《爱默生集——论文与讲演录》,吉欧·波尔泰编,赵一凡等译,北京:三联书店,1993 年,第 506、502 页。

所具有的最真实的形式被认为是终结（目的）时,科学就不前进了。"①按他的意思来说,正是由于科学研究对象是关于形式、关系这类理性推演的抽象物,才使得人们很容易将追求实用、私利作为目的,"使得道德的、美感的和宗教的对象受到损害。"②为改变这一弊端,杜威也同样没有彻底否定技术理性,而是以审美经验作为连接技术理性与价值理性的桥梁,在经验中发现价值。他"追随爱默生赋予艺术以优先权",肯定艺术"对理想的想象性呈现……教会我们去感知那些超出事实证据的意图"③,在深层次的审美经验中获取摆脱形式枷锁的可能。

相较于杜威,爱默生的思路则理想化很多。他倾向于依附看不着、说不透的直觉洞察神秘莫测的精神,将形式归拢于神圣精神的照拂下。这样处理主要还是源于爱默生对诗人的偏爱,对个人独立精神的倚重。他坚信诗人可以凭借直觉与心灵的力量,"把人工和违背自然的东西重新归于自然"④。在其看来,"无论具体情况是多是少,精神事实仍然不可更改。"⑤这便意味着事物的增减变化、更新发展都不过是形式的改变,这些表象终将会归于心灵永恒的"一"。独立的心灵成为一切事物的中心坐标。铁路纵横、商场林立与田园乡村、丛林湖泊并没有实质差异,都不过是佐证心灵价值的事实依据,统统都可以纳入自然的生命圈内,都可以被诗人直觉洞见、融入诗篇。这样一来,在诗意自然面前,技术理性不再是改造自然的方式,它既无法改变自然的神圣价值,也无力分割固化自然能动的形态。因为诗人活动所运用的形式是有机的,而不是机械的。

## 二、对机械理性形式的替代

### 1. 有机形式的理论构架

诗人的功用还体现为以有机形式(organic form)替代机械的理性形式,以连续、变化、生成的方式迎合精神自由、独立的需要。回到诗性中,爱默生的有机形式便是用心灵的自由置换形式的完整,让诗人直觉到的自然精神决定其外化形

① ［美］杜威:《经验与自然》,傅统先译,北京:商务印书馆,2017 年,第 136 页。
② ［美］杜威:《经验与自然》,傅统先译,北京:商务印书馆,2017 年,第 136 页。
③ ［美］理查德·舒斯特曼:《情感与行动 实用主义之道》,高砚平译,上海:商务印书馆,2018 年,第 77 页。
④ ［美］爱默生:《爱默生集——论文与讲演录》,吉欧·波尔泰编,赵一凡等译,北京:生活·读书·新知三联书店,1993 年,第 504 页。
⑤ ［美］爱默生:《爱默生集——论文与讲演录》,吉欧·波尔泰编,赵一凡等译,北京:生活·读书·新知三联书店,1993 年,第 505 页。

式,而不是由诗人去刻意设计事物的表达模型。如爱默生所言:"诗人运用形式,依据的是生命,而不是形式本身。"①生命、精神才是形式的根基,"每一种事物之上都存在着自己的精灵或灵魂"②。诗人要做的就是在杂乱的自然事物中发现神圣精神,再依据精神给予事物以崭新形式,形成诗歌。"事物转化为诗歌正像它们转变为更高级的有机形式一样","在每个造物的形式内都有一种推其升入更高形式的力量。"③这样一来,形式不再是与主体意志疏离的、抽象的模型或目的,而成为新旧更替、不断动态发展的生命载体,依赖于诗人的自由精神。"事物的本性在于流动、变形。自由的精神不仅与事实的形式有共鸣,而且同感于那些可能生成的形式的力量。"④

诗人的自由精神促成了物性自然的形式升华。"有机"成为爱默生形式论的关键词。而对于"有机"形式的看重,除了爱默生还有杜威。但与爱默生不同,杜威不认可其通过直觉洞察,将自然多样的表象形式升华为精神形式的美学构想。⑤杜威认为事物可感表象本身就已经指示着自然深层的连续性,"形式是作品所带来的互动关系在时间上的主动的连续性,其目的是为了经验的实现"⑥。因此,杜威的有机形式依靠的是有机体通过感官经验,尤其是身体经验,参与到同自然的互动中,在做(doing)与受(underdoing)的统一中实现形式的变化与生成。相较于杜威在物性层面解决信仰问题,爱默生则努力在诗性王国中构想着诗人的功用,并通过自己的诗歌创作引导着这种构想。

2. 有机形式的诗歌实践

作为诗人的爱默生,在其诗歌创作中也努力实践着有机形式论。他反对诗歌一味追求形式优美有序、格律协调整一,而忽视了诗歌的主题与情感。"因为造就一首诗歌的不是韵律,而是催生韵律的主题——一种热烈奔放、生气勃勃的

---

①　[美]爱默生:《爱默生集——论文与讲演录》,吉欧·波尔泰编,赵一凡等译,北京:生活·读书·新知三联书店,1993 年,第 506 页。

②　[美]爱默生:《爱默生集——论文与讲演录》,吉欧·波尔泰编,赵一凡等译,北京:生活·读书·新知三联书店,1993 年,第 508 页。

③　Emerson, Ralph Waldo. Emerson's Prose and Poetry. Eds. Joel Porte and Saundra Morris. New York: W. W. Norton & Company, 2001, p.189, 190.

④　Emerson, Ralph Waldo. Emerson's Prose and Poetry. Eds. Joel Porte and Saundra Morris. New York: W. W. Norton & Company, 2001, p.138.

⑤　殷晓芳.实用主义的审美形式论——杜威和爱默生的交集与分野[J].文艺理论研究,2018,38(05):182-190.

⑥　Alexander Thomas. John Dewey's Theory of Art, Experience, and Nature[M]. Albany: State University of New York Press, 1987, p.234.

思想，好像动植物的精神，具有自己的结构，用一种全新的东西来装点自然。"①爱默生在《代表人物》中也写到，虽然"有教养的人常常在写诗方面获得很好的技巧"②，但这样的才能并不能使他们具有诗人的资格。在爱默生眼里，诗人应"让事物服从于自己的思想"③，形式是诗意的载体。这也造成了"对于爱默生，我们永远不会失去他仍在追寻的感觉"④。他的诗歌形式永远追寻着诗意思想。

为了思想的完整，爱默生毫不顾忌诗歌格律节奏的"沙哑"。在《日子》《问题》等一系列诗歌中，爱默生都在践行自己的有机形式论。在《日子》中，他放弃了英国诗歌传统的韵文形式，以长短不一的诗行诉说着日常生活的神性。在《梅林》中，爱默生则直接表明了对诗人传达思想，摆脱格律、节奏等形式束缚的期许，"伟大的诗艺/必定有伟大的气质。诗人不会用节奏和格律/将他的思想束缚，而要抛开一切陈规；他将不断攀登/朝着诗韵的巅峰。"⑤他不希望诗人因有意识地使用格律而对思想顺畅表达造成阻碍，认为即使采用传统格律形式，也应让形式完全依赖于思想主题，发出时代的声音，以《康科德颂》为例。这首诗爱默生虽然采用了英国传统的格律形式，但是所写的内容则是关于美国独立战争后的英雄纪念碑，源于本民族的情感体验。这是爱默生对诗人的时代期许。因为19世纪的美国并没有自己的文学。基于此，爱默生指出，"美国人并非只能在机械技术方面有所成就，他们还应该有更好的东西奉献人类"⑥，鼓励美国诗人作美国学者的代表，将美国主题升华为人类共有的精神财富，唱出独立的"民族之歌"。

在他的影响下，惠特曼创作了诗集《草叶集》，热情地回应了爱默生的呼吁。在形式上，惠特曼摆脱了欧洲传统的抑扬格五音步形式，转而选用了自由体的方式服务于诗歌思想。在内容上，惠特曼不断探索"自我"的意义，并从精神、肉体两方面寻求解放与独立。惠特曼几乎实践了爱默生对理想诗人的全部理念，因此当惠特曼将诗集寄给爱默生时，爱默生赞扬道："对《草叶集》的价值我绝不能

① Emerson Ralph Waldo. *Selected Writings*[M]. New York：Modern Library，1992，p.290.

② *The Complete Works of Ralph Waldo Emerson*[M]. vol Ⅳ. ed. Edward Waldo Emerson. Boston：Houghton Mifflin，1903 - 1904，p.205.

③ ［美］爱默生：《爱默生集——论文与讲演录》，吉欧·波尔泰编，赵一凡等译，北京：生活·读书·新知三联书店，1993 年，第 40 页。

④ Henry James. *Partial Portraits*[M]. London：Macmillan，1888，p.9.

⑤ ［美］爱默生：《爱默生集》，范圣宇编，广州：花城出版社，2008 年，第 216 页。

⑥ ［美］爱默生：《爱默生集——论文与讲演录》，吉欧·波尔泰编，赵一凡等译，北京：生活·读书·新知三联书店，1993 年，第 62 页。

视而不见,我觉得它是美国出版的最伟大的,充满智慧的经典之作。读这本诗集我感到十分高兴,就像一种伟大的力量使我们高兴一样……我为你那奔放、勇敢的思想而感到兴奋……"①但实际上,《草叶集》出版后却遭到了批评家们的持续攻讦,称其违背了诗歌对形式的要求,不符合诗学传统。

这一事实正好印证了爱默生对诗人的时代定位,他眼中的美国诗人应是追求精神独立、自由的时代先行者。在《论诗人》中爱默生写道:"由于追求真理、献身艺术,诗人在同时代人中间落落寡合,然而追求的同时也得到一种安慰:他的追求迟早要把众人都吸引过来。因为所有的人都靠真理生活。"②世人对诗人的不理解与指责,恰恰说明诗人是时代、众生的引领者,是独立精神的代表者。诗人可以带领人们从世俗通往神圣。

## 第二节 诗人之思的神圣价值

### 一、确信诗人思想的价值

爱默生反对用形式束缚思想的倾向,主张形式应配合思想主题,并为精神内容留出主导空间。换句话说,形式的反拨只是爱默生塑造理想诗人的第一步。在确立了诗人思想权威后,爱默生进而思考更为重要的"思想"问题:诗人如何发现、洞察、创造神圣精神,诗人的思想应该具有哪些特质,诗人的神圣思想如何引领众人思想等,对思想实质的探索才是理想诗人的根本任务。因为,价值理性对技术理性的引导不仅是对理性形式的反拨,更在于价值本身的重塑。而诗人的思想价值就在于去改变世俗生活信仰缺失的现状,重建宗教信仰、伦理法则等一切精神观念对个体的引导作用。

带着这一目的,爱默生发现,宗教与伦理在本质上都是引导主体从情感体验走向精神升华,而艺术正是表达情感最有优势的领域,那么艺术与宗教伦理若能融为一体,共同教化于人类心灵,则可以促进人类精神从世俗通往神圣。实际

① Annette T. Rubinstein, *American Literature*, *Root and Flower*[M]. New York: Monthly Review Press, 2013, p.44.
② [美]爱默生:《爱默生集——论文与讲演录》,吉欧·波尔泰编,赵一凡等译,北京:生活·读书·新知三联书店,1993年,第496页。

上，这不并是一条新路径，早于爱默生的不少哲人已把宗教体验与审美体验看作一回事。例如新柏拉图主义的普罗提诺曾表达过，审美经验就是"经过清修静观而达到的一种宗教神迷状态，在这种状态中，灵魂……见到了神的绝对善和绝对美，因而超越凡俗，达到与神契合为一"①。爱默生认可普罗提诺用灵魂洞察神祇的路径，并沿着这一路径继续说道，人神契合是因为上帝就存在于诗人的灵魂中。诗歌情感与宗教信仰的融合，确立了诗歌本质神圣，定位了诗即真理、即道德的洞见，而真、善、美都将统一在诗人的心灵中。他多次表达："什么会阻止我们感受上帝的运行，会阻止我们相信先知以赛亚和诗人弥尔顿在圣灵活动中的一致性？"②"你自己就是从圣灵那里新诞生的诗人——抛弃一切因袭思想，使人与上帝直接相识。""那些神圣的吟游诗人是我美德的朋友，是我智慧的朋友，是我力量的朋友"，"吟唱时的诗人是神圣的"③……爱默生将诗人推为宗教神圣的代表，"诗人的召唤比牧师更神圣"④，这或许就是爱默生辞去牧师一职转而成为诗人的真正原因。至此，诗人的思想、情感活动成为通向神圣精神的重要路径。

## 二、发挥诗人引领思想的能力

诗人的想象力成为爱默生最为重要的主题。因为诗意想象不仅可以让他将思想重心转为对自身情感、精神的关注，而且还能如其所愿的让自我精神融于宗教伦理中。诚如桑塔亚纳所说，"他罕见的智慧与其说是由于他的理性，不如说是由于他的想象力。"⑤也正因此，爱默生将宗教、伦理统统归在了诗人强大的感性活动里，将其视为一种对自我道德本性的诗意表达。他坚信审美想象能含有道德意蕴。他在日记中写道："对神圣主题的最高推理是某种道德想象力的产物，而不是推理机器。"⑥爱默生反对洛克、休谟以经验思维来推理道德，称其是

---

① 邢建昌编：《美学》，石家庄：河北人民出版社，2012年，第344页。

② *The Journals and Miscellaneous Notebooks of Ralph Waldo Emerson*[M]. Eds William H. Gilman, Ralph H. Orth et al. Cambridge：Harvard University Press，1960－1982，p.240.

③ ［美］爱默生：《爱默生集——论文与讲演录》，吉欧·波尔泰编，赵一凡等译，北京：生活·读书·新知三联书店，1993年，第101、93、67页。

④ Lawrence I. Buell，*Aesthetics and Emerson's Poet-Priest*[J]. American Quarterly，1968（20）：3－20.

⑤ Santayana，*Interpretations of Poetry and Religion*[M]. New York：Scribner's，1900，pp.217－233.

⑥ *The Journals and Miscellaneous Notebooks of Ralph Waldo Emerson*[M]. vol Ⅱ. Eds William H. Gilman，Ralph H. Orth et al. Cambridge：Harvard University Press，1960－1982，p.238.

对道德思想的削弱。他们主张"道德本质在于产生快乐,恶的本质在于给人痛苦"①,将善恶的起源归于个体的情感经验,将良心准则看作是按照习得的经验对行为进行对错判断的固有常识,这是爱默生所不能接受的。

于是,爱默生从常识哲学处找到主体赋有先天道德观念的理论支持,将思想权威归还给主体的道德想象。他在哈佛读书时,恰值苏格兰常识学派在美国流行,他接触到了以杜加尔德·斯图尔特为代表的常识学派的道德哲学思想,其主要宗旨就是强调人类本性中所共有的、普遍的道德感,也就是爱默生日记所说的"某种道德想象力的产物"②。常识学派认为人类的"道德感不仅是对对或错印象般的接受,⋯⋯而是一种原始的、普遍的思想原则"③,它是属于我们人类自身的基本信念。常识学派的道德观无疑为爱默生重塑思想内涵增添了助力。道德想象成为人类灵魂的先天内容,是我们内心的常识,且先于感官所给予的经验知识。在这意义上,道德想象可以判断经验、引导形式,道德想象主体如同神启的上帝,而这将成为人类精神神圣化的开端。

拥有道德想象的诗人努力发挥着想象的力量,从可见的事物中洞察其背后不可见的神启与真理。在爱默生看来,自然是"神圣精神的解释者。它是固定的基准点"④。因此,他希望诗人借助想象完成心灵与自然象征的勾连,想象便是人内心对自然万物的洞察。正如他日记写的那样,"在树林中徘徊的他意识到,异教徒凭借想象在每个丛林深处和每个喷薄的泉口中找到神灵是多么自然"⑤,这个异教徒就是放弃传统宗教教理规范的诗人,他以自身强大的诗性想象,探寻上帝于自然中留下的神圣教理。

在探寻中,人们的视力回到原初的纯净,摆脱了物的束缚。在《论自然》中,爱默生说道:"太阳仅仅照亮成年人的眼睛,可它却一直透过孩子的眼睛照亮他的心灵。热爱大自然的人⋯⋯他在成年之后依然保持着孩童般的纯真。""我们

① [英]休谟:《人性论》,关文运译,北京:商务印书馆,1983 年,第 330—331 页。

② *The Journals and Miscellaneous Notebooks of Ralph Waldo Emerson*[M]. vol Ⅱ. Eds William H. Gilman, Ralph H. Orth et al. Cambridge: Harvard University Press, 1960‑1982, p.238.

③ Davis, Merrell R. '*Emerson's "Reason" and the Scottish Philosophers*'[J]. New England Quarterly, 1944(02): 209‑228.

④ *The Collected Works of Ralph Waldo Emerson*[M]. Eds Alfred R. Ferguson, Joseph Slater, Douglas Emory Wilson, Ronald A. Bosco, et al. Cambridge: Harvard University Press, 1971‑2013, pp.38‑39.

⑤ *The Journals and Miscellaneous Notebooks of Ralph Waldo Emerson*[M]. vol Ⅰ. Eds William H. Gilman, Ralph H. Orth et al. Cambridge: Harvard University Press, 1960‑1982, p.138.

在丛林中重新找到了理智与信仰……站在空地上，……而所有卑微的私心杂念都荡然无存了。此刻的我变成了一只透明的眼球。"①在其言语里，他非常看重视力对自然的透视意义，透视即洞察。这意味着，领悟自然神性不是借助眼睛感觉自然物性知识，从而分析推理出合理法则，而是凭借主体自身的道德想象，用视力去透视自然背后的精神实体。②伴随着视力的透视，眼球、自然都将丢弃其物性，呈现出空灵化、象征化的精神属性，心灵与自然在精神层面达到了神圣的统一。爱默生认为这是生命最美妙的时刻，因为这一刻"是对更高力量的美妙觉醒，以及大自然对上帝的虔诚退隐"③。这样一来，上帝便同我们联系在了一起。人类可以在大自然中寻找到自我精神的真谛，而已经形成或正在形成的自然也展示、反映着人类道德的本质，④神圣精神都融在了非我的、象征性的自然中，而诗人对自然神圣精神的探寻之旅，就是从物性经验中洞见、想象精神本质的心灵活动。

但这并不是道德想象的全部，诗人的想象力还在于创造自然崭新的价值。爱默生指出："人的想象力可以说成是理性用来创造物质世界的工具。"⑤在其看来，拥有神圣精神的诗人要想实现自身的思想价值，则必须发挥思想的创造力，去创造"第二自然"。实际上，第二自然是由第一自然所派生的，就像诗歌是由诗人灵魂生出的德性。当诗人的灵魂成熟时，诗人便"借助于所谓的'想象力'表现自己"，将灵魂（即德性）言说出来，让它"获得了永生"⑥，并以此"赋予我们一种新思想……指引我们进入新天地。""他们回报的已经不再是原来的东西，而是一个崭新的、超验的整体。"⑦从这个意义而言，"诗人就是解救万物的诸神。"⑧诗人

①　［美］爱默生：《爱默生集——论文与讲演录》，吉欧·波尔泰编，赵一凡等译，北京：生活·读书·新知三联书店，1993年，第10页。

②　David Greenham, *Emerson's Transatlantic Romanticism* [M]. London: Palgrave MacMillan, 2012, p.125.

③　*The Collected Works of Ralph Waldo Emerson* [M]. vol Ⅰ. Eds Alfred R. Ferguson, Joseph Slater, Douglas Emory Wilson, Ronald A. Bosco, et al. Cambridge: Harvard University Press, 1971–2013, p.30.

④　David Greenham, *Emerson's Transatlantic Romanticism*, London: Palgrave MacMillan, 2012, p.117.

⑤　［美］爱默生：《爱默生集——论文与讲演录》，吉欧·波尔泰编，赵一凡等译，北京：生活·读书·新知三联书店，1993年，第40页。

⑥　［美］爱默生：《爱默生集——论文与讲演录》，吉欧·波尔泰编，赵一凡等译，北京：生活·读书·新知三联书店，1993年，第509、507页。

⑦　*The Complete Works of Ralph Waldo Emerson* [M]. vol Ⅻ. Ed. Edward Waldo Emerson. Boston: Houghton Mifflin, 1903–1904, pp.16–17.

⑧　［美］爱默生：《爱默生集——论文与讲演录》，吉欧·波尔泰编，赵一凡等译，北京：生活·读书·新知三联书店，1993年，第512页。

的灵魂蕴藏着全部的神圣观念,灵魂的成熟即精神的升华,而精神一旦得到升华,他便会为人世间创造新思想、新形式。也就是说,诗人的精神得以升华,是其诞生诗性创造力的关键。而获得升华的重要途径便在于,诗人内心激起崇高之情。

西方对于心灵崇高感的论述,最早可以追溯到朗吉努斯的《论崇高》。他指出"崇高的风格是一颗伟大心灵的回声",认为人有着庄严伟大的思想,当看见"万物的丰富、雄伟、美丽是多么惊人",会产生"慷慨激昂的热情"①。朗吉弩斯将崇高视为激发主体美感的要素,而到了康德那儿,崇高则内化成了主体的感知,成为人的精神体验。他说:"我们称呼这些对象为崇高,因它们提高了我们的精神力量越过平常的尺度,而让我们在内心里发现另一种类抵抗的能力,这赋予我们以勇气来和自然界的全能为例的假象较量一下。"②爱默生采纳了康德将崇高视为主体精神情感的观念。在《论自助》中爱默生写道:"你的孤立决不是物质上的,而应当是精神上的,也就是说,一定要崇高。"③但他并不认可凭借崇高之情与自然较量的做法。在他眼里,自然万物不仅不是心灵的对手,反而可以在自然中引起心灵的崇高体验。事实上,"我们用'启示'这个词来辨别灵魂的宣告,即它对自己个性的显示。这些总是由崇高的感情伴随着。"④

可以说,心灵对自然的每一次洞察、创造都会伴有崇高之感。"因为这种交流就是神圣的心灵流进我们心灵"⑤,会激起心中的敬畏与喜悦。爱默生描述到,每个夜晚,抬头便能看到的星星就能"在我们的心中唤起某种崇高之情……当心灵向所有自然物体敞开之后,它们给人的印象却是息息相关、彼此沟通的"⑥。而诗人便是能够感受到这一崇高印象的人,"他胸中便会涌起一股狂喜"⑦。因为他

---

① [古罗马]朗吉弩斯:《论崇高》,选自《缪灵珠美学译文集》第一卷,北京:中国人民大学出版社,1998年,第84、114、83页。
② [德]康德:《判断力批判》上卷,北京:商务印书馆,1985年,第101页。
③ [美]爱默生:《爱默生集——论文与讲演录》,吉欧·波尔泰编,赵一凡等译,北京:生活·读书·新知三联书店,1993年,第300页。
④ [美]爱默生:《爱默生集——论文与讲演录》,吉欧·波尔泰编,赵一凡等译,北京:生活·读书·新知三联书店,1993年,第432页。
⑤ [美]爱默生:《爱默生集——论文与讲演录》,吉欧·波尔泰编,赵一凡等译,北京:生活·读书·新知三联书店,1993年,第432页。
⑥ [美]爱默生:《爱默生集——论文与讲演录》,吉欧·波尔泰编,赵一凡等译,北京:生活·读书·新知三联书店,1993年,第8页。
⑦ [美]爱默生:《爱默生集——论文与讲演录》,吉欧·波尔泰编,赵一凡等译,北京:生活·读书·新知三联书店,1993年,第9页。

体会到了自然事物与精神本质间的紧密关联。在爱默生眼里，"那种崇高的精神绝对不用他们的方言讲话。永恒不变的观念基本上是与真理、正义、爱，这些灵魂的属性相关的。"①而诗人恰恰具有洞见精神的内心，他的"标志和证明就是他能宣布人们未曾预见到的事"②，即感知到神圣精神。因此，诗人在自然事物的包围中，无时无刻不在感受着自然对心灵的规劝，"都会感到一阵激动，它是从天性的中心流露出来的"③。爱默生将崇高感的来源归于自然对心灵的启发，归于诗人自身天性的流露。而当诗人"进入创造意境，并因拥有知识而感觉到生存的特权时，那又是怎样的一种延展生命的崇高感情啊！"④在诗人的创造中，万物又以全新的面貌表达出来，那是诗的语言，也是心灵的语言。诗人以语言的有机形式不断延展着思想的深度。可以说，崇高感是诗人神圣心灵的伴随状态，它给予了诗人绝对的精神权威，让其能够统领万物形式。但当理论与现实相结合，精神独立则远没有那么乐观。

## 第三节　理想诗人的现实困局

　　爱默生用有机形式服务思想的自由，用想象力、崇高感将思想与宗教伦理相勾连，以求在形式与思想两方面实现对技术理性的制衡，这是爱默生的初心。这一初心缘于爱默生对当时美国社会准确而深刻的判断。他不仅发现了技术理性下物性社会存在的道德信仰缺失问题，更敏锐地觉察到商业科技的快速发展、不断增长的人类欲望是无法阻挡的必然趋势。因此，他希望神圣精神重新进入世俗生活，凭借诗人的力量引领"人们真地获得了一种新的意识，在他们的世界上发现了另外一个世界"⑤。然而，事实上爱默生的"理想诗人"却并不如预期中那么理想。

---

① ［美］爱默生：《爱默生集——论文与讲演录》，吉欧·波尔泰编，赵一凡等译，北京：生活·读书·新知三联书店，1993年，第434页。
② ［美］爱默生：《爱默生集——论文与讲演录》，吉欧·波尔泰编，赵一凡等译，北京：生活·读书·新知三联书店，1993年，第498页。
③ ［美］爱默生：《爱默生集》，范圣宇编，广州：花城出版社，2008年，第98页。
④ ［美］爱默生：《爱默生集——论文与讲演录》，吉欧·波尔泰编，赵一凡等译，北京：生活·读书·新知三联书店，1993年，第31页。
⑤ ［美］爱默生：《爱默生集——论文与讲演录》，吉欧·波尔泰编，赵一凡等译，北京：生活·读书·新知三联书店，1993年，第511页。

## 一、有机形式的局限

就形式变革而言,诗人的努力是不彻底、不现实的。不彻底是说作为诗人的爱默生并没有放弃理性主义形式,尤其体现在他的诗歌创作中。在19世纪的美国,新古典主义的诗歌形式依旧是公认的诗歌样式,是学校老师所教授的重要创作形式。学生时代的爱默生受到新古典主义诗歌形式的严格训练,其早期诗歌都是根据新古典主义诗歌的形式规则创作的,不是英雄式的五拍,就是不太严肃的四拍。这对于爱默生的影响是深远的,在整个诗歌生涯中,他一直被年轻时所学的不恰当的18世纪诗歌形式所束缚。[①] 他在激进的理论革新与谨慎的行动间寻找着中庸的方式,这一方式就是他最常使用的不规则的四重音押韵形式。这种形式意味着其对新古典主义诗歌形式的妥协,因为"理性时代"的新古典主义诗人优先会考虑的诗歌形式就是四联韵。于是,爱默生将变化的重心频繁地放在了"不规则"上,以粗略的押韵四拍或未押韵的四行来展现自己对理性主义形式妥协般的反抗。例如在诗歌《致南方的艾伦》中,爱默生以双音节开篇,随后又转变为常规的韵律节奏,紧接着在双音节、长短律间来回变化,想要通过不规则的韵律来捍卫自己对形式自由的主张。[②] 从这个意义上说,爱默生自己作为诗人在诗歌形式上都没有执行彻底的变革。但这并不能全然责备于他的谨慎,更在于"有机形式"本质上就难以找到匹配的韵律与节奏。

爱默生要求诗人将自然背后神秘的精神法则用"有机形式"表达出来,做自然的预言者、命名者。诗人凭借神圣精神发现、创造诗歌形式。换句话说,诗歌的精神内涵会自然生长出自己的形式,且会随着精神的不断升华,发生变化,就像植物一样,不断地创造着奇迹。"有机形式"与其说是诗歌形式的新定义,倒不如看作是一次诗意理想。看似新的"有机形式"取代了"理性主义形式",但实际上形式的变更只实现在理论层面,而非切实的创作领域。因为诗人的创作不能是无形的,精神也不能没有物质形态作为载体。自由精神需要"有机形式"去表达,而"有机形式"则离不开它的物性规则。精神自由与形式规则间的矛盾致使爱默生无论对理性主义形式做出何种调整与妥协,在根本意义上终是徒劳的。理性主义形式所要表达的内容是判断、推理的产物,它可以被表达在紧密整齐、

---

① Hyatt Waggoner. *Emerson as poet*[M]. Princeton:Princeton University Press, 2016,p.81. 本章多处参考该书观点。

② Hyatt Waggoner. *Emerson as poet*[M]. Princeton:Princeton University Press, 2016,p.97.

合乎逻辑的形式中，也容易被读者接受。而爱默生理想诗人的思想是超越经验的，是精神的实质与象征，理性主义那有限的、合乎规律的形式无论如何调整也无法匹配这样神圣、超验的思想内容。事实也的确如此。在爱默生的《哦，亲爱的春天》《暴风雪》等诗歌中，明显能感受到诗歌内容与形式的不和谐，也能体会到诗人内心在对物质形式的妥协与不妥协间痛苦挣扎①。在现实面前，不得不承认以诗人的思想去整合、变革形式规则，难以真正让精神获得自由。

## 二、诗人能力的限度

精神的自由还是要诉诸思想上的革新。爱默生也的确这样做了，他给予了诗人无限的想象空间。但是，这却造成了诗人想象力不受控制、难以真正指导世俗生活。爱默生认为神圣精神无处不在，在自然界、凡俗间，尤其是在诗人的想象中，他指出诗人所拥有的想象可以到达道德或形而上的维度，可以代表最高权威，而这是有风险的。因为想象是自由的、有创造力的、神秘的，也是不负责任的。它不依赖于物质真实，没有客观实际对其制约。诗人从物性自然领悟到神圣精神几乎没有任何矛盾性的阻碍，诗人有着极大的想象自由，而对想象力的制衡，则依赖于更为神秘的诗人的心灵本性，这是一种极其浪漫且难以信服的想法。科学家可以根据人类经验的各种现象，对其进行判断、分类，从而得出合乎逻辑的结论。而诗人的本心与想象，二者都是完全主观的，它可以属于理想的、超验的诗意世界，而在真实的现实世界难以转化成清晰明确的行为法则。也就是说，诗人与自然、与现实的连接极其微弱，物质体验、感官经验和诗人的想象力间缺乏牢固联系②。诗人在凭借想象力完成对常识超越的同时，也就此远离了尘世事功，用神圣精神引导现实生活，仅能存活于理论中。爱默生在其思想后期，也意识到这一问题，他指出诗人在迈向理想境界时，一定不能失去与自然现实的联系，精神应该扎根在感觉经验的升华上，"常识的优雅制衡是所有有效心灵的标志。"③这就是说，诗人与世俗中的人类属于两个不同的世界，诗歌可以带领众人感受到诗意世界的理想价值，但诗人的想象、表达不能与现实生活相去甚

---

① Hyatt Waggoner, *Emerson as poet* [M]. Princeton：Princeton University Press，2016，p.105.

② 参见 Hyatt Waggoner, *Emerson as poet* [M]. Princeton：Princeton University Press，2016，pp.164 - 166。

③ *The Complete Works of Ralph Waldo Emerson* [M]. 08 vols. Ed. Edward Waldo Emerson. Boston：Houghton Mifflin，1903 - 1904，p.9.

远,最终还应带领众人返回到现实中。否则,诗人用以改变实际的变革路径便成了虚妄。

变革中的现实问题诞生出新的疑问,即诗人是否有能力实现形式与思想的变革。至少,诗人的视力就有被高估的意味。爱默生对视力的关注源于自身的一段经历。1825 年前后,爱默生由于过度思考,视力开始急剧下降。视力的模糊为其带来了神秘且模糊的图像,物质形态的模糊化,致使其仿佛看到了神圣永恒的"一",以至于"在患眼疾这一年以后,爱默生再不敢忽视自己的眼睛、视力和视觉。视觉的隐喻始终出现在他的写作中"①。爱默生不断强调、重视视力对于精神本质的洞察,他认为当眼球褪去了经验的遮蔽便可以洞见神圣的精神。他写道:"人类对自然的统治不是通过观察来实现的——像现在这样的统治已经超越了他对上帝的梦想——他进入这个世界,就像盲人感觉到自己逐渐恢复了完美的视力一样,不会有过多的惊奇感。"②但事实上,这是对诗人视力的拔高之举。

无论诗人的眼光有多独到、多犀利,他依旧是在看物性世界,依旧是一种感官体验。"感知不会与信念成正比。"③爱默生需要诗人有洞察精神的信念,但不会因为他的需要就能让感觉经验转化为上帝般的洞见。也正因此,爱默生在实践诗人洞察力时写道:"然而,为什么不总是这样呢?"④诗人的思想内容有时确实没有超验的、精神的气息,以爱默生的诗歌《日子》为例,在诗歌开头,爱默生写道:日子"按人们的意愿把礼物馈赠:面包,王国,星辰和挂满繁星的天穹"⑤,"星辰""天穹"与爱默生在《论自然》中一直强调的崇高精神是合意的,上帝的启示常和星空、宇宙连在一起。但后面的诗句则改变了整首诗超验的基调,爱默生继续写道:"我忘记了早晨许下的心愿,仓促间/摘了一些香草和几个苹果,日子/

---

① ［美］小罗伯特·D. 理查森:《爱默生——充满激情的思想家》,石坚,李竹渝等译,成都:四川人民出版社,2001 年,第 99 页。

② *The Collected Works of Ralph Waldo Emerson*. 1 vol. Eds Alfred R. Ferguson, Joseph Slater, Douglas Emory Wilson, Ronald A. Bosco, et al. Cambridge: Harvard University Press, 1971–2013, p.45.

③ *The Journals and Miscellaneous Notebooks of Ralph Waldo Emerson*［M］. 12 vols. Eds William H. Gilman, Ralph H. Orth et al. Cambridge: Harvard University Press, 1960–1982, p.337.

④ *The Journals and Miscellaneous Notebooks of Ralph Waldo Emerson*［M］. 12 vols. Eds William H. Gilman, Ralph H. Orth et al. Cambridge: Harvard University Press, 1960–1982, p.337.

⑤ ［美］爱默生:《爱默生集》,范圣宇编,广州:花城出版社,2008 年,第 234 页。

转过身,沉默地离开了。"①这似乎是说"香草""苹果"可以代替"星辰"和"天穹","香草""苹果"所具有的药用价值、饱腹属性也是"日子"的意义,对诗人也同样具有吸引力。这不是主观臆测,爱默生在日记里曾表达过,他的生活是凡俗琐事的堆积,以至于他没有时间去培养所渴望达到的精神的顿悟②。爱默生以自己的生活经验诚实地说明,诗人视力洞察并不是屡试不爽的能力。诗人的视力也会向下看、向实用性看,在降低视线的同时,发掘物性生活的意义,这是基于现实的诗人。现实诗人并不总是具有洞察的能力,那么人与上帝便又再次区分开来,价值理性如何融入世俗生活,便又再次成为爱默生要思考的问题。

此外,爱默生笔下的诗人还有一些难以入世的问题。例如在《论自然》中,爱默生写道:"正是这种完整统一的意识使我们能够分辨出伐木工人的木料和诗人笔下的树木……在远方的地平线上有着一桩财产……将它所有的部分组合起来——此人必定是个诗人。"③爱默生在肯定诗人的同时,间接地否定了伐木工、科学家等大多数人的能力。但诗人毕竟是少数,如果上帝只是垂青具有想象、洞察力的诗人,那么大多数人都成了愚民,这样的理论架构似乎难以被除文学诗人以外的普通人所真正认可。④ 而爱默生不断强调诗人与自然的亲密接触,似乎也难以在工业、科技发达的社会得到切实有效的执行。就像梭罗躬身实践的瓦尔登湖,可以成为个体的道德行为、理想样态,但想成为社会公认的伦理法则,则是困难的。

不过,爱默生诗人形象的不完善、诗人理论的不完美,并不意味其构建毫无意义。理论在实践上的缺陷,不代表理论在精神上的无用。"理想诗人"的构建体现出爱默生对人类精神危机的发现与思考,这本是就有着重要的价值,尤其体现在文学创作和民族文化方面。在爱默生诗歌形式与内容的影响下,出现了惠特曼、梭罗、霍桑、麦尔维尔、弗洛斯特等一批美国本土优秀的作家、诗人,改写了美国依赖欧洲文学传统,没有本国文学的历史。可以说,"没有爱默生这个 19 世

---

① 〔美〕爱默生:《爱默生集》,范圣宇编,广州:花城出版社,2008 年,第 234 页。

② 参见 Hyatt Waggoner, *Emerson as poet*［M］. Princeton: Princeton University Press, 2016, pp.172 - 174.

③ 〔美〕爱默生:《爱默生集——论文与讲演录》,吉欧·波尔泰编,赵一凡等译,北京:生活·读书·新知三联书店,1993 年,第 9 页。

④ 张云岗,陈志新:《爱默生的超验主义思想研究》,石家庄:河北科学技术出版社,2013 年,第 221 页。

纪美国伟大的思想家及其超验论学说的传播和影响,就没有独立的美国文学。"①而文学的本土化、独立化也推动了文化上的民族独立,独立自主成为美国重要的民族精神。而爱默生诗人理论的第二个重要价值,就在其对诗人审美教化功能的肯定上。这让杜威、詹姆斯等后来的实用主义者看到了审美、艺术对调和工具理性与价值理性的重要意义。杜威创造性地发展了爱默生的诗人观,他将诗人的教化功用落实于感觉经验中,将经验统一于审美特质中,让审美特质成为技术理性通往价值理性的桥梁,②使得爱默生的超验诗人落地为依据现实的经验诗人,孕育出独属于美国的实用主义哲学美学新范式。

爱默生的诗人,是针对物欲泛滥、信仰缺失的现实生活而进行形式与思想革新的变革者。虽然诗人没能实现思想对形式的引领,没能完成神圣精神向世俗生活的有效回归,但爱默生以诗人变革社会的初心难能可贵。物性形式需要思想精神的引领、制约,同样,价值内涵也需要物质形式作为其理论的载体。形式与思想、神圣与世俗、理想与现实、技术理性与价值理性都应在世俗生活中不断寻找着平衡。

---

① 王屹.爱默生超验主义对美国文学的影响[J].外语教学,1997(03):59-65,82.
② 张宝贵.工业社会的歌者——杜威生活美学思想简述[J].外国美学,2019(02):101-116.

# 第二章
# 直觉解蔽心灵的诗性方法

爱默生推崇诗人引导民众感受自然事物的诗性本原,他认可诗人突出的诗性引导力。而关于洞见事物诗性本原的方法,爱默生认为是直觉。可以说,直觉是爱默生建构、创造诗性世界的重要方法,也是爱默生美学、哲学中最为重要的观念之一。这源于其对美国既有哲学理论方法及其实际作用的深入思考。他的诗性直觉饱含着对个体心灵的倚重,倚仗个体凭借直觉,于认知中重建美国思想观念、精神价值的诉求,也有诗意重建物性社会的期许。因此,直觉在爱默生这里,不是什么固定的理论概念,也不是任何理论体系中的组成要件,而是弃旧图新的重要方法与信仰。他想要发挥浪漫、诗意的直觉,让所有个体从尘世事功中解放出来,能够与自身原初的精神力量相拥,并在原初精神的指引下,改变、引导日常生活,让其充满诗意。

## 第一节　直觉方法的酝酿

19 世纪的美国是洛克经验论与休谟怀疑论的乐园。洛克的经验主义哲学在美国校园内成为风靡一时的思潮,受到学者们的追捧与尊重。也正是在这一时期,在哈佛神学院读书的爱默生"接触到了约翰·洛克所谓'袭动性的'或经验主义的哲学,他的课外读物包括乔治·巴克莱和大卫·休谟的论著"①。他立刻被休谟、洛克的思想所吸引,借阅了几乎所有相关著作,沉溺于对怀疑论的研读思考之中。在早期的日记与信件中,爱默生反复提到休谟这位伟大的怀疑论者。1823 年前后的"这段时间里爱默生给玛丽姑妈的信全

---

① David Greenham, *Emerson's Transatlantic Romanticism*［M］. London：Palgrave MacMillan, 2012, p.102.

是有关休谟的"①。此后多年,爱默生对于休谟的兴趣一直有增无减。玛丽姑妈在 1826 年 4 月给爱默生的回信中说道:"我不得不认为,你在年轻时读到的休谟,使你对他的态度如此着迷,以至于你无法摆脱他。"②事实的确如此,"爱默生从他智力生涯一开始就陷入了怀疑论"③,并且将这种关注持续了一生。有趣的是,爱默生着迷于洛克、休谟的论著,注意到的并不是他们的经验推理体系,而是其理性的局限。换句话说,爱默生对经验论、怀疑论的痴迷之处在于如何揭露、批判、克服其理论下技术理性的弊病,而这一过程客观上也催生了爱默生独特的超验哲学。诚如理查森所言,"爱默生的一生和工作本身,确切地说,先验哲学本身——就构成了对休谟的一个驳斥。"④

## 一、对经验压制心灵的批判

爱默生超验哲学发端于对洛克、休谟理论的批判。他认为,经验论者的第一个问题是让人的心灵能力沦为经验印象的简单复制。这是"对我们自身的能力和理解力的挑战"⑤,会"造成对自己所具有的才能的完全不信任"⑥。在经验论下,洛克将心灵看成一张白纸,任凭感觉经验绘制着生活的准则。感觉经验压制着心灵的活动,使得思维想象成为理解事物的辅助力量。而被笛卡尔视为圭臬的"我思故我在",也遭到了休谟的质疑。在其看来,所谓的"心灵"不过是知觉的集合体,"不论记忆的观念或想像的观念,不论生动的观念或微弱的观念,若非有相应的印象为它们先行开辟道路,都不能出现于心中"⑦,思维不过是印象的复制。事物间也不再有任何逻辑因果的关联。原因来源于"观念与一个现前印象的联结","各个对象的恒常结合决定了它们的因果关系","除了存在和不存在之

---

① ［美］小罗伯特·D. 理查森:《爱默生——充满激情的思想家》,石坚,李竹渝等译,成都:四川人民出版社 2001 年,第 63 页。

② *The Selected Letters of Mary Moody Emerson*［M］. Ed. Nancy Craig Simmons. Athens:University of Georgia Press,1993,p.241.

③ Whicher Stephen,*Freedom and Fate: An Inner Life of Ralph Waldo Emerson*［M］.Philadelphia:University of Pennsylvania Press,1953,p.8.

④ ［美］小罗伯特·D. 理查森:《爱默生——充满激情的思想家》,石坚,李竹渝等译,成都:四川人民出版社,2001 年,第 43 页。

⑤ ［美］小罗伯特·D. 理查森:《爱默生——充满激情的思想家》,石坚,李竹渝等译,成都:四川人民出版社,2001 年,第 63 页。

⑥ ［英］杜格尔德·斯图尔特:《文艺复兴以来的形而上学、伦理和政治哲学发展概览》,选自威廉·汉密尔顿编:《杜格尔德·斯图尔特作品选》,第 1 卷,1989 年,第 437 页。

⑦ ［英］休谟:《人性论》,关文运译,北京:商务印书馆,1980 年,第 21 页。

外，没有对象是互相反对的"①。有序联结的印象关系成为因果本质，印象经验不仅是认识事物的方式，也成为认识因果关系的手段。世界成为印象的集合，个体的生命任务简化为对印象的机械复制。个体成为被动的感觉机器，"各门科学，即使是最高级的科学"也处处依靠感觉经验知识，"就象猎人一样，有什么猎物他们就捕获什么"②。这导致了世界被分割为一个个知识领域，人对世界、自我认识的不完整，人类凭借有限的经验消极把握着局部世界。

经验论的第二个问题是将人桎梏在缺失精神信仰的物性世界中。洛克在《人类理解论》中说道："我们底少些虚浮的事物观念，只是由感官从外面得来的，或是由人心反省它自身中底经验得来的……至于事物底内在组织和真正本质，则我们更是不知道的，因为我们根本没有达到这种知识的官能"③，经验观念外的事物本质成为不可知的黑洞。为了使观念能够清晰代表经验到的思想，洛克甚至对语言也做了规定。洛克指出每个感觉观念无论是简单观念抑或是复杂观念都应该有一个明确的词语与之对应，以此来避免语言超越观念自身。对于洛克而言，隐喻是"智力的娱乐和愉悦"④，喻意停留在经验世界，无法触及精神价值。而在休谟处，"人的精神所具有的创造力量，不外乎是将感官和经验提供给我们的材料加以联系、置换、扩大或缩小而已。"⑤人类的精神活动演化为具体经验的积累、论证、判断过程，哲学成为系统化修正日常生活的思维反省。经验成为一切，一旦超越了经验世界，人类便失去可以判定正确与否的标杆。经验科学的理论思维阻碍个体对事物本质的认识，人类认知活动被牢牢绑定在经验世界中，人的主体性束缚于物性桎梏中，这导致个体对物质世界的疯狂探索，忽视淡漠了心灵信仰与精神自由。

这也是爱默生批判休谟理论的根源所在。在休谟的理论逻辑中，没有经验的东西无法从经验中推断出，只有经验证实过的事物才是可知的。也就是说，因为没有人直接体验过世界的开端、体验过世界的创造，那么即使可以看到世界万

①　[英]休谟：《人性论》，关文运译，北京：商务印书馆，1980年，第152、198、199页。
②　[美]爱默生：《爱默生集——论文与讲演录》，吉欧·波尔泰编，赵一凡等译，北京：生活·读书·新知三联书店，1993年，第710页。
③　[英]洛克：《人类理解论》，关文云译，北京：商务印书馆，1959年，第286页。
④　Locke, John. *An Essay Concerning Human Understanding* [M]. Ed. Roger Woolhouse. London：Penguin，2004，p.153.
⑤　北京大学哲学系外国哲学史教研室编译：《西方哲学原著选读》，上卷，北京：商务印书馆，1981年，第518页。

物也不意味着能认识造物主。休谟强调说："你必须最终终止于某些事实……或者你必须承认你的信仰是完全没有根据的。"①这意味着，休谟之后，上帝无法证明了，信仰缺失了。爱默生觉察到了信仰危机，他在信中写道："谁能站在他面前，证明宇宙的存在，证明它的缔造者的存在？"②爱默生深切感受到，在洛克与休谟的"统治"下，美国正经历着"精神贫乏的时代"，"为数众多的胆小鬼们在卧室窗边大喊大叫、色厉内荏，他们对真理或上帝没有信心。……关于神的宗教和上帝存在，他们的思考似乎取决于我们说了什么。"③人们的信仰由他们所经验到的事实来决定。19世纪的美国正是工业化发展的上升阶段，人们不断感受着时尚、商品、金钱、科技所带来的物质便利，不断增长着对物质的渴望，一时间物欲成了最高信仰，早已忘却了内在本质性的精神财富。消费主义、商业欲望的弥漫使得人陷入物的牢笼，自由成为被动与虚妄。人的精神主体性正在消解。

爱默生意识到他必须对休谟的观点做出回应。在日记中，他写道："在一个巨大的人类社会里我是孤独的，我观察世界……但我不属于他们……我完全否认它们。""一切归于我的存在，这是因为天命，而不是因为你。星辰苍穹，日月回转，大千世界，终将毁灭。而我——会存在。"④爱默生赋有激情地表达着对自我存在的肯定，渴望实现对休谟的理论颠覆。"怀疑论者无疑是错的；但仅仅这样说是不够的——他必须站在自己的立场上用理性的论据来反驳他。"⑤这对于当时的爱默生而言，绝不是一个轻松的任务。他并不知道该如何突破经验论、怀疑论的藩篱，陷入了痛苦的迷茫。

## 二、从既有理论中发现直觉力

爱默生又重读了柏拉图的著作，在柏拉图思想中寻到了批判休谟的灵感。

---

① Hume, David. *Essays: Moral, Political and Literary* [M]. Oxford: Oxford Up Print, 1963, p.46.

② *The Letters of Ralph Waldo Emerson* [M], vol Ⅰ. Eds Ralph L. Rusk and Eleanor M. Tilton. New York: Columbia University Press, 1939, p.38.

③ ［美］詹姆斯·米勒：《思想者心灵简史　从苏格拉底到尼采》，李婷婷译，北京：新华出版社，2015年，第267页。

④ *The Journals and Miscellaneous Notebooks of Ralph Waldo Emerson* [M]. Eds William H. Gilman, Ralph H. Orth et al. Cambridge: Harvard University Press, 1960-1982, pp.189-190.

⑤ Whicher Stephen, *Freedom and Fate: An Inner Life of Ralph Waldo Emerson* [M]. Philadelphia: University of Pennsylvania Press. 1953, p.9.

爱默生说"柏拉图理解那些基本事实"，"象在《巴门尼德篇》中所做的那样，加以证实——证实这种'存在'超越了智能的范围。"①柏拉图承认"我们这个世界上的知识是关于我们这个世界上的实在的知识"，"我们并不拥有相本身，相也不能存在于我们这个世界上。"②但紧接着，"他就站了起来，并且替人类断言，'事物是可知的！'"③柏拉图指出除了感觉到的周遭事物外，还存在着超越感性认识的理念世界。人的肉体虽然栖居在现实世界中，但这并不意味着人的灵魂不可以认识理念世界。在《斐德罗篇》中，柏拉图写道："理智就是我们对自己的灵魂在前世与它们的神一道巡游时看到的那些事物的回忆，它们凭高俯视我们凡人认为真实存在的东西，抬头凝视那真正的存在。"④爱默生从这里看到了个体灵魂的神性，意识到凭借心灵的力量人类可以在洛克、休谟的经验世界之外，获得超越经验的绝对理念，"认识到思想是真实的，因为它们是形式和规律，表现出事物的理论基础，并优于和解释所出现的一切"⑤，而"这对于那些努力克服有关神存在的怀疑的学生而言，是一个有益的观念。"⑥爱默生在柏拉图的论著中重获了灵魂与理念世界，对于无法分析的、普遍的、绝对的理念也有意识地培养心灵去探求。

至于如何通过灵魂认识事物本质，爱默生在柯勒律治的《反思之助》（Aids to Reflection）中找到了方法，即直觉。柯勒律治认为"人类心灵可以有限度地感知自然和'物自体'的性质"⑦，指出心灵具有两种能力：知性和理性。知性面向的是物质界，是对于感官印象的判断、理解；而理性则是超越感官限制的直觉能力，可以直达事物的本质。这一区分，尤其是对理性的定义，爱默生极为看重。凭借理性直觉（intuition of Reason）能力，人类可以超越感官世界，接近理念世界，人可以摆脱自然物质，成为自由的主体。这意味着在理性直觉下，个体再也不用"陷入既定的机制，并且不得不让我们自己适应这些机制，使自己

① [美]爱默生：《爱默生集——论文与讲演录》，吉欧·波尔泰编，赵一凡等译，北京：生活·读书·新知三联书店，1993年，第710页。
② [古希腊]柏拉图：《柏拉图全集》第2卷，王晓朝译，北京：人民出版社，2002年，第134页。
③ [美]爱默生：《爱默生集——论文与讲演录》，吉欧·波尔泰编，赵一凡等译，北京：生活·读书·新知三联书店，1993年，第710页。
④ [古希腊]柏拉图：《柏拉图全集》第2卷，王晓朝译，北京：人民出版社，2002年，第249页。
⑤ [美]小罗伯特·D. 理查森：《爱默生——充满激情的思想家》，石坚，李竹渝等译，成都：四川人民出版社，2001年，第90页。
⑥ [美]詹姆斯·米勒：《思想者心灵简史 从苏格拉底到尼采》，李婷婷译，北京：新华出版社，2015年，第255页。
⑦ [英]穆勒：《论边沁与柯勒律治》，白利兵译，上海：上海人民出版社，2009年，第70页。

变得有用"①。可以说:"没有柯勒律治,爱默生将是不可想象的,英国人(柯勒律治)在美国人(爱默生)作为作家、哲学家和公共人物的发展中居于主要地位。"②理性直觉,即一种精神的直观能力,成为爱默生攻破经验论、怀疑论的弊端的方法依据。

柏拉图为爱默生绘制了无限自由、至高无上的精神天堂,柯勒律治又带领爱默生找到了开启精神大门的直觉方法,洛克、休谟的"经验"推理逐渐被爱默生的心灵、直觉所替代,他写道:"理性是灵魂的最高能力,通常我们用灵魂本身表示的意思;它从不推理,从不证明,它只是简单地感知;它是直观。"③至此,以心灵为依托,以直觉为方法的思路成为爱默生的精神信念。

# 第二节　直觉的多重内涵

## 一、改造理性主义直觉观

直觉(Intuition)作为人类认识、把握世界不可替代的重要方式,一直是西方哲学家们研究的重要概念。就词源而言,直觉一词的拉丁文是 *intueri*,意为"凝视""观照";就发端而言,西方哲学对直觉的关注最早出现于古希腊时期。"在古希腊人那里,直觉就是直接地'看',就是驱除一切障碍","是一种'心看',而非'眼看'。"④毕达哥拉斯指出直觉是高于感性经验的超感官能力,可以直接观照到数理本原,后来罗素将其直觉思想总结为"思想是高于感官的,直觉是高于观察的"⑤。柏拉图认同毕达哥拉斯将对世界本原问题的探索诉诸直接观照,主张:"通过内心的观照到达那种普世之爱时,他就已经接近终极启示了。"⑥柏拉图讲的"观照",其实就是直觉,是认识真理的最高形式。在此基础上,他还指出

---

①　[美]詹姆斯·米勒:《思想者心灵简史　从苏格拉底到尼采》,李婷婷译,北京:新华出版社,2015 年,第 257 页。

②　Samantha Harvey, *Transatlantic Transcendentalism: Coleridge, Emerson and Nature*[M]. Edinburgh: Edinburgh University Press, 2013, p.20.

③　*The Letters of Ralph Waldo Emerson*[M]. 10 vols. Eds Ralph L. Rusk and Eleanor M. Tilton. New York: Columbia University Press, 1939, 1990－1995, p.413.

④　张中.直觉的考古[J].美育学刊,2014,5(05):67－75.

⑤　[英]罗素:《西方哲学史》,张作成编译,北京:北京出版社,2007 年,第 13 页。

⑥　[古希腊]柏拉图:《柏拉图全集》第 2 卷,王晓朝译,北京:人民出版社,2002 年,第 254 页。

在直觉活动中，人会产生迷狂、兴奋的情感体验，觉察到直觉与情感的隐秘关系。到了中世纪后，神学家们发展了柏拉图的观点，将直觉对世界本原的感知能力演变为认识上帝、领悟神启的能力，直觉多了一层神学色彩。但与之相同，神学家们也强调直觉具有情感特点，指出个体在直觉到上帝完善时，会产生崇高、敬爱之情，加深着对上帝的信仰。随着近代科学的兴起，直觉逐渐褪去了宗教、情感的面纱，从上帝走向了理性。古希腊、中世纪哲人们对直觉抱有的朴素态度和神秘情感消失在机械的理性认知途中。近代理性主义下的直觉成为冰冷的理性认识能力，参与着技术理性认知体系的构建。在这基础上，斯宾诺莎肯定理智直观"才可以直接认识一件事物的正确本质而不致陷于错误"①。洛克也承认"在解证的知识方面，理性每进一步，必然伴有一种直觉的知识；我们每走一步，必须凭直觉认识此一个观念与下一个中介观念（它可以用作证明）间的契合或相违"②。直觉成为人类理性的表现，与理性一起被禁锢在经验科学的认知体系中，个体自身的情感体验被压制。

爱默生不满技术理性对心灵情感的压制和对直觉能力的机械捆绑，认为理性应回归完整的自身：整一的心灵。在他看来，个体可以充分发挥心灵力量，直觉洞察事物本质，体验各种情感。基于如此认识，爱默生对理性主义下的直觉观念进行了大胆改造，这主要是受到普罗提诺太一流溢说的启发。在普罗提诺看来，宇宙的本源是不可名状的"太一"（the One），是绝对的统一。从这一源头出发，可以相继流溢出"理智""灵魂"两大本体，就像太阳散发光线，不会有损于自身的生成。其中，"灵魂"本体是流溢本体的末端，既能与"太一""理智"相统一，具备本体的完满，又可以作用于异于自身的低级对象，构成可感的宇宙。③ 爱默生被"太一"说吸引，将其直接内化为人的理性，亦即心灵，将宇宙本源等同于人内心的法则。他在《超灵》中写道："人身上却有着整体的灵魂；有着明智的沉默；有着普遍的美，每一点每一滴都跟它保持着平等的关系；有着永恒的'一'。"④最高的法则"太一"成为爱默生的"心灵"。相应地，层级化的"流溢"过程也简化为

① 北京大学哲学系外国哲学史教研室编译：《西方哲学原著选读》上卷，北京：商务印书馆，1981年，第409页。
② ［英］洛克：《人类理解论》（下），关文运译，北京：商务印书馆，2017年，第564页。
③ 参见［古罗马］普罗提诺：《九章集》第五卷第一、二章，第六卷第九章。［古罗马］普罗提诺：《九章集》，应明，崔峰译，北京：生活·读书·新知三联书店，2017年。
④ ［美］爱默生：《爱默生集——论文与讲演录》，吉欧·波尔泰编，赵一凡等译，北京：生活·读书·新知三联书店，1993年，第425页。

"心灵"的外化："我们尊敬的并不是他,而是灵魂,他只不过是灵魂的器官……他让灵魂通过他的行动显露出来"①。正如爱默生在《论自然》开篇赠予普罗提诺的诗中所写,"人的眼睛随处都能把征兆发现,玫瑰花也能说出所有的语言;而昆虫为了争取变成人的模样,竟然不惜经历所有形式的演变。"②经验世界被搁置于灵魂的洞见之下,成为心灵的表象与反映。

　　这样一来,对于事物本质的认识便难以从外在于心灵的经验世界中获得,也意味着适用于经验世界的推理、论证等认识方式难以在心灵世界中发挥作用。心灵是永恒的"一",没有对立,没有区分,不可分割。因而一切观念、类别都无法探究到这个本原,因为观念和类别都是区分、定义的产物,具有多的属性,并不适用对"一"的整体把握。换句话说,心灵不是理智的对象,类型化、科学化的理性认识不具备接近心灵"整一"本质的能力,能把握它的,唯有直接、顿悟、综合的"理性直觉"(intuition of Reason),也称为心灵直觉(intuition of the mind)。

## 二、直觉内涵的多重维度

### 1. 洞见本质的心灵直觉

　　因此,爱默生的"理性直觉"虽有"理性"一词,却与理性主义下的"理智直观"(intellectual intuition)不同。就直觉内容而言,虽然二者都指向心灵,但爱默生直觉到的是心灵本身,所得即是完整的理念世界。而理性主义者直觉到的则是心灵清晰的概念,如数学公理、逻辑规律、道德原则、上帝观念等天赋观念,而并非事物本质体系。就直觉效用而言,理性直觉对于爱默生是对心灵本质唯一、根本性的认知方式,而在理性主义者眼里,理智直观只是其对真理认识的出发点,其目的是为了保证主体的逻辑推演所依据基本原理的可靠性,而并不是将"理智直观"视为获得科学知识的根本方式。分析—综合的数学化方式才是获得真理性认识的根本方法。究其原因,理性主义下的直觉彻底理性化了,被裹挟在构建公理化、普遍必然的理性体系中,成为绝对知识体系的可靠起点。而爱默生则对于体系化、逻辑化的理论搭建缺乏兴趣。他认为灵魂就像一道闪电,照亮周遭的世界,而直觉的任务就是对闪电、启示的捕捉,根本无须复杂的推演。

---

　　①　［美］爱默生：《爱默生集——论文与讲演录》,吉欧·波尔泰编,赵一凡等译,北京：生活·读书·新知三联书店,1993 年,第 426 页。
　　②　［美］爱默生：《爱默生集——论文与讲演录》,吉欧·波尔泰编,赵一凡等译,北京：生活·读书·新知三联书店,1993 年,第 5 页。

爱默生的直觉论充盈着变革技术理性的热情。在其看来，心灵、信仰、真理都基于直觉顿悟，都凭借直觉超越了物质经验的束缚。一切"超验"的都是属于直觉的东西。爱默生宣称自己的直觉论就是康德的先验形式论。事实上，爱默生并未真正理解康德的"先验形式论"，而只是被康德先验形式论中的主体先天直观能力所吸引，将其作为批判经验论的有效武器。"既然我们的直觉依赖于外界的本质，这种假设是不成立的，那就让外界依赖于我们直觉的本质"①，这便是爱默生的体悟。至于康德基于主观先验为"自然立法"的路径，对先验形式的限制，"先验"与"超验"的区分，理性误用造成的传统形而上学幻相的分析等理论系统化的辩证分析，爱默生毫不关心。本着恢复精神主体的现实目的，在对主体直觉的推崇上，他比康德"先验"直观走得更为莽撞与激进，如有论者所言，"他（爱默生）没有把自己限制在对理性纯粹地消极使用中"，"他将理性具体化为绝对自我的倾向，使得对康德更为重要的误用浮出水面，即在《超验论者》中声称范畴实际就是'心灵直觉'。"②爱默生只为找到自我中的积极力量，让心灵直觉高于感官知觉，也高于经验推理，将非我的世界置于自我心灵的洞察之下。

有趣的是，如此看重心灵直觉的超验论领袖，却并没有发展成如费希特般绝对的先验唯心论，而是在批判经验论的同时，又指出必须保留经验世界的有效性，理性不会有永久的胜利。爱默生的"超验"是不彻底的、折中的，究其根源在于爱默生对理论、直觉实践力的热衷。爱默生觉察到，如果对于世界的认识完全依靠心灵自身，即使可以纠正感觉经验的具体与物化，能够建立普遍必然的心灵信仰，但是，由于我与非我的事物间缺少联系与一致，心灵直觉难以在现实层面找到实践力量。"我们有着众多的前驱与先锋战士，然而就纯粹的精神生活而言，历史尚未提供任何一个真正的榜样。……更没有人在为拯救世界的工作中凭空获得食物、衣服、住房与武器装备，除非他亲自动手，辛苦劳动。"③基于此，爱默生试图为心灵直觉运用于经验世界寻找可能性。

虽说自然是心灵的外化与表象，但它在爱默生那里又有独立的地位。他认为，自然"并不受控于人的意志……它目前是神圣精神的解释者。它是固定的基

---

① Hedge, Frederic Henry, "*Coleridge's Literary Character*." *Transcendentalism: A Reader* [M]. Ed. Joel Myerson. Oxford: Oxford UP, 2000, p.92.

② Van Leer, David, *Emerson's Epistemology: The Argument of the Essays* [M]. Cambridge: Cambridge University Press, 1986, p.5.

③ ［美］爱默生：《美国学者 爱默生讲演集》，赵一凡译，北京：生活·读书·新知三联书店，1998年，第191页。

准点，以衡量我们偏离的情况"①。自然成为独立于主体之外的精神准则。主体可以通过接近自然，接受自然的训导，恢复心灵与自然的同一性。如此一来，自然便成为心灵的象征，是同一事物的另一侧面。于是，对自然象征意义的探寻也就成为对事物本质的探寻。心灵直觉事物本质的能力便也可以运用于经验世界的自然中。至此，对于事物本质的认识路径，不仅可以从主体心灵出发，也可以从经验世界出发，个体凭借直觉感知自然的象征意义。

2. 从经验出发的感官直觉

个体直觉感知(intuition perception)自然之路是渐进的②。在经验世界中，人首先与自然物性牢牢捆绑在一起，物质自然是人类与自然相遇无法规避的最初阶段。此时的人就像是野生动物，不会"将眼光投向物质界之外的领域"③，只会将物质的存在认定为最终和最高的现实，自然的精神性被其物性所遮蔽。相应地，此时个体直觉到的自然也只会停留于事物的具体属性，无法感受到自然的象征意义。爱默生说："这是一个既抽象又具体的世界。"④在具体的世界中，个体要想追求精神，必须诉诸感官经验，凭借感官直觉(intuition of senses)接受自然的训导逐渐实现心灵的顿悟与超脱。这就显现出爱默生直觉论的复杂样态：一方面爱默生渴望凭借直觉方法反对、批判经验物性，超越经验对人心灵的桎梏，但另一方面爱默生又认可经验物性存在的必要，看重感官直觉在物质界发挥的作用。这多少是对洛克、休谟经验论、怀疑论的接受与妥协，其直觉论并不是彻底超验的。不过，应当注意到，洛克、休谟的感觉经验论是希望从经验处推断出一个更加完善的经验世界，而爱默生则是将经验世界作为认知超验世界的起点，从感官直觉出发寻找超越物性的法则。

爱默生明白，在经验世界中，个体要想直觉顿悟到自然的象征意义，"必须通过感官来实现"⑤。感官直觉是自然物性升华为心灵象征的必要一环，是理性直

①　*The Collected Works of Ralph Waldo Emerson* [M]. Eds Alfred R. Ferguson, Joseph Slater, Douglas Emory Wilson, Ronald A. Bosco, et al. Cambridge: Harvard University Press, 1971 - 2013, pp.38 - 39.

②　David Greenham, *Emerson's Transatlantic Romanticism* [M]. London: Palgrave MacMillan, 2012, p.47.

③　Joel Porte, ed. *Ralph Waldo Emerson: Essays and Lectures* [M]. New York: Literary Classics of the United States, Inc. 1983, p.33.

④　Russell Goodman, *American Philosophy Before Pragmatism* [M]. Oxford: Oxford University Press, 2015, p.169.

⑤　David Greenham, *Emerson's Transatlantic Romanticism* [M]. London: Palgrave MacMillan, 2012, p.40.

觉产生的前提与基础。所以他有保留地肯定了感官直觉的价值,认可个体视觉对自然的领悟能力。眼睛"使得天空、山峦、树木、动物这些基本形态,都以其自在自足的方式令人悦目赏心;而人的欢愉之情则因为事物的轮廓、色彩、动作与组合油然而生"①。自然和谐、宁静、整一的形象透露其背后的精神内涵,教化着沉沦于物质的心灵。他也认可个体在自然物用的满足中无形间接受着自然的规训。在《商品》中,爱默生写道:"我收进了所有那些我们在直觉上认为是大自然赋予的便利之物",这是身体本能的直觉选择,"我们并不能决定我们愿意想什么。我们只是敞开我们的感官"②,就像松鼠囤积坚果,蜜蜂酿制蜜糖那样,"就如同对自己的脚、手,或头脑那样不自觉"③。爱默生将个体的物性需求看作为一种直觉本能,而"这种本能的行为在一个健康的心灵里永不停止,而是通过各种文化形态在信息方面变得更丰富,更频繁。"④大自然的教益总是有用的。通过感官的直觉体验,在对大自然物用价值的取舍中,人类的认知能力得到训练,形成对自然独有的印象。但是,感官直觉下的教化或印象始终只"是一种暂时而间接的好处,它不像那种对心灵有益的根本性恩泽"⑤,并没有到达精神本质。直到"突然之间,未经宣布,真理出现了"⑥,理性之眼睁开了,个体得以凭借理性直觉穿透物性禁锢,洞察到自然物象背后的精神力量。那一刻,感官直觉下的具体事物褪去了形式、颜色的包裹,物用自然滋养下的身体也不复存在了,"不论它原先的根源和环境是多么低下"⑦,现在都回归到本质、永恒的"一"。万物有灵,"它们超越时间,超越空间,不受时势限制",而我自己也"变成了一只透明的眼球",成为精神的集合,"背弃自己的人也最终回归自己"⑧。在物欲横流的经验

① [美]爱默生:《爱默生集——论文与讲演录》,吉欧·波尔泰编,赵一凡等译,北京:生活·读书·新知三联书店,1993年,第14页。

② [美]爱默生:《爱默生集——论文与讲演录》,吉欧·波尔泰编,赵一凡等译,北京:生活·读书·新知三联书店,1993年,第12、462页。

③ [美]爱默生:《论自然 美国学者》,赵一凡译,北京:生活·读书·新知三联书店,2015年,第85页。

④ [美]爱默生:《爱默生集——论文与讲演录》,吉欧·波尔泰编,赵一凡等译,北京:生活·读书·新知三联书店,1993年,第463页。

⑤ [美]爱默生:《爱默生集——论文与讲演录》,吉欧·波尔泰编,赵一凡等译,北京:生活·读书·新知三联书店,1993年,第12页。

⑥ [美]爱默生:《爱默生集——论文与讲演录》,吉欧·波尔泰编,赵一凡等译,北京:生活·读书·新知三联书店,1993年,第464页。

⑦ [美]爱默生:《论自然 美国学者》,赵一凡译,北京:生活·读书·新知三联书店,2015年,第85页。

⑧ [美]爱默生:《爱默生集——论文与讲演录》,吉欧·波尔泰编,赵一凡等译,北京:生活·读书·新知三联书店,1993年,第88、10、88页。

世界中,主体最终回归精神本源,恢复了心灵与自然的原初统一。

爱默生从感官直觉到理性直觉,从可见事物到不可见的精神,从物性自然到心灵象征,构建起一条感官经验精神化的路径,在理论上实现了直觉对心灵的解蔽。从这条路径来看,"感觉""印象""经验""直觉"等经验论的概念常常出现在爱默生的笔端,可见爱默生并不排斥感觉对于事物的把握,而是反感技术理性的推演逻辑,及其造成丢失自然的精神属性。在其看来,自然物性只是自然价值的初步、低级阶段,自然本质上是精神的象征。自然的象征意义通过直觉顿悟所获得,逻辑本身便是直觉。爱默生对直觉的强调,对推理分析的排斥,使其论点突显出浪漫主义色彩,而淡化了哲学思辨的意味。也正因此,爱默生在对其直觉论的阐释方式上,选择与理论体系相分离,而与诗歌艺术相关联。

# 第三节 直觉的诗意归宿

由于爱默生直觉论的初衷是为了摆脱技术理性对于人的物性束缚,重新确立心灵的权威,所以其直觉论便从根源上与理性主义方式相对。在对宇宙本原的认识上,爱默生根本不希望理性主义下逻辑推演的机械介入。在爱默生看来,逻辑"是直觉地进行或者均衡地展开;但它的效力在于沉默;一旦它以论点的方式独立呈现,它就不足取了"[①]。这就意味着,爱默生的直觉论难以诉诸抽象、系统的哲学思辨,技术理性下的系统哲思无缘发挥直觉活动的魅力,能让直觉纵横驰骋的理想场域是诗歌。如有论者所讲,对爱默生而言,只有诗歌才能"把我们从被逻辑禁锢的感觉中解放出来,让我们意识到宇宙本质的统一性"[②]。基于此,爱默生没有在科学体系中为直觉寻找阐释空间,而是把直觉引入了审美范畴,将逻辑松散却又饱含寓意的诗歌作为直觉论的载体。

## 一、以诗为载体的两重原因

### 1.诗意表达的需要

这既是诗意表达与爱默生直觉论的高度契合,也是爱默生个人诗性气质的追求。就诗意表达而言,诗歌在多方面符合爱默生直觉论的要求,确保"直觉"不

---

① 参见[美]爱默生:《爱默生集》,范圣宇编,广州:花城出版社,2008年,第347页。
② 李永毅:《比较之维 诗歌与诗学论稿》,重庆:重庆大学出版社,2014年,第161页。

会受到科技理性的干涉。首要的便是诗性思维对抗洛克、休谟论证逻辑的积极属性，"即诗性语言（与他遇到过的其他哲学方法相比），就像哲学所声称的那样具有洞察力，而且它可以更有效地用于抵制源自一神论的英国经验主义传统而产生的哲学怀疑主义。"①因为，"诗歌是情感心境的传载工具"，它关注的是人内心的情感真谛，"它的对立面不是散文，而是非情感性的事实断想，或称'科学'。"②诗性思维在本质上将个体探寻方向从外在拉回内在，从经验拉回心灵，这与爱默生直觉论的意图极其吻合。此外，诗歌隐喻或象征性的修辞策略又为爱默生"直觉"表达提供了具体的技术方案，使得对精神本质的探索等同为对诗歌喻意的挖掘。在诗歌中，具体、生动的意象背后隐藏着不可见的喻意，这是隐喻或象征性修辞策略赋予诗歌意象的属性，而要想切实领会诗歌喻意，只有借助直觉洞察其内涵。因为，诗歌意象本身、意象之间并不存有逻辑关联，抽象且机械的理论推理难以感悟到象征修辞下的诗意精神。隐喻或象征性修辞方式为爱默生的直觉论保留了一片隔绝技术理性的净土。

2. 诗性气质的契合

就诗性气质而言，爱默生的诗人情结深入骨髓。早年还在哈佛神学院学习时，爱默生便已然意识到自己是一个诗人。他在日记中这样写道："我有强烈的想象力，因此对诗歌的美十分热衷……我的推理能力相对较弱，我也不可能指望写一篇巴特勒式的类比或休谟式的文章。"③在毕业典礼上，爱默生更是作为班级的诗人出席。班上其他同学都因诗人称谓不够显眼而拒绝了这一荣誉，但爱默生则不同，他对于诗歌是非常认真的，他热爱诗人这一头衔。这在给他后来妻子的信中得到了印证，爱默生说："我生来就是一个诗人。这是我的天性，我的职业。……但我仍是一个诗人，我能感知到灵魂和物质的和谐，尤其是能感知到是此物与彼物间对应关系的和谐，并且热爱这种和谐，在这个意义上，我是一个诗人。"④不难看出，爱默生骨子里是一个浪漫而理想化的诗人，他钟情于诗人想象

---

① David Greenham, *Emerson's Transatlantic Romanticism* [M]. London：Palgrave MacMillan, 2012，p.13.

② ［美］M. H.艾布拉姆斯：《镜与灯  浪漫主义文论及批评传统》，郦稚牛等译，北京：北京大学出版社,1989 年，第 157 页。

③ *The Journals and Miscellaneous Notebooks of Ralph Waldo Emerson* [M]. vol Ⅱ. Eds William H. Gilman, Ralph H. Orth et al. Cambridge：Harvard University Press，1960 - 1982，p.238.

④ ［美］詹姆斯·米勒：《思想者心灵简史  从苏格拉底到尼采》，李婷婷译，北京：新华出版社,2015 年，第 263 页。

出的空灵美好的诗意天堂,偏爱在诗意生活下物质与心灵的和谐关系。这些都预示着他对诗人拯救尘世堕落心灵,构建远离喧嚣的诗性世界的期许,尤其在面对物性世界时,"商人极少认为他的生意具有理想的价值,他被本行业的技艺所支配,灵魂也沦为金钱的仆役。牧师变成了仪式,律师变成了法典,机械师变成了机器,水手变成了船上的一根绳子。"①诗人则不同,他们"站在那些思想片面的庸人之上"②,可以引领众生直觉到心灵真谛,让"人们真的获得了新的感觉,在他们的世界里建立了另一个世界"③。诗人的神性救赎在爱默生这里被推到了顶峰。④

## 二、以直觉去建构诗性世界

诗性直觉自然便成为物性世界的救世主。直觉的有效力体现在诗人对诗歌隐喻或象征性修辞的领悟中,体现在诗人所勾勒出的诗性世界中。在其看来,物性社会下的自然事物是未经阐释的意象,直觉则是解读自然意象的良方。诗人直觉体验着山川、河流、虫鸣、秋雨等自然美景,喜悦、宁静、崇高等情感便会油然而生,"阳光令他喜悦,空气能触发他的灵感,喝水也能使他沉醉"……这时,束缚诗人的锁链"似乎就要断裂",诗人"不断向上攀援,超乎于云雾和我生活的混浊空气之上"⑤,奇迹般的精神便降临了,诗人顿悟到自然清晰的喻意,自然从而脱离物性束缚,成为浪漫的诗。诗人之所以能够从有形之象领会无形之意,是因为爱默生对人自主能力的肯定。他坚信唯物、功利的时代现状遮蔽了人的精神本性,人才是创造的最高权威。因此,由人或神所造的世界最终揭示、象征的将是人或神本身。那么,人自然可以在可见世界中发现象征自身精神的意象。

这样一来,物性世界的自然万物都可以作为精神的象征。爱默生指出:"我们本身就是象征并且栖居于象征之中。工匠、工具、词语、事物、生与死……都是象征。"⑥在有限的经验世界中,具体、形象的自然形态都在揭示、象征着无形、无限的精神意义。象征成为构架起物质与精神的桥梁,使得物性社会与诗歌世界

①　[美]爱默生:《论自然　美国学者》,赵一凡译,北京:生活·读书·新知三联书店,2015年,第75页。
②　[美]爱默生:《心灵的感悟》,李磊等译,北京:当代世界出版社,2002年,第236页。
③　[美]爱默生:《爱默生集》,范圣宇编,广州:花城出版社,2008年,第129页。
④　毛峰:《神秘主义诗学》,北京:生活·读书·新知三联书店,1998年,第254页。
⑤　[美]爱默生:《心灵的感悟》,李磊等译,北京:当代世界出版社,2002年,第254、241页。
⑥　毛峰:《神秘主义诗学》,北京:生活·读书·新知三联书店,1998年,第257页。

同质化、对应化。整个自然都被爱默生囊括进了诗歌中，诗人以诗性直觉实现着物性社会向诗性世界的升华。也就是说，爱默生直觉论对抗经验主义的最终归宿便是为人们构建出一个诗性世界，让人们从尘世事功中完全抽身，去追寻精神的诗意，这一诗性理路影响到后来的实用主义美学。同样面对理性规范对人的限制，杜威也着迷于自然灵性的探求，指出："无论在什么情形下，诗歌与泛神论总是近亲"，甚至表示："人类当中的道德先知总是诗人。"①不过，杜威打破了爱默生的诗性范围，认为生活处处都有这种诗意，生活经验才是克服科技理性弊端的关键。正如张宝贵所言，"在杜威看来，工具理性之所以带来物化、侵害美好的信仰价值，是它的误用，是它没有回到自己的本质，即生活经验。"②相较于杜威在物性层面解决信仰问题，爱默生的诗性王国则像是对现实生活的规避，这过于理想化了，甚至并不全是他的本意。

## 第四节　直觉本意的背离

### 一、直觉方法的初心

爱默生直觉论的初心是借助直觉来恢复科技理性下的自我信仰、道德准则，从而更好地适应美国市场文化前景，而不是带领人们逃离真实世界，躲进诗意的审美净土中。这一初心缘于爱默生对当时美国社会准确而深刻的判断。他不仅发现了科技理性下物性社会存在的道德信仰缺失问题，更敏锐地觉察到商业科技的快速发展、不断增长的人类欲望是无法阻挡的必然趋势。在《生活的准则》中，爱默生说："论争需求的减少是没有用的：哲学家们把人的伟大之处归结为使他的需求变少，但一个人会满足于一间小屋和一把干豌豆吗？他生来就该富有。"③所以，即便在其思想发展的早期，爱默生也没有否定过科技理性、商业贸易的价值。

爱默生对科技理性统治下的美国社会持有积极乐观的态度。他相信只要为

---

① John Dewey, *Art as Experience*[M]. New York: Minton Balch & Company, 1934, p.29, 348.

② 张宝贵.工业社会的歌者——杜威生活美学思想简述[J].外国美学，2019(02)：101-116.

③ *The Complete Works of Ralph Waldo Emerson*[M]. 06 vols. Ed. Edward Waldo Emerson. Boston: Houghton Mifflin, 1903-1904, p.88.

科技理性注入精神血液,便可纠正其顽疾,完成科技理性与价值理性的勾连,实现物质与精神的完美结合。因此,与怀念"现代之前的金色年代"①的托马斯·卡莱尔不同,爱默生拒绝回到过去,憧憬着新的工业时代;与奔向瓦尔登湖、躲避都市的梭罗不同,爱默生不排斥商业贸易的发展,他认为社会信仰的缺失不是商业的错误,而是缺少公认的准则;也与预见到人异化时悲观的叔本华不同,爱默生有着乐观的心态,因为"他从工业文明和商贸时代看到了人类喷发的创造力和竞争力"②。爱默生对科技理性所带来的生活便捷、商业繁荣,感到满足与欣喜。他赞叹道:"人不再乞求风向来帮助他的航行。相反,他依赖蒸汽的作用,实现了希腊神话里风神口袋的功能……为了减少摩擦,他用铁轨铺路,在上面安置能容纳满满一船人、牲畜及货物的车厢。就这样,他驾驶火车急速穿越田野,从一座城镇到另一座城镇,就像一只苍鹰或燕子掠过天空。若把人类的这些发明累计起来看,世界的面目从诺亚方舟到拿破仑时代已经发生了多么巨大的变化啊!"③这足以说明爱默生不想躲避科技理性下都市的繁华,恰恰相反,他积极入世,希望以其直觉思想,纠正科技理性弊端,推动工业社会的进程。

爱默生将纠正矛头对准了在机器化大生产中人的异化问题。与马克思一样,爱默生意识到物性社会对人的占有,"社会正是这样一种状态:其中每一个人都好比从躯体上锯下的一段,它们昂然行走,形同怪物——一截手指、一个头颈、一副肠胃、一只臂肘,但从来不是完整的人。"④他发现在分工细化的机器生产中,人被框定在产业链上,"致力于完成共同工作中分派给他的定额"⑤,失去了精神自我。这是爱默生眼光的独到之处,但其认识却没有达到马克思的深度。在扬弃物化的道路上,马克思谈及物质实践对精神生产的决定意义,认为"理论的对立本身的解决,只有通过实践方式,只有借助于人的实践力量,才是可能的"⑥,强调从生活实践处追问道德精神价值。马克思既保留了物性实践,也实

---

① 〔美〕康乃尔·韦斯特:《美国人对哲学的逃避——实用主义的谱系》,南京:南京大学出版社,2016 年,第 33 页。

② 梁晓声:《忐忑的中国人》,北京:光明日报出版社,2013 年,第 85 页。

③ 〔美〕爱默生:《爱默生集——论文与讲演录》,吉欧·波尔泰编,赵一凡等译,北京:生活·读书·新知三联书店,1993 年,第 13 页。

④ 〔美〕爱默生:《爱默生集——论文与讲演录》,吉欧·波尔泰编,赵一凡等译,北京:生活·读书·新知三联书店,1993 年,第 63 页。

⑤ 〔美〕爱默生:《爱默生集——论文与讲演录》,吉欧·波尔泰编,赵一凡等译,北京:生活·读书·新知三联书店,1993 年,第 63 页。

⑥ 马克思:《1844 年经济学哲学手稿》,选自《马克思恩格斯文集》,第 1 卷,北京:人民出版社,2009 年,第 192 页。

现了精神升华,科技理性与价值理性在不同层面占有着社会生活。而早期理想主义的爱默生则侧重于恢复心灵原初的统一性,试图借此实现科技理性与价值理性的调和。他认为当人类凭借直觉顿悟到本质真理后,便有了可以指导科技理性、合乎真善美的最高法则,物性生产就有了可以依据的心灵标尺,于是,人既可以享受科技便捷,又不会丢失精神信仰。本着这样"圆融自洽"的构想,爱默生将这一重任赋给诗人,希望诗人以直觉象征的方式建立起世间的精神家园,引领我们去行动、去创造。

### 二、诗性直觉的苍白

然而,事实上,爱默生将诗人的直觉能力作为勾连科技理性与价值理性的有效方案根本行不通。爱默生的直觉论在理论上或许可以自圆其说,给予个体精神力量,促使人们信赖自己,但是理论建构对于改变科技理性的实际弊端则显出虚弱无力的状态。就像乔治·卡特伯(George Kateb)在《爱默生与自立》中所写,爱默生的"自立"可以做出"行动"上与"精神"上的区分,精神自立才是爱默生哲学的核心要义,它与实际行动不相容[1]。布尔(Lawrence Buell)也认为,爱默生虽然在原则上支持着某项主张,而在实践中却有点置身事外的立场,这使得他更像是一个思想者,而不是参与者和实干家[2]。事实的确如此,理论与实践的难以调和在爱默生早期的超验直觉论中便显现了出来,这与直觉理论本身有着紧密联系。

就直觉对象而言,爱默生将永恒的"一"作为直觉顿悟到的最终法则。而永恒的"一"是彻底抽象的、虚无的本体,它既无法在经验世界中被感知、被固化,也无法在思想上形成具体化、明确化的概念。这就意味着,个体即使可以实现对精神本质的直觉领悟,也没有办法将其转变为物性社会中的公认准则。最高精神成为纯粹的理论想象,不具备提供任何具体行动方针的可能,难以形成对现实科技理性有效的精神指导。诗性直觉到的精神主宰"对于日常经验的提升最终是没有意义的。"[3]

---

① George Kateb, *Emerson and Self-Reliance*[M]. New York: Rowman & Littlefield, 2002, p.177.

② Lawrence Buell, *Emerson*[M]. Cambridge: The Belknap Press of Harvard University Press, 2003, p.243.

③ 毛亮.抽象与具象之间:爱默生个人主义的形而上学问题[J].外国文学评论,2010(02):151-166.

就直觉主体而言，不同诗人也难以保证从不同事物中可以领悟到完全一致的精神本质，千人同心的理论构想是不切实际的。爱默生默认世间无数心灵都源自同"一"本原，试图通过永恒的"一"来保证诗性直觉最终都殊途同归。这在理论层面或许可以，但实际上不同诗人的理论素养、人生经验、思想深度等都决定了其对于自然事物的认识千差万别。所有诗人最终都可以无差别地领悟到精神本原，这显然是不现实的。就算所有诗人都能够顿悟到爱默生所标榜的精神本原，对改变科技理性下的现实弊端也毫无意义。依据爱默生的逻辑，诗人在完成经验物性升华的同时，也在理性直觉中被消解，成为虚化的、透明的灵魂。而个体抽象的灵魂，与直觉对象一样，对于提升物性世界是无力的。

就阐释方式而言，直觉本身根本难以完成调和科技理性与价值理性的任务，反而会造成否定科技理性、躲避现实生活的客观样态。因为，爱默生将诗歌作为直觉论的载体，更加重了直觉抽象神秘、难以言说、整体感知的呈现特征，与科技理性下具体论证、明确推演、逐步认知的方式完全对立。爱默生在不断尝试以直觉纠正科技理性弊端、恢复信仰的同时，客观上也在不断清理着科技理性的存在空间。价值理性和科技理性无法在直觉阐释处找到相应的联系，这就使得直觉顿悟精神本质、给予科技理性价值引领之路演变为价值理性对科技理性的置换过程，与爱默生"调和"二者的初衷相去甚远。

直觉论不断背离爱默生的本意，促使其不得不对超验直觉纠正信仰缺失的有效力产生怀疑。"也许能在洞见的瞬间直觉感知到上帝吧。但他私下承认，'不能理智地认识上帝'——上帝的存在不能逻辑地证明，不能向任何选择怀疑的人确定无疑地证明它。"①直觉的实践力在一系列的"不能"中被击碎，致使他抛弃了通过积极的理性直觉塑造世界的想法②。爱默生逐渐把关注重点从诗人直觉下的诗性世界转移到农民、工人等实在、可感的工作生活上，开始从个体对物质世界的行动、经验积累本身探索世界的精神价值。诗性直觉让步于经验行动，价值理性与科技理性直接在物性社会中寻找调和的可能。爱默生从早期推崇心灵直觉转向后期讲求实用经验，恰恰也说明了爱默生从未想要彻底否定科技理性的存在价值，早期凭借诗性直觉弥补其弊端，不过是一次与其本意渐行渐

---

① ［美］詹姆斯·米勒：《思想者心灵简史　从苏格拉底到尼采》，李婷婷译，北京：新华出版社，2015 年，第 257 页。

② Russell Goodman, *American Philosophy Before Pragmatism* ［M］. Oxford：Oxford University Press，2015，p.155.

远的失败尝试。

然而，理论尝试的失败并不代表诗性直觉论就没有价值了。诗性直觉虽然没有完成调和物质与精神的重任，但在精神一面出色地实现了个人主义、自我意识的觉醒，为迷茫的美国人注入了一剂心灵强心针，尤其体现在哲学美学方面。杜威、詹姆斯等人在爱默生诗性直觉中看到了个体经验的审美价值，创造性地继承了爱默生诗性直觉观及其没有解决的调和问题。杜威将理性逻辑转为人的直觉，将经验统一于审美特质中，让审美特质成为科技理性通往价值理性的桥梁①，使得爱默生诗性构想落地为现实的经验过程，孕育出独属于美国的实用主义哲学美学新范式。

爱默生的直觉论是针对物欲泛滥、信仰缺失的现实生活而提出的救世药方。虽然其理论没能在经验世界形成有效干预，没能实现其直觉论的本意，但其理论建构的初衷提醒后来者，无论何时何地，物质文明的发展都必须伴有精神法则来引领、制约，都需要有价值理性来调和工具理性的负面影响，都应在生活实践中不断寻找物质与精神的平衡点。现代社会的发展不能一味追求物质便捷，而淡忘精神追求，也不能苛求浪漫、诗意的精神世界，而彻底否定科技理性的存在，这是爱默生面对的时代问题，也是我们今天依旧面临的时代挑战。回望爱默生走过的"直觉"之路，或许对当下的工业、科技发展仍具有借鉴意义。

---

① 张宝贵.工业社会的歌者——杜威生活美学思想简述[J].外国美学,2019(02)：101-116.

# 第三章
# 于荒野中建构自然理想及破灭

　　无论是诗人直觉、想象构造诗性世界,还是个体发挥直觉方法去洞见自然事物背后的精神本质,都需要在自然世界中发挥诗性力量。换言之,自然是爱默生诗意理想的作用场域。爱默生最重要美学论著《论自然》就是关于对自然的诗意阐述。爱默生由衷热爱自然,不仅迷恋其原初的景色,更是想在其间实现自身的诗意理想。为了更形象化地解读爱默生对自然的诗性构想,本章拟将爱默生与其同时期的美国哈德逊河画派相比照,在比照中,形成爱默生自然美学观与该画派画作的互文关系,为其抽象诗性观念赋形,从而更为直观地了解爱默生诗性自然的存在样态。

　　哈德逊河画派(Hudson River School)是19世纪(活跃于1830—1880年)美国风景画派,也是美国艺术史上第一个独立画派。该画派以托马斯·科尔(Thomas Cole)、亚瑟·布朗·杜兰德(Asher Brown Durand)、费雷德里克·爱德文·丘奇(Frederic Edwin Church)等为代表,致力于描绘美洲的自然风光,因早期主要描绘哈德逊河沿岸风景,故被后人称为"哈德逊河画派"。自然景观是该派画家的主要题材。他们对自然的描绘,蕴含着一个宏大的审美理想,即通过艺术呈现新大陆的原始景色,激发观者的审美体验、情感共鸣,以审美洞察人与自然、上帝间的原始关系,肯定个体原初、无限的创造力。换句话说,哈德逊河画派对美国文化、艺术的深远贡献,隐藏于艺术形式的美学意蕴中。

　　而这些美学意蕴与19世纪以爱默生为代表的超验主义美学思想相呼应,诚如尼古拉斯·瓜尔迪诺(Nicholas L. Guardiano)所言:"超验主义在其作品、艺术品、政治和生活实验中,成为新英格兰文化遗产的组成部分,是美国十九世纪及以后哲学和艺术成就的基础。"[①]1836年爱默生的《自然》一经发表,便影响着

---

① Nicholas Guardiano. *Aesthetic Transcendentalism in Emerson*, *Peirce*, *and Nineteenth-Century American Landscape Painting*[M]. London: The Rowman & Littlefield Publishing Group, Inc. 2017, p.xxi. 本章多处参考该书观点。

美国文学、艺术等方方面面，当然也包括同时期的哈德逊河画派。同年，托马斯·科尔创作了哈德逊河画派的奠基之作《牛轭湖》(The Oxbow)，将爱默生的美学理念充分诉诸画作。关于爱默生和该画派风格、理念等内在相关性研究，国外已有不少相关论著。其中，尼古拉斯·瓜尔迪诺的《爱默生、皮尔斯与19世纪美国风景画中的审美超验主义》、芭芭拉·诺瓦克(Barbara Novak)的《自然与文化：美国风景和绘画，1825—1875》具有重要参考价值。两位学者都倾向于，与其说哈德逊河画派受爱默生美学影响，不如说这些绘画作品正作为一种宝贵的美学资源，感性地呈现着爱默生对自然的超验观念，二者构成语图互文关系。这样的理解较为符合二者关系，本章予以借鉴，并尝试在爱默生的诗性观念下审视该画派的美学内涵，也在对该画派美学意蕴的阐释中，为爱默生抽象的诗意理想赋形。

## 第一节　感知自然的多样与无限

哈德逊河画派的画家们和爱默生都乐于将个体感官体验引向丰富的自然事物中。在他们眼里，自然是最有价值的描绘对象。爱默生以诗文、哲思的形式记录着他的观察，画家们则以写实的风景画及关于自然的心得笔谈，描绘着对其的思考。可以说，自然是他们共同的创思源泉，这有着一定的历史原因。19世纪初的美国在文化上依旧是欧洲的学徒。绝大多数的美国画家都有着旅欧学画的经历，追随、模仿着欧洲的绘画风格与题材，如华盛顿·阿尔斯顿(Washington Allston)的《约翰·金博士》(Dr. John King，1814)、《为伯沙撒的盛宴而学习》(Study for Belshazzar's Feast，1817)，本杰明·韦斯特(Benjamin West)的《维纳斯哀悼死去的阿道尼斯》(The Death of General Wolfe，1819)等，都能明显看出是对当时欧洲绘画重人物肖像、重宗教历史的模仿，缺乏民族特色。英国杂志曾嘲讽道："试问四海之内，……又有几人观看美国戏剧？抑或欣赏美国绘画、雕塑？"[1]这让美国学者倍感焦急，爱默生指出如今美国处处"都依赖英国，很少有(自己的)一首诗、一个版面、一份报纸"[2]，"我们依赖旁人的日子，我们师从他

① Sydney Smith. *Review of Seybert's Annals of the United States* [J]. The Edinburgh Review，1820(33)：79.

② *The Journals and Miscellaneous Notebooks of Ralph Waldo Emerson* [M]. vol Ⅳ. Eds William H. Gilman，Ralph H. Orth et al. Cambridge：Harvard University Press，1960‑1982，p.297.

国的长期学徒时代即将结束。"①在这种情况下,美国急需独立的艺术风格与题材,而未开发的美洲自然为其实现文化、艺术独立提供支持。

事实上,美国通过学习欧洲文明来复兴民族艺术之路是徒劳的。美国早期绘画(即历史画)难以根植于美洲土壤,"它在人民中没有根基。"②历史画需要艺术家、观众具有坚实的人文修养和历史沉淀,这都是建国不过百年的美国所缺乏的,因而不会引起民众共情。1855年,在《画笔》(The Crayon)中,一篇题为《艺术常识》(Common Sense in Art)的社论言明了这一事实:"让我们记住,绘画的主题……是画面的重要组成部分。如果你对它们没有爱,你就不可能对代表它们的画作有真切的感受……我们爱自然和美——我们钦佩在作品中演绎它们的艺术家。"③也就是说,有别于欧洲文明的荒野自然才是美国激发民众共情、实现艺术独立的倚仗。

在美国,自然不仅是有别于欧洲文明的原始景观,可助其实现文化独立,更是心灵恢复上帝般创造力的倚仗。1835年,哈德逊河画派创始人科尔,在《美国风景随笔》(Essay on American Scenery)中写道:"因为在文明的欧洲,风景的原始特征早已被破坏或修改……但自然仍占主导地位……因为自然之手……以比人类之手所触及的任何事物更深邃的情感,影响心灵。在它们之中,随之而来的联想是关于创造者上帝的。"④因此,它"比欧洲文明的任何成就都更为古老"⑤,它将心灵引向造物主的意志。1836年,爱默生在《论自然》中又重申了原始自然脱离历史传统却饱含启示的精神价值。他说:"为什么我们不能拥有一种并非传统的、而是有关洞察力的诗歌与哲学,拥有并非他们的历史,而是对我们富有启示的宗教呢? 大自然的生命洪流环绕并贯穿着我们的身躯"⑥,它指向心灵的无限创造。"自然美在人的心灵中改造它自己,不是为了毫无结果沉思,而是为了

---

① [美]爱默生:《爱默生集——论文与讲演录》,吉欧·波尔泰编,赵一凡等译,北京:生活·读书·新知三联书店,1993年,第62页。

② Oliver W. Larkin, Samuel F. B. Morse and American Democratic Art[M]. Boston and Toronto: Little, Brown, 1954, p.31.

③ Common Sense in Art[J]. The Crayon, I, 1855(06): 81.

④ Thomas Cole, "Essay on American Scenery," in John McCoubrey, ed., American Art, 1700-1960, Sources and Documents in the History of Art Series[M]. Englewood Cliffs, N.J.: Prentice-Hall, 1965, p.102.

⑤ David Schuyler. Sanctified Landscape: Writers, Artists, and the Hudson River Valley, 1820-1909[M]. Ithaca, N.Y.: Cornell University Press, 2012, p.9.

⑥ [美]爱默生:《爱默生集——论文与讲演录》,吉欧·波尔泰编,赵一凡等译,北京:生活·读书·新知三联书店,1993年,第6页。

新的创造。"①这意味着美国自然独特的荒野面貌，不仅是实现国家文化独立的突破口，更蕴含着重要的审美目的：在对荒野的深入感知中，激发心灵原初的创造冲动，促其回归与自然、上帝的原初联系。换言之，这份彰显荒野活力、创造原初诗性世界的审美理想，也使得画家们与爱默生在艺术思想上有了某种亲缘联系。

而感知自然则是实现该理想的基础。受 19 世纪泛神论与宗教世俗化影响，他们普遍认为心灵与自然都"是由上帝的意志决定的"②，有着不言自明的原始关联。丰富多样、有机再生的自然景观是上帝意志的可见形式，也是心灵创造力的可感图像。因而对自然感知体验，会刺激心灵创造冲动、回归与自然的原初联系。不过，这一过程是渐进的，③因为"心灵的本性是循序渐进的"④，"它需要一段时间继续沉浸在我们无意识的生活中"，直到"像熟透的果实一样脱落下来"⑤。这就要求艺术家们不断深化对自然的审美体验。

## 一、发掘自然的审美多样性

爱默生与画家们深化自然感知的方式，便是发掘自然的审美多样性。受欧洲浪漫主义的影响，他们将诗意感知运用于自然，在直觉、联想中扩展对自然的体验，发现被忽略的形式。爱默生便以多种感官（视觉、触觉、嗅觉等）去体验天边的云团，他看到"它们分割成越来越小的粉红色絮片"，感受到"无数细长柔软的云朵"在"饱含着生命的搏动和香甜气息"⑥的空气中飘荡。通过他的诗意处理，云朵成为能通联多种感官的审美形式，无形中增强了对自然的感知力。画家们对此表示认同，他们也设法在画作中呈现自然微妙的形态层次，吸引观者注意常因光线效果、距离重量等因素忽略的细节，甚至看似丑陋的枯枝杂草、毫无生气的石头也被他们囊括进画作里，以此丰富观者体验。就像科尔的《吉尼斯风

① ［美］爱默生：《爱默生集——论文与讲演录》，吉欧·波尔泰编，赵一凡等译，北京：生活·读书·新知三联书店，1993 年，第 19 页。
② ［美］爱默生：《爱默生集——论文与讲演录》，吉欧·波尔泰编，赵一凡等译，北京：生活·读书·新知三联书店，1993 年，第 26 页。
③ David Greenham, *Emerson's Transatlantic Romanticism* ［M］. London: Palgrave MacMillan, 2012, p.47.
④ ［美］爱默生：《爱默生集——论文与讲演录》，吉欧·波尔泰编，赵一凡等译，北京：生活·读书·新知三联书店，1993 年，第 68 页。
⑤ ［美］爱默生：《爱默生集——论文与讲演录》，吉欧·波尔泰编，赵一凡等译，北京：生活·读书·新知三联书店，1993 年，第 72 页。
⑥ ［美］爱默生：《爱默生集——论文与讲演录》，吉欧·波尔泰编，赵一凡等译，北京：生活·读书·新知三联书店，1993 年，第 15 页。

景》(*Genesee Scenery*)与杜兰德的《在林中》(*In the Woods*,图1),两位画家细致地描绘倒下的枯枝及其断裂的截面、每根树枝扭曲的形状、树皮上的斑驳,甚至树叶摆动,尤其是《在林中》,松针尖锐的触感、苔藓潮湿的气味等代表原始自然的蛮荒气都得以有形呈现。细看科尔的《吉尼斯风景》,还能体会到画家对自然色彩的敏锐捕捉。远处的山谷、丛林甚至天空因处于背阴面而呈现灰调,作为前景的瀑布、枯枝因沐浴阳光,则呈现出黄棕色的质感。而被阳光直射的自然面,科尔则大大加强了色泽的透明度,使其具有白调的光泽感。更为用心的是,两幅画作的布局都有意设计低矮歪倒、不会阻碍观者视野的自然前景,从而清除观者与画作的距离与障碍。观者不是抽离在外的审视自然,而是人在其间的亲密接触,以此确保"我们同可感知事物打交道"①不受阻碍。这种对荒野多样、亲密的探索成为爱默生与画家们的共识,也流露着让艺术回归自然的杜威式追求。

图 1　亚瑟·布朗·杜兰德(Asher Brown Durand)《在林中》(In the Woods),1855,油画,154.3×121.9 cm,美国大都会艺术博物馆

---

①　[美]爱默生:《爱默生集——论文与讲演录》,吉欧·波尔泰编,赵一凡等译,北京:生活·读书·新知三联书店,1993年,第29页。

而为了感知荒野更多样、新颖的一面，他们积极走出画室，走入人迹罕至的山川丛林，将心灵感知、将爱默生对"美国学者"的呼吁具身化为一次次真切的行动。在《美国学者》中，他呼吁学者放下历史书籍，回归自然、行动中。爱默生指出自然对心灵的影响才是首要的，"它从各个方面印证心灵的问题……对自然仍有多少无知，他对自身也就有多少无知。"①而要想改变对自然或心灵的有限理解，"行动正是一种原料"②，可以扩充着对自然的感知，"将经验转化为思想"③，成为对心灵诗性力量的滋养。也正因此，画家们还是"徒步旅行者和登山者，对其而言，绘画是一种运动艺术"④：科尔曾徒步数百英里、穿越过数十座未开发的山脉，乔治·宾汉（George Bingham）也曾深入科罗拉多州、加利福尼亚州等未开发的山川河流，丘奇甚至穿越了美洲大陆，足迹远至南美、南极……悬崖峭壁、原始森林、火山极地、热带雨林等原始景观激起了画家们心灵多样的情感体验，他们掏出锡制的管状颜料，直接作画，将其付诸笔端，成就了西方美术史上罕见的荒野系列⑤。而这些画作在纽约、波士顿、费城等画廊一经展出，立刻便被哄抢一空。事实证明，别样、新颖的自然荒野确实能够唤起民众的情感共鸣。

## 二、深化对自然感知的长度

深化对自然的感知，除了发掘其审美广度，也在探索其审美长度。自然无限、创生的本性足以达到持续刺激心灵的意图。对自然无限性的洞见，出现在地质学的研究中。19世纪上半叶，美国的科学技术与绘画艺术同时迅猛发展，地理学、天文学、气象学等学科的出现，正以其专业知识，介入未开化的自然。有趣的是，自然科学并没有消减艺术家们对自然的浪漫想象，反而增强了他们在自然中感受创造力的信念。在这里，不得不提及地质学家莱尔（Charles Lyell）所做

① ［美］爱默生：《爱默生集——论文与讲演录》，吉欧·波尔泰编，赵一凡等译，北京：生活·读书·新知三联书店，1993年，第66页。

② ［美］爱默生：《爱默生集——论文与讲演录》，吉欧·波尔泰编，赵一凡等译，北京：生活·读书·新知三联书店，1993年，第72页。

③ ［美］爱默生：《爱默生集——论文与讲演录》，吉欧·波尔泰编，赵一凡等译，北京：生活·读书·新知三联书店，1993年，第72页。

④ James Thomas Flexner. *That Wilder Image: The Painting of America's Native School from Thomas Cole to Winslow Homer*[M]. New York: Dover Publications, 1970, p.90.

⑤ Nicholas Guardiano. *Aesthetic Transcendentalism in Emerson, Peirce, and Nineteenth-Century American Landscape Painting*[M]. London: The Rowman & Littlefield Publishing Group, Inc. 2017, p.21. 本章多处参考该书观点。

的突出贡献,他的地质研究为艺术家们无限延展了地理时间,以科学的方式证实了当下的荒野化石是创世的印记、天赐的财富①。如希区柯克(Hitchcock)所言:"地质证明他(上帝)是不变的,在过去的漫长时间里,……地质学为上帝的仁慈提供了许多奇特的证据。"②这让浪漫的诗人、画家兴奋异常:对美洲处女地的浪漫想象,便是在探索原初的创造秘密,便能感知心灵原初的创作冲动。地质发现满足了艺术家们对自然无限感知的欲望,也正因此,莱尔在19世纪的美国文艺界非常受欢迎。爱默生在《日晷》(Dials)中提及了莱尔访美讲座的盛况③,画家们则在他的启发下创作了诸多表现美洲地质面貌的画作,如科尔的《埃特纳火山》(Mount Etna)、杰西裴·弗朗西斯·克罗普赛(Jasper Francis Cropsey)的《美国瀑布,尼亚加拉州》(American Falls, Niagara)等。

　　相较于无机、固定的地质构造都能展现自然的无限,有机生长的自然植物则更能显出自然动态变化的过程,实现对心灵不断滋养。受柯勒律治、歌德等欧洲浪漫派影响,爱默生与画家们普遍接受植物是有机的(organic),它与人的生命历程可相互类比。在《作家歌德》的开篇,爱默生便将植物的生长变化与人的经验记忆相提并论,他说,"蕨类植物和草叶在煤里留下它们朴素的墓志铭",而"人的每一个行动都把自己铭刻在他的同类的记忆中","在自然界,这种自动记录是持续不断的……在人身上,……那是原物的一种新的更加精美的形式。记录是活的,就像它所记录的事物是活的一样"④,与自然息息相通。这体现在画作中则多以组图形式来表达,例如科尔的《童年》(The Voyage of Life Childhood)、《青年》(The Voyage of Life Youth)、《成年》(The Voyage of Life Manhood)、《老年》(The Voyage of Life Old Age)四组图,就将个体心路历程与自然四季植物相捆绑,在周期性的变化中展示着自然的生命变化,也映射着心灵周而复始、不断更新发展的事实状态。爱默生与科尔都珍视在自然中,生命所展现的无限更新、富有宗教般救赎的力量,因为他们相信每个人都有"一个更大的可能性":"在自然界,每时每刻都是新的,过去总是被吞没,被忘却;……除了生命,变迁,

---

①　Barbara Novak, *Nature and Culture: American Landscape and Painting*, 1825 - 1875 [M]. Oxford: Oxford Univ. Press, 2007, p.50. 本章多处参考该书观点。

②　Edward Hitchcock, *Elementary Geology* [M]. New York: Dayton and Newman, 1842, pp.275 - 276.

③　Barbara Novak, *Nature and Culture: American Landscape and Painting*, 1825 - 1875 [M]. Oxford: Oxford Univ. Press, 2007, p.50. 本章多处参考该书观点。

④　[美]爱默生:《爱默生集——论文与讲演录》,吉欧·波尔泰编,赵一凡等译,北京:生活·读书·新知三联书店,1993年,第822、823页。

奋发的精神，没有什么可靠的东西。"①生命的价值就在永无止境的创造中。

## 第二节　创造诗意的理想自然

随着对自然持续、全面的感知，心灵无限的创造力被逐渐激活。在充满创造力的心灵面前，自然便不是描摹对象，而是创造的载体，它是精神的形态而不是物的枝蔓。这是 19 世纪的艺术家们宏大的审美构想：在感知自然的同时，完成着对它的诗意洞见与二次创造。爱默生说："创造是神圣存在的证明。……如果人没有创造，那么神的纯粹外流就不是他的。"②他鼓励艺术家去创造"第二自然"，写道："在风景画里，画家应当提示一种比我们所了解的还要美好的创造"，"因为它表现了一种对他有益的思想"，"他将会重视这种对自然的表现，而不是自然本身"③。科尔也曾有过类似的表述："自然中的真实是指——自我实现、圆满……去创造事物，创造它们的对象和目的"，"是对自然所建议的原则的执行"④。从这个意义而言，他们与其说是想恢复心灵与自然、上帝的原初关联，不如说是对上帝造物过程的创造性重构，是对心灵体验的不断更新。心灵活动无限接近上帝造物时的思想动态，这便是创造的过程。

而缺乏对该画派深层体认的观者，或许会认为他们的画作不过是一些过时的、对自然细致入微的写实模仿，尤其是随着现代摄影、照相技术（航拍、广角镜头等）的广泛应用，再无须画家不远万里、跋山涉水去寻觅、观察自然细节⑤。从物理真实的角度考虑，哈德逊河画派还不如普通的家庭照片更能记录美洲的自

---

①　[美]爱默生：《爱默生集——论文与讲演录》，吉欧·波尔泰编，赵一凡等译，北京：生活·读书·新知三联书店，1993 年，第 447、455—456 页。

②　*The Journals and Miscellaneous Notebooks of Ralph Waldo Emerson*[M]. Eds William H. Gilman, Ralph H. Orth et al. Cambridge：Harvard University Press, 1960‑1982, p.341.

③　[美]爱默生：《爱默生集——论文与讲演录》，吉欧·波尔泰编，赵一凡等译，北京：生活·读书·新知三联书店，1993 年，第 477 页。

④　Thomas Cole, "*Thoughts and Occurrences*," undated entry of c. 1842, New York State Library, Albany；photostat, New‑York Historical Society；microfilm, Archives of American Art. Quoted in Louis L. Noble, *The Course of Empire*, *Voyage of Life and Other Pictures of Thomas Cole*, *N.A.*[M]. New York：Cornish, Lamport & Co., 1853, p.335.

⑤　具体内容可参见 Nicholas Guardiano. *Aesthetic Transcendentalism in Emerson*, *Peirce*, *and Nineteenth‑Century American Landscape Painting*[M]. London：The Rowman & Littlefield Publishing Group, Inc. 2017, p.27。本章多处参考该书观点。

然风光,因而有些观者认为该画派的成功得益于摄影技术还未普及,这显然是对该画派的误读。如弗莱克斯纳(James Thomas Flexner)所言,"哈德逊河画派的审美并不寻求我们今天所说的摄影复制。"①该画派要寻求的是与心灵相符的"精神"自然,它隐秘于画家的精巧构思中。

## 一、在整一中追寻崇高意境

在构图上,哈德逊河画派努力营造一种和谐整一感。画家们对自然细节的写实处理最终在画作上呈现出和谐的关联,并且细节与整体的关系不是简单的艺术操作,而是一种内在情感将它们紧密整合在一起。这不是主观臆断,吉福德(Sanford Robinson Gifford)就明确指出画作应具有"统一的必要元素",以此给观者留下单一情绪,而"在哈德逊河画派和辉光派的各种画作中,都可以识别出这种和谐的统一或合理的总体感觉"②。画家们在对自然零散且持续的经验中,寻求统一性(unity),发现单一的情感特质(quality),这似乎是对杜威"整一经验"的图像说明,就像在《艺术即经验》中,杜威说过"使一个经验变得完满和整一的审美性质是情感性的"③。然事实却并非如此,相较于杜威在经验层面发掘情感特质、促成经验完满,画家们则更希望能超越自然多样、连续的表象形式,达到形而上的本质同一、上帝造物般的精神完满。换句话说,该画派更接受爱默生的超验艺术思想,看中的是能够推动自然意象超越自身经验物性、洞见精神的诗性崇高感。

选择崇高作为心灵的推动力量,爱默生不是盲目的。就词源而言,崇高一词的拉丁文是 sublimis,源于两个词根"抵达"(sub)和"门楣"(shawl),意为人的视线在空间上超越自身高度,它的转义指向超越性④,这非常契合他对心灵不断更新、创造自然的情感期待。他说:"当他进入创造意境,并因拥有知识而感觉到生存的特权时,那又是怎样一种延展生命的崇高感情啊!"⑤爱默生对心灵的创造

---

① James Thomas Flexner. *That Wilder Image: The Painting of America's Native School from Thomas Cole to Winslow Homer*[M]. New York: Dover Publications, 1970, p.63.

② Nicholas Guardiano. *Aesthetic Transcendentalism in Emerson, Peirce, and Nineteenth-Century American Landscape Painting*[M]. London: The Rowman & Littlefield Publishing Group, Inc. 2017, p.94. 本章多处参考该书观点。

③ [美]杜威:《艺术即经验》,高建平译,北京:商务印书馆,2005年,第44页。

④ 陈榕.西方文论关键词:崇高[J].外国文学,2016(06):93-111.

⑤ [美]爱默生:《爱默生集——论文与讲演录》,吉欧·波尔泰编,赵一凡等译,北京:生活·读书·新知三联书店,1993年,第31页。

力充满信心，使其不会如伯克（Edmund Burke）般，将崇高与痛苦、恐惧等负面情绪或可怕、可憎的事物相捆绑。在他眼中，在富有创造力的心灵面前，自然不是可怕、有害的，"人要比他看到的自己更加伟大，而宇宙也不像人想象的那样恢宏"①。爱默生重塑了崇高所带来的情感体验，将其与喜悦、宁静、沉思等有益状态相联系，光是《论自然》一篇，"喜悦""宁静"等词就出现不下二十余次。这份乐观心态也传递给了画家们，科尔在给杜兰德的信中指出"一种宁静祥和的精神笼罩着大地。这是和平、精神性的、吸引人的崇高"，是"沉思的崇高"②。

在画作中，他们常常选取"云"作为构图中心，去营造高远、愉悦的崇高情感，比如马丁·约翰逊·赫德（Martin Johnson Heade）的《纽伯里波特草甸》（*Newburyport Meadows*，图 2）、《佐治湖畔》（*Lake George*）等，都是描绘"云"的典型。在《草甸》中，赫德刻意压低了地表基线并选择平坦无垠的草地，让画面至少三分之二都被毫无树木、山峦阻隔的云层占据。在辽阔的天地间，地面以其微弱的占比，仿佛顷刻就要被云层吞没，而在画作的左上方，也正有浓密的乌云铺天盖地般席卷而来，预示着一场暴风雨的来临。但有趣的是，观者丝毫不会生出

**图 2　马丁·约翰逊·赫德（Martin Johnson Heade）：《纽伯里波特草甸》（Newburyport Meadows），c1872—c1878，油画，26.7×55.9 cm，美国大都会艺术博物馆**

① ［美］爱默生：《爱默生集——论文与讲演录》，吉欧·波尔泰编，赵一凡等译，北京：生活·读书·新知三联书店，1993 年，第 31 页。

② Louis Legrand Noble, *The Life and Works of Thomas Cole* [M]. Cambridge, MA: The Belknap Press, 1964, p.162.

暴风雨来临的紧张、压迫感,因为透过云层的阳光正宁静地拂过每一寸青草,为草地镀上一层暖黄。乌云并没有让地面蒙上一层深灰,草地反而呈现出如春日般温暖、静谧的色泽,草地上低洼处的积水透着草甸的倒影,水面丝毫没有风雨来临前的波澜,这些处理让气象学家惊呼画家们缺乏基本的科学常识。而这恰恰说明,画家们自始至终所遵照的便不是自然的物性真实,而是在创造的自然中所蕴含的情感真实:在远观辽阔的天地时,内心油然而生的喜悦与平和,如爱默生所言,"这种欢愉心情的力量并不存在于大自然之中,它出自人的心灵。"①

赫德通过一抹阳光,消解了暴风雨等景观可能带来的恐惧,使画面营造出直抵心灵的暖意,这也是该画派传递崇高情感的常用方式,像丘奇的《芒特迪瑟特岛海岸风景》(Coast Scene Mount Desert,图 3)、克罗普赛(Jasper Francis Cropsey)《日落,鹰崖,新罕布什尔州》(Sunset,Eagle Cliff,New Hampshire)等,便是以"太阳"作为核心意象,让整个画作笼罩在辉光中。无论是初升的太阳,还是夕阳的余晖,"太阳"都是画作的圆心,普照着自然万物。在《海岸风景》中,朝阳耀眼的光线给予了灰黑色的礁石一层透亮的光晕,仿佛穿透了厚重的岩

图 3 费雷德里克·爱德文·丘奇(Frederic Edwin Church):《芒特迪瑟特岛海岸风景》(Coast scene mount desert),1863,油画,92×122 cm,沃兹沃思·雅典娜艺术博物馆

① [美]爱默生:《爱默生集——论文与讲演录》,吉欧·波尔泰编,赵一凡等译,北京:生活·读书·新知三联书店,1993 年,第 10 页。

层。《日落》中的夕阳将断崖、枯树等残败之物都染上了浓密的橘色，而橘色正是最暖的色彩，它代表富足和喜悦，这或许就是对爱默生说的"面对自然，他胸中便会涌起一股狂喜，尽管他有自己的悲哀"[①]，最好的注脚。

## 二、从透亮处洞察自然本质

由于对太阳、光线及其与云层、断崖等关系的执着关注，哈德逊河画派在其发展后期也被称为"透光派"（Luminism）。Luminism 的词根 *lūmin*，译为"光"，Luminism 表示与光线相关的绘画艺术，因而也有学者将其译为"辉光派""光线主义"等，本文之所以未参考前人译法，是因为"透光"一词最能体现该画派真正的艺术风格及喜爱"光线"的本质原因。先说艺术风格，透光派对于光线的运用集中于"透"而非"亮"上。他们让阳光照射进画作中的某一事物（如山崖、礁石、云朵等），并以其穿透力使得事物原先的阴、暗本色瞬间被光线击穿，呈现出透明的质感。也就是说，透光派要表现的不是事物被光线照亮，而是被光线穿透[②]，这在与同时期的法国风景画派，即巴比松画派（Barbizon school）的比照中，体现得更为明显。巴比松画派的代表柯罗（Jean Baptiste Camille Corot）、纳西斯·迪亚兹（Narcisse Diaz），在其作品《草木葱茏的半岛》（*Wooded Peninsula*）、《枫丹白露森林中的一片阳光明媚的空地》（*A Sunlit Clearing in the Forest at Fontainebleau*）都描绘了阳光下的自然景色，却很难看到画家对光线穿透力的运用。画作中，阳光普照着自然万物，其色调呈现出均衡感。而上文提及的赫德的《纽伯里波特草甸》、丘奇的《芒特迪瑟特岛海岸风景》则能明显看到在阳光穿透乌云或礁石处，光亮度显著高于别处，近似透明，强抓眼球，甚至连克罗普赛那幅描绘夕阳余晖的《日落》，光线也丝毫没有失去了穿透力，同样能够感受到照射于"鹰崖"崖间的光线明显更通透，几近于天空般明亮。而画面上那些不仔细观察都难觅的云朵，更因阳光的透射，完全贯穿了"太阳"的色泽。这都足以说明他们对光的透视情有独钟，而究其原因，源于他们对自然美的本质理解，其美学底色是爱默生式的。

云与太阳既是激发心灵崇高感的意象，也是实现画作透视目的的载体，它的双重性暗示着爱默生美学的逻辑思路：在创造的自然中，先激发心灵的崇高感，进而洞悉心灵与自然的本质同一。受新柏拉图主义等影响，他们普遍认同多样

---

① ［美］爱默生：《爱默生集——论文与讲演录》，吉欧·波尔泰编，赵一凡等译，北京：生活·读书·新知三联书店，1993 年，第 9 页。

② 孟宪平.透光风格：一种美国绘画风格的学术史考察[J].美术，2011(03)：121 - 125.

的自然形式最终都会指向同一本质,即无限的心灵。因为"人身上……有着普遍的美……有着永恒的'一'……我们一点一点地看世界,如看见太阳、月亮、动物、树木;然而,这一切都是整体中触目的部分,整体却是灵魂"①。这就要求画家们对自然的创构,能够帮助人们更好地洞见自然或心灵的本性。而"透视"正是爱默生为画家们提供的洞见手段。爱默生认为当心灵洞察到真善美的本性时,具体事物都会褪去形式、颜色的包裹,"它被提升了高度,改变了形状,短暂平庸的事物被赋予了不朽的性质。"②凭借"透视",有形有质的物质世界(the world of matter)会转变为无形无质的意义世界(the world of meaning)③,自然或心灵本性的通透。于是,画家便以光的透视,以近乎透明的自然事物去呈现这一洞见状态,在诗意的透视中创造出理想化的"精神"自然。但事实上,理想的光线难以透析现实生活。在现实生活里,自然的命运不是诗意的,充满着尘世事功。

# 第三节　人工介入后的自然命运

## 一、工业化下的自然境遇

科尔曾痛苦地感慨道,美国人需要的是物质而不是思想,他是对的。④ 爱默生与哈德逊河画派创造的诗意自然及其倡导的抽象观念,很难与工业快速发展、物质欲望不断增长的时代相适应。在 19 世纪的美国,随着工业化的持续发展,人们不断感受着商品经济、技术生产所带来的便利,重实用、重事功的扬基人(Yankee)似乎更愿意接受物质满足,而不是去荒野探求自然精神,就连科尔也不得不承认"有教养的人在社会中所发挥的能力,这仍然比荒野更重要"⑤。诗

---

① ［美］爱默生:《爱默生集——论文与讲演录》,吉欧·波尔泰编,赵一凡等译,北京:生活·读书·新知三联书店,1993 年,第 425 页。
② ［美］爱默生:《论自然　美国学者》,赵一凡译.北京:生活·读书·新知三联书店,2015 年,第 85 页。
③ 彭峰:《完美的自然》,北京:北京大学出版社,2005 年,第 20 页。
④ Barbara Novak. *American Painting of the Nineteenth Century: Realism, Idealism, and the American Experience*[M]. Oxford: Oxford university press, 2007, p.49.
⑤ Thomas Cole, "*Essay on American Scenery*," in John McCoubrey, ed., *American Art, 1700-1960, Sources and Documents in the History of Art Series*[M]. Englewood Cliffs, N.J.: Prentice-Hall, 1965, p.100.

意自然并没有为物质生活、机器生产预留位置，而美国快速迈入技术文明的步伐却在实际中破坏着自然的诗意。诚如爱默生在《英国特色》中所言，"人工征服了自然"，"在工业城镇里，煤烟或'黑尘'遮天蔽日，把白色的羊变成黑色的羊，把人的唾液都染成黑色，污染了空气，毒害了许多植物，腐蚀了纪念碑和建筑物……岛上由于大量消耗煤，总的气候都有所改变，这一点也能感觉出来。"①对此，梭罗的《瓦尔登湖》也有多处相类似的表述："伐木工人们依然挥动斧斤，恣意砍伐，往后许多年里，再也不可能有悠然信步的林间小路了"，"伐木者先将这片湖畔摧毁殆尽而后去别处光顾""铁路已侵进瓦尔登的领地"②……为了出行便捷或减少修路成本，人们举起斧头、开山劈树，破坏原始地貌，为其强行嫁接铁路、桥梁、公路等人工景观，人类正成为美国荒野的终结者③。从原始荒野、诗性自然到工业景观，自然因人类工具的介入而发生破坏性剧变，他们推平了曾引以为豪、视为上帝恩赐的丛林山川，推平了辛苦建立起的艺术风格，更推平了民众基于自然而来的精神信仰。这让哈德逊河画派与爱默生陷入沉思，其思考的核心便是人类对原始自然的介入问题。

## 二、介入自然的诗意姿态

对此，画家们与爱默生的态度是复杂且不断变化的，故不妨从他们创构诗意自然这一共同基点出发，逐步展开其对人类介入自然的多种倾向。在诗意自然中，他们将人类的介入方式主要框定为审美静观。作为传统美学概念，"静观"在古希腊时期便已出现。毕达哥拉斯说过"人生就好比一场体育竞赛，有人像摔跤者那样在搏斗，有人像小贩那样在叫卖，但是最好的还是向旁观者的那些人。"他所言的"旁观者"，在塔塔尔凯维奇看来，就是具有审美态度的人，看重的是无功利的美感经验。④ 随后，康德则更为详细地论述了审美经验的静观内涵。康德认为只有观者与鉴赏物间没有任何利害关系才会产生愉悦感，才能产生审美体验。他说："我们只想知道，是否单是对象的这一表象在我心中就会伴随有愉悦，

---

① ［美］爱默生：《爱默生集——论文与讲演录》，吉欧・波尔泰编，赵一凡等译，北京：生活・读书・新知三联书店 1993 年版，第 864、867 页。

② ［美］梭罗：《瓦尔登湖》，仲泽译，成都：四川文艺出版社，2010 年，第 198、199 页。

③ Barbara Novak, *Nature and Culture: American Landscape and Painting*, *1825 - 1875* [M]. Oxford: Oxford Univ. Press, 2007, p.135. 本章多处参考该书观点。

④ ［波］塔塔尔凯维奇：《西方六大美学观念史》，刘文谭译，上海：上海译文出版社，2006 年，第 319 页。

哪怕就这个表象的对象之实存而言我会是无所谓的。"①这就意味着,审美体验不涉及个人欲望,例如当静观者欣赏原始森林时,想到的不是如何铺成铁轨为自己提供方便,因为对美的感知与对象的实存性毫无关系,它与以实用、功利等为目的的行为相分离。但这并不是说,审美静观与介入相矛盾。相反,作为审美经验,静观本身便是一种介入形式,"是一种不欲占有对象的、超脱的、敬虔的心态",如学者所言,"一种审美经验必然既是静观的也是参与的。"②

　　这在哈德逊河画派的作品中、爱默生的话语里,都能感受到。爱默生说:"人对自然形式的简单感觉是愉悦","其中并不含带任何肉体方面的好处",身在自然中的人,每时每刻都能感受到"大自然可见、可感的动人之处……每一天的景象,露水莹莹的早晨,彩虹,山川,开花的果园……如此等等——一旦你急切地寻觅它们,它们反而变成了一种单纯景观,要用些不真实的幻觉来嘲弄你"③。在其看来,自然美源于个人的审美静观,而不是有目的的"寻觅"或物欲的满足,这也成为哈德逊河画派的共识。在该画派的大部分作品中,并未出现人的身影(如上文提到的科尔的《埃特纳火山》、克罗普赛的《美国瀑布,尼亚加拉州》等),观者对作品的审美知觉使其进入作品世界,进入到自然静谧、整一的诗意风貌中。在这里,人类是对自然的静观者、朝圣者,他们能凭借感官去体验自然,引发共鸣。自然是人类的伊甸园,是原始创造力的有力证明,会对心灵起到净化、升华作用。而即使画作中出现了人的踪迹,人对自然也依旧保持静观,就像在《眺望大海》(Looking out to Sea)、《曼斯菲尔德山素描》(A Sketch of Mansfield Mountain)中,个体驻足于自然奇观前,瞭望那宽广的海面、巍峨的山脉,其内心感受到油然而生的崇高、平静之感。换句话说,画中人的存在烘托了自然的美学价值,个体心灵仿佛是受到自然的情感召唤,从而不自觉地走入其间。静观是人类介入自然的诗意姿态,也是哈德逊河画派及爱默生思考介入问题的基准。

　　不过,与康德将审美与实用、功利截然二分不同,爱默生与哈德逊河画派并不拒绝生活经验的介入、人对自然的物用参与。他们认为日常经验、自然物用有助于产生个体的静观冲动,及至摆脱经验物性,达到心灵无限的创造力。或许是

①　[德]康德:《判断力批判》,邓晓芒译,杨祖陶校,北京:人民出版社,2002年,第39页。
②　郭勇健.论审美经验中的身体参与[J].郑州大学学报(哲学社会科学版),2021,54(01):73-79,128.
③　[美]爱默生:《爱默生集——论文与讲演录》,吉欧·波尔泰编,赵一凡等译,北京:生活·读书·新知三联书店,1993年,第15、16页。

因为，此时人们的物欲、经验还不具备破坏自然诗意的可能，又或许是因其对心灵力量足够自信，他们愿意将物性经验囊括进诗意自然中。爱默生说："我们日常接触的事物，无不在向我们默默地宣讲道义……对于水手、牧羊人、矿工、商人来说，尽管他们的行业不同，却有着极其类似的经验……我们也不该怀疑，这种弥漫于空气之中、生长在作物里、蕴藏在普天下水源中的道德情感"[①]。在这种观念下，画家们将劳作的人纳入画中，《在卡斯卡皮迪亚河钓鲑鱼》(*Salmon Fishing on the Cascapediac River*)、《由密苏里来的毛皮商》(*Fur Traders Descending the Missouri*，图 4)、《乔治湖》(*Lake George*)等作品就描绘了悠闲的渔民、晚归的船夫及运输货物的商人。画作依旧具有透亮的光线、宁静的湖面和高远的云层等该画派显著的意象特征，并且依旧没有让人成为构图的中心或主角，即便在《商人》中，看似商人居于画作的中心位置，也有只黑猫与人作伴，仿佛在说人与动物平等的栖息于自然的怀抱中。人作为自然的有机部分，就像石头、树木、湖水一样出现在风景画中，接受着自然的教养。爱默生说："谁能够度量这种影响呢？谁能猜想，海边的岩石教给渔夫多少坚忍不拔的精神呢？谁又

图 4　乔治·加勒伯·宾汉(George Caleb Bingham)：《由密苏里来的毛皮商》(Fur Traders Descending the Missouri)，1845，油画，73.7×92.7 cm，美国大都会艺术博物馆

---

① ［美］爱默生：《爱默生集——论文与讲演录》，吉欧·波尔泰编，赵一凡等译，北京：生活·读书·新知三联书店，1993 年，第 33 页。

能说出,那蔚蓝色的天空向人传授了多少心境平和的诀窍呢?"①这就是他们的态度:自然物用是滋养心灵的馈赠,人类的劳作行为可将其与整个自然相关联,"让人经过类比的方法领悟物质与精神的联系"②。在这种情况下,爱默生没有排斥生活经验对自然的物性介入。

### 三、理想自然难抵工业蚕食

但历史很快便给了爱默生一个奇妙的讽刺:在科学技术与自然精神同时发展的 19 世纪美国,对物用自然的认可使得个体欲望获得了合法甚至神圣化的光环。人类开始肆无忌惮地介入自然,满足自身的物欲,当机器生产、工业产物进入原始自然后,原先的自然景观便惨遭摧残。不过,爱默生是乐观的,他寄希望于心灵无限力量,就像感知原初自然、创造诗意自然一样,他认为人类也能在蒸汽火车、铁轨公路间,恢复心灵与自然的原初统一。在心灵面前,铁路、大坝、商场也是大自然力量的表现形式,与丛林、湖泊、乡村一样,都可被视为窥探自然本质、恢复心灵的窗口,它们并不会改变自然的精神事实。于是,画家也把工业产物融进了画作里。克罗普赛(Jasper Francis Cropsey)的《斯塔鲁卡高架桥》(*Starrucca Viaduct*, *Pennsylvania*),乔治·英尼斯(George Inness)的《特拉华水峡》(*Delaware Water Gap*)以及杜兰德的《(文明的)进程》[*Progress*(*The Advance of Civilization*),图 5]都包含了工业文明下的新事物,并毫无违和感地融入充满诗意的自然中,尤其是《斯塔鲁卡高架桥》,火车横穿整个画面的中心,车头冒出的蒸汽与天空上的云层融为一体,象征着工业文明与自然理想似乎实现了平衡。

但细看画作,便能感觉到这种平衡暗含着画家们对工业文明的不信任感。三幅画作中的公路、火车头、高架桥、大坝几乎都分辨不清,模糊地隐藏于自然景色的包围中。从构图的比重而言,画家们都对原始景观做了大占比的处理,像在《(文明的)进程》中,画面左侧、上方甚至右上方都被原初自然所占满:被闪电击毁的树木、满山谷的落叶,蔚蓝的天空,透亮的阳光,甚至是丛林里攀岩的印第安人,都展示着上帝创造的古老自然。而仅有画面的右下角,拥挤的安排着进步时

---

① [美]爱默生:《爱默生集——论文与讲演录》,吉欧·波尔泰编,赵一凡等译,北京:生活·读书·新知三联书店,1993 年,第 33 页。
② [美]爱默生:《爱默生集——论文与讲演录》,吉欧·波尔泰编,赵一凡等译,北京:生活·读书·新知三联书店,1993 年,第 29 页。

图5　亚瑟·布朗·杜兰德（Asher Brown Durand）：《（文明的）进程》
〔**Progress (The Advance of Civilization)**〕，1853，油画，121.9×182.9 cm，
弗吉尼亚美术博物馆

代的新事物：人工的花园、汽船、密集的人群……仿佛随时可被裁去，都不会影响任何感官体验。从这个意义而言，杜兰德将画作命名为《（文明的）进程》，便显得有些讽刺，甚至隐隐流露出对工业机器进入荒野的反感，就像当时的研究者所说，"最近，蒸汽和美术勉强相识。现实和理想一起抽过烟斗。铁马和飞马肩并肩，并驾齐驱，像训练有素的一对一样，齐刷刷地喘着气。这种结合会有什么结果，天知道！"①对此，就连乐观的爱默生也开始怀疑，1856年他总结了对机器生产的体会："在工业的变化中，整个城镇像蚂蚁山一样被牺牲，当鞋带的时尚取代了带扣，当棉花取代了亚麻，收费公路和铁路，还有当公地被地主圈进。然后，社会会被告诫劳动分工的危害。"②他明确表达出对机器生产下，人的异化、自然全面物化的反感。爱默生既有将工业生产经验融入诗意自然的乐观心态，同时也流露着对机器进入荒野的质疑与反感，这种矛盾的姿态源于其折中的审美意识。

　　他不像叔本华那样，是彻底的静观论者，批判科技理性对文化的戕害，主张

---

　　①　出自波特·卡伦（Porte Crayon）在《哈珀新月刊》（Harper's New Monthly Magazine）1859年第19期的木刻画作，后转载于 Hans Huth. *Nature and the American: three centuries of changing attitudes*［M］. Berkeley：University of Calif Press，1957，p.85。

　　②　Emerson. *Selected Writings*［M］. New York：Modern Library，1992，p.612。

审美静观可以"使我们摆脱了意志的催迫"[①]；也不像杜威那样，想要彻底改变"静观"传统，将生活经验与审美经验相联系，在经验层面恢复个体对自然整一的审美体验；更不像马克思那样，是彻底的唯物论者，从生活实践处追问道德精神价值。爱默生既希望个体通过审美静观顿悟自然的精神性，又想凭借心灵的本质力量为物性生产提供依据。这样，人既可以享受科技便捷，又不会丢失精神信仰，这过于理想化了。

心灵的力量并非是无限的，在现实的自然面前，它无力扭转工业生产对自然文化内涵、个体精神信仰的摧残，只能发出对其无声的控诉。科尔的画作便是最好的例证。1836 年科尔创造了左图《初秋，观卡茨基尔山》(*View on the Catskill—Early Autumn*)。六年后，他又重返故地，以同一视角绘制了另一版本《卡茨基尔山间的河流》(*River in the Catskills*)。两图一比照，便会发现原先前景中茂密、翠绿的树木不见踪迹，左下角刚刚成长起来的小树，也仅留下被锯断后的木墩，地上掉满了"无用"的枝丫。诚如芭芭拉·诺瓦克所言，"这两幅图展示了从理想到现实的更务实的相遇，从神话时代到人类时代的一些进步。对科尔来说，现实充满了辛酸。"[②]而他的帝国组图更体现着这份辛酸。在该系列最后一幅《帝国历程：毁灭》(*The Course of Empire*)中，画面前景被一个将要毁灭一切的人所占据，他以前倾姿态将观者领入战斗，电闪雷鸣、火光四起，房屋桥梁瞬间坍塌，人类建造的辉煌毁于一旦。他将其对机器生产的反感转化为电光火石的诅咒，因为它们毁灭了自然的诗意。他说："不是我想让他(杜兰德)痛苦，而是想让他和我一起对所有崇尚金钱的功利主义者进行诅咒。"[③]这预示着爱默生与哈德逊河画派关于人类诗意介入自然荒野，维持审美静观理想的溃败。"一个暂时结合了自然和文明的理想，最终注定要转变成一种以机器和技术形式著称的美国艺术。"[④]

事实也的确如此。在诗性自然构建的破灭中，爱默生越发意识到机器、技术

---

①　郭勇健.论审美经验中的身体参与[J].郑州大学学报(哲学社会科学版),2021,54(01)：73-79,128.

②　Barbara Novak, *Nature and Culture: American Landscape and Painting*, 1825-1875 [M]. Oxford：Oxford Univ. Press, 2007, p.140-142. 本章多处参考该书观点。

③　Louis L. Noble, *The Course of Empire*, *Voyage of Life and Other Pictures of Thomas Cole*, N.A.[M]. New York：Cornish, Lamport & Co., 1853, pp.217-218.

④　Kenneth Maddox. *Intruder into Eden: Iconographic Significance of the Train in Nineteenth-Century American Landscape* [D]. Ph. D. diss. Ph. D. diss. in progress, Columbia University, written under the author's direction.

的快速发展,是大势所趋。而发展中存在的信仰坍塌、物欲横流等现实问题,并不是理想、浪漫的诗性力量就能实现纠偏的。诗意会给人短暂的精神自由,但也将人引入了虚无、空洞的精神世界,一旦再回到尘世事功中,诗性理想便化为乌有了,是不可靠的。随着爱默生对现实思考的深入,他也逐渐感受到诗性自然的不切实际,这也督促其在理论上做出相应地务实调整。

# 第四章
# 诗性语言及其行动转向

爱默生的诗性理想有了引导者，有了洞见方法，也有了发挥作用的场域，还缺少重要一环，那便是要把诗人在自然中直觉洞见到的诗性本质表达出来，爱默生需要语言为其诗意理想发声。也正因此，在爱默生的诗性架构里，他很看重语言的表达方式、特征等因素，在其演讲、散文中多次提及"自然语言"、语言的诗歌起源、语词象征等概念。不过，他的语言思想并不是从一开始就是充满诗意的。在最初的萌芽阶段，他受到洛克语言观的影响，看重"经验"对语词观念的形成意义，试图以"经验"语言表达自身的审美追求。不过很快，他便觉得洛克对语词的经验规则压抑了语言的感知力、创造力，没法承载诗意理想。为此，他修正了洛克的"经验"语言，让语言重返原初的诗歌起源，恢复语词与心灵、自然的原初关联，在诗性审美中实现语言的本质升华。在这个阶段，其语言思想展现出强烈的浪漫主义诗性特点。从"经验"向"诗性"的语言转变，都源自他对语言问题的深入思考。

可惜的是，由于其相关论述并不系统，常杂糅在社会文化、文学批评之中，使得人们容易忽略其语言思想的价值，而已有的研究也并不能全面展示其丰富性。如伊雷娜·马卡什卡(Irena Makarushka)的《爱默生与尼采的宗教想象和语言》一书，从爱默生语言观与其宗教思想的关系出发，指出他对语言创造力的呼唤是受到清教世俗化运动的影响，其愿望是复苏人性中的神性；①罗伯特·科恩(Robert Kern)在《东方主义、现代主义和美国诗歌》中，则侧重爱默生语言思想与其自然观的密切联系，继而指出其语言态度构成了美国诗歌寻求 ·种新的语

---

① 参见 Irena Makarushka. *Religious Imagination and Language in Emerson and Nietzsche* [M]. London：Palgrave Macmillan press，1994。

言形式的开端。① 两位学者的研究代表了西方学界对爱默生语言分析的理路，即以其宗教、文学或自然观念为标杆映射他语言思想的某些特点，虽然在论述中涉及其与洛克、浪漫主义等语言思想的理论关联，但因研究重心不在此，故没有深入展开。

爱德华·厄勒(Edward Eller)与大卫·格林汉姆(David Greenham)的研究弥补了这一缺憾。厄勒系统阐述了爱默生对洛克"经验"语言的继承与超越，及超越后所带来的诸多语词困境。格林汉姆则从爱默生与洛克语言观的诸多相似处出发，细致分析了爱默生与洛克的亲缘关系，并指出思考其与洛克关系的重要方法应是研究他们的语言理论。② 但两位学者没有涉及爱默生语言思想发展演变的动态过程，没有提及爱默生语言理论的阶段特征，而这些都值得我们进一步探讨。

## 第一节　对洛克语言观的遵从与批判

爱默生的语言思想受到经验主义哲学语言、修辞观的深刻影响。19 世纪的美国是洛克等经验主义者的天堂。诚如美国学者柯克(Russell Kirk)所言："洛克的名字已几乎变成美德、宽容和代议制政府的同义词，……到目前为止，不管好坏，洛克的观念几乎等同于美国人的生活方式。"③对此，爱默生深有体会。在哈佛大学就读时，他"接触到了约翰·洛克所谓'轰动性的'或经验主义的哲学"④，系统学习了布莱尔(Hugh Blair)⑤的修辞理论。在 1819 年给哥哥威廉的

---

① 参见 Robert Kern. *Orientalism，Modernism，and the American Poem*［M］. Cambridge：Cambridge University Press，1996。

② 参见 Edward E. Eller，*Language Limits and Transcendence：Emerson and Locke*［D］. Thesis（Ph. D.），Southern Illinois University，Carbondale，1994. David. Greenham，*Emerson's Transatlantic Romanticism*［M］. London：Palgrave MacMillan，2012。

③ ［美］拉塞尔·柯克：《美国秩序的根基》，张大军译，江苏凤凰文艺出版社，2018 年，第291 页。

④ David. Greenham. *Emerson's Transatlantic Romanticism*［M］. London：Palgrave MacMillan，2012，p.102. 本章多处参考该书观点。

⑤ 休·布莱尔(Hugh Blair)是 18 世纪苏格兰著名的修辞学家，其代表作为 1783 年出版的《修辞学与美文学讲座》(*Lectures on Rhetoric and Belles's Letters*)，其书系统论述了修辞与逻辑的关系，规范了写作、演说等具体规则，是一部集口语表达、语法、用词规范和文体风格为一体的修辞学著作。该书在其出版后的一百多年中，持续被欧美高校推崇，成为标准的文本修辞教程。

信中,爱默生写道:"今天,我们开始学习术语——早晨的语言;中午的布莱尔和下午的代数。"①经验主义哲学语言观、修辞学及具体的科学知识填满了爱默生的生活,潜移默化地影响着他的思维与表达。也正因此,爱默生的语言思想从形成伊始,便与洛克的语言观具有紧密关联。

## 一、对洛克语言思想的遵从

从洛克语言观中,爱默生看到了感觉经验对于语词的原初性意义。洛克语言观可称为"意义观念论",即主张语词的意义在于指称使用者头脑中的观念,且无论是简单观念抑或复杂观念,都源于人类的感觉经验。相较于传统理性主义将语言视为"逻各斯""道说"——一种无须人类参与、感知,超越现象、概念的言说体系,洛克的语言思想无疑是进步的。因为他意识到人类感知、反省在语言意义形成上所发挥的重要作用,看到了人类认知理性在语言构建中的积极价值。在《人类理解论》中,洛克指出,"各种字眼最后都是由表达可感观念的那些字眼来的……许多文字普通虽然表示远离感官的那些行动和意念,可是它们也都是由于那个根源来的。"他举例道:"精神底原意为呼吸,天使底原意为使者。"②爱默生对此深以为然,他说:"每一个用来表达道德或思想事实的词汇,只要查找它的词源,便会发现它是从某种物质现象中借用的。"例如"'正当'的意思是'笔直端正','过错'的意思是'扭曲'。'精神'的原意是'风'。'犯法'的本意是'越过界线'……"③爱默生肯定了感觉经验在语词意义构建上的可用性。

而个体感觉经验有其多样性、主观性,要想清楚反映感觉所形成的观念,实现语词与事物观念准确、清晰地对应,洛克则为语词指称观念设置了具体的理性规则。在规则处,也能看到爱默生对洛克语言观的遵从。洛克提倡的第一个规则是每个不同的简单或复杂的观念都应有自己的专有名词,这样便可以理想化地实现人与人之间清晰、明确的交流。"因为语言所能做到的一切,就是把我们的思想清楚地传达给别人的头脑。"④这一规则被爱默生所遵从,他在

① *The Letters of Ralph Waldo Emerson*[M]. vol Ⅰ. R. L. Rusk and E. M. Tilton, eds. New York: Columbia University Press, 1939, p.78.

② [英]洛克:《人类理解论》,关文运译,商务印书馆,1983年,第384、384页。

③ [美]爱默生:《爱默生集——论文与讲演录》,吉欧·波尔泰编,赵一凡等译,生活·读书·新知三联书店,1993年,第21页。

④ Hugh. Blair, *Lectures on Rhetoric and Belles Letters*[M]. Philadelphia: 193 Market Street Philadelphia Troutman & Hayes, 1813, p.102.

日记中写道："语言是一种透明的媒介，以最清晰的方式将他头脑中的画面传达给听众的头脑。"①在《论伦理哲学现状》这篇哲学论文里，即使需要使用"特权""对等""矛盾""现象"等大量抽象的哲学词汇，爱默生也努力尝试给予其特定且明确的定义②，避免观念的模糊与多义，努力实践着洛克的语词规则。

洛克主张的另一个规则为严格制约隐喻、想象等修辞性语词，以免其背离了装饰意图，致使观念混乱、话语失序，而这也成为爱默生遵照的语言准则。洛克认为隐喻只是"机智的娱乐和愉悦"③，仅仅是观念的修饰，超出此范围便是对观念的冒犯。布莱尔则更为具体地列出了隐喻的规则："隐喻应适合主题的性质；不能隐喻有歧义的观念……隐喻的本体与喻体的关系必须明确……不要过分追求隐喻，否则就会变成寓言。"④与布莱尔、洛克一样，爱默生也认为隐喻唯一的功能便是修饰观念。隐喻不是必要手段，只是为抽象观念提供具体的附属物。他在日记中写道："意象只不过是从自然、艺术中挑选出来的引人注目的事件，并以声音的巧妙组合作为观念的外衣。"⑤为了防止隐喻的越界，爱默生指出想象不是语言的助力而是囚禁，"在这种囚禁中，想象力控制了人类理性的一些最显著的例子"⑥。他说："天堂和地球没有任何幻想……知识是法则的给予者，就像幻想是法则的废除者一样。"⑦对于修饰性语词，他重申了洛克的立场：好的言语是以其清晰逻辑引领人们接受明确的观念，而不是以想象发散人们的思维。他对语言的看法几乎可看作是对洛克语言规则的同义转述。

---

① *The Journals and Miscellaneous Notebooks of Ralph Waldo Emerson*[M]. vol Ⅱ. W. H. Gilman, R. H. Orth, eds. Cambridge：Harvard University Press，1960‐1982，pp.160‐161.

② 参见 Sheldon W. Liebman, *The Development of Emerson's Theory of Rhetoric*，1821‐1836[J]. American Literature，1969(41)：178‐206. 本章多处参考该文观点。

③ Locke John. *An Essay Concerning Human Understanding*[M]. Roger Woolhouse, ed. London：Penguin，2004，p.153.

④ Hugh Blair, *Lectures on Rhetoric and Belles Letters*[M]. Philadelphia：193 Market Street Philadelphia Troutman & Hayes，1813，pp.160‐167.

⑤ *The Journals and Miscellaneous Notebooks of Ralph Waldo Emerson*[M]. vol Ⅰ. Eds William H. Gilman, Ralph H. Orth et al. Cambridge：Harvard University Press，1960‐1982，pp.63‐64.

⑥ *The Journals and Miscellaneous Notebooks of Ralph Waldo Emerson*[M]. vol Ⅱ. Eds William H. Gilman, Ralph H. Orth et al. Cambridge：Harvard University Press，1960‐1982，p.306.

⑦ *The Journals and Miscellaneous Notebooks of Ralph Waldo Emerson*[M]. vol Ⅱ. Eds William H. Gilman, Ralph H. Orth et al. Cambridge：Harvard University Press，1960‐1982，p.194.

## 二、于批判中建构诗性语言

不过，爱默生很快便敏锐地觉察到，洛克语言观过于倚重逻辑经验了。他指出洛克把现实设想为现成观念的集合，限制了语言对象的范围，忽视了语言对现实的创建能力。在洛克眼里，语词的意义"除了这些虚浮的观念以外，再没有其他观念……超过这个界限，则我们便一无所知"①。语言的真理性局限在经验范围内，只有感觉经验到或分析、推理所得的观念才能成为语词指称的对象。这种对技术理性的过度看重，只会让语言固化为一种成见，一种"人类的习惯"。爱默生说："习俗把一切都说成是不可改变的。但是思考的第一步是把事物从他们的脚下抬起来，让所有具有意义的事物看起来都很流畅。"②因此，爱默生虽然认同感觉经验对语词的来源性意义，甚至也肯定人类认知理性在语言构建上的巨大潜能，但对其压制语词创造力的做法十分不满，并予以严厉抨击。他斥责道："每当人性的纯朴、思想的独立性受到低级欲望的破坏……人们不再创造新的意象，旧有的词语被扭曲了原意，去代表名不符实的东西。"③他痛心于洛克语言观酿造的苦果：19世纪的美国文化处处"都依赖英国，很少有（自己的）一首诗、一个版面、一份报纸……所有文学作品的生命似乎都在消逝，取而代之的是这种普遍的文字纸币被接受了"④。这都促使爱默生不再盲从洛克，继而在批判性地继承中为语言寻找出路。

爱默生的意图不难理解，他想在保留语言源于感觉经验的同时，又不丢失语词的创造力。在他看来，洛克将语词的意义归还于主体经验而不是客观对象，是对主体认知能力的肯定，他非但不反对，而且也愿意效仿，如其所言，"它是经验与现时思想活动的混合物，是一种真正的创造。"⑤但是，针对洛克对理性规则的绝对遵从，他又觉得过了，认为是对语言真正创造的曲解。真正的语言创造应当

---

① ［英］洛克：《人类理解论》，关文运译，北京：商务印书馆，1983年，第286页。

② *The Early Lectures of Ralph Waldo Emerson*［M］.vol Ⅰ. Eds Robert E. Spiller, Stephen E. Whicher, and Wallace E. Williams. Cambridge：Harvard University Press，1959 - 1972，p.225, 226.

③ ［美］爱默生：《爱默生集——论文与讲演录》，吉欧·波尔泰编，赵一凡等译，北京：生活·读书·新知三联书店，1993年，第24页。

④ *The Journals and Miscellaneous Notebooks of Ralph Waldo Emerson*，vol Ⅳ. Eds William H. Gilman, Ralph H. Orth et al. Cambridge：Harvard University Press，1960 - 1982，p.297.

⑤ ［美］爱默生：《爱默生集——论文与讲演录》，吉欧·波尔泰编，赵一凡等译，北京：生活·读书·新知三联书店，1993年，第25页。

包括个体经验，却也不能缺少想象、情感的无限力量，这正是有限的经验逻辑所不能给予语言的，甚至是与之相对的。洛克语言观的主要问题，就是用经验规则吞噬了语词对象多样且超脱的可能。为此，爱默生反对洛克对主体直觉、想象力的约束，并从欧洲浪漫主义思想中看到了调和方案：既让语词获得想象、情感空间，也让语词保有经验感知力。

事实上，浪漫主义思想与洛克的经验主义之间始终存有一种隐秘联系，如评论家罗伯特·兰鲍姆（Robert Langbaum）所说，"浪漫主义的基本思想是经验主义……浪漫主义者的世界观是从经验中发展出来的。"①不过，他们对于"经验"的态度有所区别。相较于洛克强调经验的推理与反省，在浪漫主义者那里，经验则是我们对日常事物的最初感知，是最基本的诗意手段。他们放弃经过选择、分析而来的经验，看重感性智慧对事物本质的直接发掘，并以这种方式激发想象、情感的参与。在其看来，个体能够凭借感性体验，洞察事物隐喻、象征的真理。浪漫主义者连接经验与价值、理想与现实的策略，对爱默生具有强烈的吸引力，他将其作为修正洛克语言观的重要参照，甚至可以说，他的语言思想就是对浪漫主义核心观念的重申。他主张以直接经验的方式感知语词图像，并倡导"通过直接经验获得想象力的理解"②，进而重塑语词图像的价值本质。在其心中，语词图像是有限的，但图像的价值则是无限的，语言要想在有限中表达无限，超越人类有限智力与规则的尺度，应当依靠情感、想象而非理智，发现语词图像隐喻、象征的意义，于是便有了他及物又超脱的诗性语言。

# 第二节　语言的诗性本源及其特征

语言就其本源而言是诗性的。受欧洲浪漫派、斯维登堡派的影响，爱默生认为原初语言就是图像般的诗，是对自然、心灵原初诗性的具体表征。因此，回到语词图像与自然、心灵的原初关系、发掘语词的诗性创造力，成为语词超越自身有限性的关键，这集中体现在原初语言的诗性特征中。

---

① Robert Langbaum, *The Poetry of Experience: The Dramatic Monologue in Modern Literary Tradition*[M]. Chicago: The University of Chicago Press, 1957, p.35.

② Robert Langbaum, *The Poetry of Experience: The Dramatic Monologue in Modern Literary Tradition*[M]. Chicago: The University of Chicago Press, 1957, p.35.

### 一、诗性语言的情感性

爱默生指出原初语言与感官体验相连，与心灵的诗性存在同一，是具有浓烈情感的自然图像。而这正是原初语言必然特征，因为原始人类刚摆脱自然兽性，心灵活动极不成熟，不具备复杂的分析能力，仅能以自己的感官体验、情感想象衡量自然世界。而因原始思维的局限，原初语言除了自然事物可作其语词标记外，什么也没有。它也只能凭借想象、类比去构建语词图像，如其所言，"一切精神事物都是由自然象征物来代表的。这种象征物被古人用来构造各种语言的原始成分。"①语词如画般照搬实体性的事物，并借助心灵体验赋予其想象出的生命力。就像成语、寓言，它们都用图像化的自然事实激发主体情感，隐喻某些伦理法则。他举例到"'转石不生苔，转业不聚财'；'手中现有一只鸟，胜过林中两三只'；……'长命树，先扎根'……"②他说："成语是最早的语言"，"各种语言中的成语都在其极强的感染说服力方面彼此相通。"③据爱默生日记集的编辑们汇总，从 1832 年 4 月 2 日到 5 月 12 日，爱默生在他的日记中加入了大量的谚语。他在日记中写道："欢迎是最好的欢呼，谚语。"④"原则应该通过引用事实来验证，通过适当的意象来融入情感。"⑤这些语言几乎都保留了具有情感体验的自然图像。

但这并不是说原初语言仅存于古人话语或旧有的寓言中，在其看来，一切能发挥心灵感性体验的语词形式都具有原初诗性。原初语言也存于当下的生活中。他说，语言"是由所有行动、交易、艺术、游戏和人类战利品组成的。每个词都是从自然或机械、农业或航海过程中借用来的隐喻"⑥。工场、农庄是语法的

①　［美］爱默生：《爱默生集——论文与讲演录》，吉欧·波尔泰编，赵一凡等译，北京：生活·读书·新知三联书店，1993 年，第 23—24 页。

②　［美］爱默生：《爱默生集——论文与讲演录》，吉欧·波尔泰编，赵一凡等译，北京：生活·读书·新知三联书店，1993 年，第 26 页。

③　［美］爱默生：《爱默生集——论文与讲演录》，吉欧·波尔泰编，赵一凡等译，北京：生活·读书·新知三联书店，1993 年，第 24、24 页。

④　*The Journals and Miscellaneous Notebooks of Ralph Waldo Emerson*［M］. vol Ⅳ. Eds William H. Gilman, Ralph H. Orth ct al. Cambridge：Harvard University Press, 1960‑1982, p.9.

⑤　*The Journals and Miscellaneous Notebooks of Ralph Waldo Emerson*［M］. vol Ⅴ. Eds William H. Gilman, Ralph H. Orth et al. Cambridge：Harvard University Press, 1960‑1982, p.197.

⑥　*The Journals and Miscellaneous Notebooks of Ralph Waldo Emerson*［M］. vol Ⅶ. Eds William H. Gilman, Ralph H. Orth et al. Cambridge：Harvard University Press, 1960‑1982, p.206.

来源，"学院和书籍复制了田野和工场所创造的语言"，在农夫、村民的身上，他能看到自然万物天然带有"感染我们的力量"①。而当下人们之所以忽略语言的诗性，是因为"现在，在它们（语言）的次要用法中，早就不再使我们想起它们富有诗意的来源了"②。这是爱默生对语言现代性的思考，这一思考流露出其与"洛克、维柯及十八世纪词源学理论家们的不谋而合，……他们利用词源学作为一种系统的方法，来消解语言向抽象化发展的必然性，并对追溯语言和文化的普遍起源产生了希望"③。他们希望回到前语言真实自然的状态，恢复自我与世界间原初的诗意关系。这在 18 世纪末，霍恩·图克（Horne Tooke）的词源学研究中，得到了更为充分的体现。他将研究与其政治目的相捆绑，主张抽象的语词观念是少数阶层获得智力、权威的手段，而语言的真正意义在其原始状态，在"所有社会阶层都可以获得的感官体验"中。④ 也正是在此意义上，爱默生对原初语言感官体验、图像、情感性的重申，可看作是对早期词源学家思路的延续。不过，爱默生比他们走得更大胆。相比于早期词源学家将语词的真理性存放于具体的现实中，以此建构诗意、开放的价值空间，赋予心灵原初的生命力，爱默生则进一步提出原初语言具有揭示绝对真理的可能，他所依据的是原初语言的象征力。

## 二、诗性语言的象征性

象征是原初语言最重要的诗性特征。在《语言》中，他集中论述道："1. 词语是自然事物的象征；2. 具体的自然事物又是具体精神事物的象征；3. 大自然又是精神的象征。"⑤在逻辑脉络上，语词从表征事物到象征自然，再到揭示精神看似呈现出不间断、连续的状态，但事实上前者与后两者却有本质差别，⑥代表着语词指称的双重属性：事物符号（signs）与精神象征（symbols）。就前者来说，语

---

① ［美］爱默生：《爱默生集——论文与讲演录》，吉欧·波尔泰编，赵一凡等译，北京：生活·读书·新知三联书店，1993 年，第 24 页。

② ［美］爱默生：《爱默生集——论文与讲演录》，吉欧·波尔泰编，赵一凡等译，北京：生活·读书·新知三联书店，1993 年，第 506 页。

③ Robert Kern. *Orientalism，Modernism，and the American Poem* [M]. Cambridge：Cambridge University Press，1996，p.50. 本章多处参考该书观点。

④ Robert Essick. *William Blake and the Language of Adam*[M]. Oxford：Oxford University Press，1989，p.63.

⑤ ［美］爱默生：《爱默生集——论文与讲演录》，吉欧·波尔泰编，赵一凡等译，北京：生活·读书·新知三联书店，1993 年，第 21 页。

⑥ Robert Kern. *Orientalism，Modernism，and the American Poem* [M]. Cambridge：Cambridge University Press，1996，p.40.

词作为指称自然事物的标记,即前文所提的富有情感的自然图像,那是人类原初语言。就后者而言,他则想说明自然本身就是一种语言,即造物主的原始语言,它象征、隐喻事物的本质与真理。爱默生对语言属人与属神的区分,里德(Sampson Reed)、本雅明也曾论述过,他们也认同自然语言是造物主的光辉。但相较于爱默生相信人类原初语言能够凭借象征力,冲破自然物性、直抵事物本质、成为自然语言,二人则表现出对人类语词不同程度的质疑:里德认为"文字与事物融为一体,语言在自然中消失了"①,刻意割裂人类语言与自然语言的联系。他虽然也尊重人类智慧,但不认可人类语词能有指称自然的本领。本雅明同样如此,他试图压制人类对语言的介入、创建的能动性,仅保留人类对语言被动的认知、接收能力,从而减少人类对自然语言的干预。②

爱默生与里德、本雅明迥异的态度体现了其对语言诗性象征的倚重,这是浪漫主义、新柏拉图主义等理论家们影响的结果。事实上,诸多浪漫主义者的思想(如柯勒律治、布莱克等)也可看成是对新柏拉图主义的回应。像新柏拉图主义一样,他们也预设了自我与事物在发端处的本质同一,表现在语言上就是语词能指、所指在本质上的融合。诚如柯勒律治在评莎士比亚时所言,诗性语言"更具象征性而非任意性——多为象征符号而非语词标志——它致力于诱导心灵的原始状态,在这种状态下,词和世界似乎构成了一个明亮而无差别的整体"③。受其影响,爱默生也相信原初语言留存有德里达所批判的先验所指:是心灵、也是自然,二者都象征着最高理性、精神本质。他说:"人总能意识到在他或在生活的后面隐藏着一个森罗万象的灵魂……他把这种包罗万象的灵魂称作'理性'……而与自然界联系起来看,我们则把它叫作'精神'。"④他认为个体对原初语词强烈的感性体验,总会使其通达语词所指的本质意义,进而消解语词图像的有限性。这样一来,原初语言的象征性便成了促其达到价值无限的依据。

整个语言系统便也成为象征的集合。"人类所用的语言就是象征,这是因为整个自然正是人类心灵的隐喻。道德法则与物质法则相对应,如同与镜子

---

① 参见 Gerald Bruns. *Modern poetry and the idea of language*[M]. Dallas: Dalkey Archive Press, 2001, p.60。

② 参见 Walter Benjamin. *Reflections: Essays, Aphorisms, Autobiographical Writings*[M]. New York and London: Harcourt and Kurt Wolff Book, 1978, pp.324-327。

③ Gerald Bruns. *Modern poetry and the idea of language*[M]. Dallas: Dalkey Archive Press, 2001, p.53, 54.

④ [美]爱默生:《论自然 美国学者》,赵一凡译,北京:生活·读书·新知三联书店,2015年,第24—25页。

面对面。"①这意味着语词无论发掘到自然图像怎样的精神，其本质都是发现心灵的道德法则，是在既有的自然图像中透视到人类自身的道德结构。② 爱默生语词意义的超越更为关注的是所指心灵。这不难理解，由于技术理性为语言设置了过多外化的、约定俗成的语词规则，才使得浪漫主义者及爱默生从内在的、个体化的审美想象、情感体验处重燃语词的诗性意义。在这里，爱默生对语言象征性的阐释，较之前人不见得是多么巨大的转变，他的目的更多是将语言的创造力置于每一位个体的心灵深处。因为诗性象征对语言意义质的突破，会让心灵的感性活动逐步成为一种创造性的力量，达到了洛克语言观无法想象的程度。自我心灵体验作为语言意义的创造性源泉，可以创建语词的新关系、新图像。

### 三、诗性语言的创造性

原初语言是一种不断创造的诗性语言。在希腊语中，诗即创造，诗性语言则是创造性的语言。语言凭借心灵以己度物的想象，象征、构建着自我与心灵的关系，这是诗性语言的本质力量，其中心灵创造性的想象是语言创造力的保障。爱默生指出当人类思想被情感想象所点燃时，便会有契合的自然图像作其喻体，为其提供外衣。这个自然图像是自发的，它是经验与头脑当下行动的融合体，"在暗室中闪烁光芒，心灵立即主动捕捉合适的图像，作为它瞬间的思想的话语"③。心灵的视觉与行动就是想象，也正是这想象将外在自然创造性地转化为象征心灵内在变化的语言标记。爱默生继而指出最具想象力的心灵源自诗人。与浪漫主义者一样，他也赋予诗人先知的角色，将其视为事物的命名者。"诗人之所以给事物命名，是因为他看见了它……这种表现或命名，并不是技艺，而是第二自然。"④这种看见是诗人透视到了事物的普遍法则，"从而在返回之后能够以变换的视角和想象力"⑤，去整合既有的物性细节，以新词创建新关系，从旧的感觉世

① *The Collected Works of Ralph Waldo Emerson*[M]. vol 1. Eds Alfred R. Ferguson, Joseph Slater, Douglas Emory Wilson, Ronald A. Bosco, et al. Cambridge：Harvard University Press，1971-2013，p.21.

② David Greenham. *Emerson's Transatlantic Romanticism*[M]. London：Palgrave MacMillan，2012，p.117. 本章多处参考该书观点。

③ *The Journals and Miscellaneous Notebooks of Ralph Waldo Emerson*[M]. vol Ⅴ. Eds William H. Gilman, Ralph H. Orth et al. Cambridge：Harvard University Press，1960-1982，p.361.

④ ［美］爱默生：《爱默生集——论文与讲演录》，吉欧·波尔泰编，赵一凡等译，北京：生活·读书·新知三联书店，1993年，第506页。

⑤ 殷晓芳.实用主义的审美形式论——杜威和爱默生的交集与分野[J].文艺理论研究，2018，38(05)：182-190.

界中创造出一个新世界。也正是从这个意义上，与其说爱默生是对原初语言诗性起源的追溯，不如说是对原初语言构建过程的创造性恢复，是对如亚当般的诗人言说经历的当下体验。他写道："尽管我们大多数词汇的来源已被人遗忘，但是每个词最初都是天才的一闪……因为对第一个说出它和听见它的人而言，它当时就是世界的象征。"①

不过，爱默生又对语言的诗性创造力提出质疑。他认为这很少会真的发生。在日记中，他写道："词语真正紧密的拥抱事物，不是拉丁语、英语或任何语言，而是思想"，"当我们思考时，我们是无限的；而我们所表达的思想是局部的、有限的，充其量只能提供对真理一个简化、片段般的一瞥。"②也就是说，爱默生承认在心灵创造性的想象面前，语言显得局促，甚至是无力的。

## 第三节　诗性语言的局限

### 一、无法指称绝对本质

语言的局限在于它无法指称任何绝对本质。按照爱默生的语言逻辑，无论是原初语言的诗性象征抑或诗性创造，最终都能通达心灵本质，这是对语言不切实际的构想。因为在其看来，心灵本质上是彻底摆脱肉身束缚、透明且永恒的存在，它使得"我不复存在，却又洞悉一切"③。而存在于时空中、诉诸物质形式的语言，难以匹配彻底自由的心灵。换句话说，语词图像无法消解其实存性去迎合灵魂本质的空灵。"象征性语言可以将时间性和语言性的主体与某个外在的、超验的客体融合起来的断言是一种谵妄。"④心灵本质需要语言形式去呈现，而物性的语言却无法指称绝对抽象的精神意义，这是爱默生诗性语言的局限，相应地也反映出浪漫主义语言理论的局限。事实的确如此，20 世纪 70、80 年代以保

---

① ［美］爱默生：《爱默生集——论文与讲演录》，吉欧·波尔泰编，赵一凡等译，北京：生活·读书·新知三联书店，1993 年，第 506 页。

② *The Journals and Miscellaneous Notebooks of Ralph Waldo Emerson*［M］. vol Ⅴ. Eds William H. Gilman, Ralph H. Orth et al. Cambridge：Harvard University Press, 1960 - 1982, p.51, 30.

③ ［美］爱默生：《爱默生集——论文与讲演录》，吉欧·波尔泰编，赵一凡等译，北京：生活·读书·新知三联书店，1993 年，第 10 页。

④ 张旭春.革命·意识·语言——英国浪漫主义研究中的几大主导范式［J］.外国文学评论，2001(01)：116 - 127.

罗·德曼(Paul de Man)为代表的一批学者便对浪漫主义语言进行了一场解构性的阅读风暴。在《浪漫主义修辞学》中，德曼指出浪漫主义语言思想的错误在于将语言与精神意义天然融合，并没有意识到精神意义对语言而言是一种强加的属性。① 换句话说，浪漫主义者所倚仗的语言与自然世界在本质上的对应关系，是不成立的。语言指称自然事物及其关系，依据的是自身的秩序(如语法)，而意义要想置放于语言的秩序中，则常常会引发冲突，甚至"意义层面上一个有力的象征往往无法在指称层面上获得连续性、合理性，以致最终消解了意义本身"②。解构主义者对于浪漫主义语言理论的指摘，足以说明诗性语言确有其局限。

## 二、语言创作的不自觉

这种局限会不自觉地出现在具体的语言创作里，使得爱默生不得不正视它。就像他鼓励作家"把自己借给第一个想法"，并服从自然刺激下内心的冲动"不管它把他们带到哪里"③，他相信作家"不要提出任何方法，不要准备任何语言，不要选择任何传统，……合适的语言会自己说出来"④。但在实际的语言运用中，作家总要分析选择，"当你要写作的时候，总是要区别对待它们"⑤，甚至在思想形成前，就要做好选择。在日记中，他记录道："有些英语单词我从来不用"，"历史上只有一两次可以与'可怕的'和'巨大的'这两个词合得来。"⑥语词并不会去自动匹配创作的灵感，这在语言的运用中不会出现。语词图像离不开具体的社会文化生活，是具体语境中的语言，因而在无限变化、不断生成的思想面前，"语

---

① 参见 Paul de Man, *The Rhetoric of Romanticism*[M]. New York：Columbia University Press，1984，p.115.

② 徐亮.叙事的建构作用与解构作用——罗兰·巴尔特、保罗·德曼、莎士比亚和福音书[J].文学评论，2017(01)：68-76.

③ *The Journals and Miscellaneous Notebooks of Ralph Waldo Emerson*[M]. vol Ⅴ. Eds William H. Gilman, Ralph H. Orth et al. Cambridge：Harvard University Press，1960-1982，p.82.

④ *The Journals and Miscellaneous Notebooks of Ralph Waldo Emerson*[M]. vol Ⅴ. Eds William H. Gilman, Ralph H. Orth et al. Cambridge：Harvard University Press，1960-1982，p.223.

⑤ *The Journals and Miscellaneous Notebooks of Ralph Waldo Emerson*[M]. vol Ⅳ. Eds William H. Gilman, Ralph H. Orth et al. Cambridge：Harvard University Press，1960-1982，p.304.

⑥ *The Journals and Miscellaneous Notebooks of Ralph Waldo Emerson*[M]. vol Ⅴ. Eds William H. Gilman, Ralph H. Orth et al. Cambridge：Harvard University Press，1960-1982，p.165，44.

言是无限心灵的有限器官,无法涵盖真理的范围。他们把它弄碎,剁碎甚至使其变得贫瘠。"①如其所言,"当我们试图定义和描述它自己时,语言和思想都抛弃了我们,我们像傻瓜和野蛮人一样无助,这个本质拒绝被记录在命题中。"②

事实上,诗性语言企图指称"这个本质",尝试为自我无限化提供语言保障,客观上却有将语言再次拉入基础主义、意义规定的危险,③就像柏拉图认为语言的性质是名称与本体世界的象征对应那样,语言的创造力也被囿于指称固定不变、永恒存在的绝对真理。这是爱默生不能认同的,他提倡诗性语言是为了修正洛克语言观对"经验"的过分看重,并不是为了回到没有人类经验参与的语言时代,不是为了将语言象征重新"钉死在一种意义上"。他说:"所有的象征都流动不息;所有的语言都是运载工具,就像渡船和马匹,善于运输,而不象农庄和房舍宜于安家。"④这便预示了爱默生后来将语言视为一种行动,要将洛克语言观对感觉经验的看重、浪漫主义语言观对诗性智慧的关注都融进了"行动"中的重要转向。

# 第四节　诗性语言转向行动

随着诗人、诗性直觉、诗性自然相继宣告无效,爱默生越发看到诗性力量的局限,他越来越明白诗性语言难以完成对洛克语言观的纠偏。资本主义社会经济、商贸依旧高速发展着,而其间存在的问题,不仅没法通过诗性力量得以抑制、纠正,反而愈演愈烈,工人、农民在资本的盘剥下,生活的愈发艰难,而商人甚至知识分子阶层更为趋名逐利,眼中只有权力、金钱,几乎丢弃了自己的良知。作为非常关注现实生活的理论家,面对这样的境遇,爱默生在其思想后期,对其思

① *The Collected Works of Ralph Waldo Emerson*[M]. vol 1. Eds Alfred R. Ferguson, Joseph Slater, Douglas Emory Wilson, Ronald A. Bosco, et al. Cambridge: Harvard University Press, 1971-2013, p.28.

② *The Collected Works of Ralph Waldo Emerson*[M]. vol 1. Eds Alfred R. Ferguson, Joseph Slater, Douglas Emory Wilson, Ronald A. Bosco, et al. Cambridge: Harvard University Press, 1971-2013, p.37.

③ Irena Makarushka. *Religious Imagination and Language in Emerson and Nietzsche*[M]. London: Palgrave Macmillan press, 1994, p.63.

④ [美]爱默生:《爱默生集——论文与讲演录》,吉欧·波尔泰编,赵一凡等译,北京:生活·读书·新知三联书店,1993 年,第 514、514 页。

想、理论做出了更为务实、落地的调整。具体到语言上，便是他放弃了对语言的诗性建构，将语言重新拉回经验世界中，强调语言在行动中所产生的效用、所出现的新意义。这就是爱默生后期语言观的"行动"面向，从诗性语言转向行动，标志着爱默生基于社会现实，后期思想更为务实的发展态势。语言从诗性向行动的过渡，可视为他后期思想转向行动、更为务实的重要预兆。

在诗性构想无力入世的现实面前，他最终选择淡化了语言的诗性，将语言视为一种行动，将诗性语言引回到世俗经验中，并成为美国本土实用主义语言观的先声，拉开了他后期思想、理论不断务实调整的序幕。诚如美国当代实用主义哲学家康奈尔·韦斯特（Cornel West）所言，"爱默生不仅开启了美国实用主义所有的主题，更重要的是他实现了一种学术研究和文化批评的风格，这种风格能够允许和鼓励美国哲学从欧洲哲学中突然转向。"①这个评论是中肯的，爱默生后期强调"行动"观念，不仅几乎包含了实用主义语言思想的全部元素，而且将洛克理论对感觉经验的看重、浪漫派对诗性智慧的关注都融进了"行动"中，共同促成了其思想后期重要的务实转向。而行动语言便是他从早期诗性理想向后期务实行动转向的过渡表征。在行动语言中，我们可以窥见爱默生后期思想想要落地、务实的趋势与决心。

## 一、看重语言行动的实际效用

爱默生的行动语言看重的是每一次语言行动所带来的实际效用。他指出语言的意义实际上就是在思想过程中创建符号象征的行动过程，它产生于进化的经验中，也在经验中不断调整，变动不居是它的特征。爱默生依旧从感官经验出发，依旧关注情感、想象等审美经验在语词构建中的高度参与，不过他不再看重语词如何表征无限心灵，而在意的是语词对当下思想的即时呈现。他说："没有匆忙，没有休息，人类精神从一开始就体现了属于它的每一种能力，每一种思想，每一种情感，在适当的事件中。"②他还指出，"事实上，现世中的任何特殊现实都能够被努力地推进到超越自身"，因而他"竭力推进现世性，直至其达到精神性"③。而语言作为人类经验、思想进化的表达工具，则必然无时无刻不关注着人类生

---

① Cornel West, *The American Evasion of Philosophy: A Genealogy of Pragmatism*[M]. Madison: The University of Wisconsin Press, 1989, pp.5-9.

② *The Works of Ralph Waldo Emerson*[M]. vol Ⅱ. Fireside ed. New York: Boston and New York Company, 1909, p.9.

③ ［美］迪安：《美国的精神文化——爵士乐、橄榄球和电影的发明》，袁新译，北京：商务印书馆，2013年，第139页。

活、经验所产生的影响。爱默生说:"语言也是行动,行动也是一种语言。"①行动中的语言是一种将原因、过程、结果融为一体的生命效果,是对进入行为的事物的持续反映,语言的意义恰恰形成于对事物不断经验的过程中。

爱默生对语言连续、进化、经验、行动、反映等状态的描述,为后来的实用主义者们提供了重要的语词方案。詹姆斯便提出了"彻底经验主义"的语言态度。和爱默生一样,他也认为语言产生并改变于经验中。他举例到语言与法律一样,都是人类的具体行为,"行为上合法与不合法的差别,语言上正确与不正确的差别,全是在人类具体经验的相互作用中附带发生的"②。而杜威的语言理论更紧密围绕"经验""行动"等概念,强调语言是工具的工具,语言意义生成于言语行动。另外,与爱默生一样,杜威也看重审美经验在语言意义生成中的作用。柯勒律治、华兹华斯、布莱克、济慈、雪莱以及爱默生在《杜威美学全集》中被引用了不下六十次。③ 诗意地建构人类语词是爱默生从浪漫主义处继承来的,也被杜威延续到了他的实用主义语言理论中。在《经验与自然》中,杜威多次提到"原初经验"(primary experience)这一概念,延续了爱默生对直觉、情感等原始冲动的态度,他说:"存在的起点是直接性质。即使不是作为意义而是作为存在的意义也是基于直接性质的,如知觉或者感觉,有机体的活动及接受"④,而"使一个经验变得完满和整一的审美性质是情感性的"⑤。原始经验直接又具有情感的性质使得产生于经验中的行动语言也富有感觉情绪。

## 二、关注行动语言的传递语境

而行动语言对于语境的依赖,更能体现出它与实用主义语言观的亲缘联系,这集中体现在爱默生后期语言的"转喻"思维中。在《诗歌与想象》中,爱默生特别使用了转喻来替代早期对语言隐喻象征的强调,在 1859 年关于"艺术与批评"的演讲中,爱默生也指出:"所有的对话,就像所有的文学作品一样,在我看

---

① [美]爱默生:《爱默生集》,吉欧·波尔泰编,赵一凡等译,北京:生活·读书·新知三联书店,1993 年,第 498 页。
② [美]詹姆斯:《实用主义与人道主义》,选自万俊人、陈亚军选编:《詹姆斯集》,上海:上海远东出版社,1997 年,第 106 页。
③ David A. Granger. *John Dewey, Robert Pirsig, and the Art of Living* [M]. London: Palgrave MacMillan, 2006, p.134.
④ John Dewey. *The Later Works of John Dewey, 1925-1953* [M]. vol I. J. A. Boydston, ed. Carbondale: Southern Illinois University Press, 1981-1990, p.226.
⑤ [美]杜威:《艺术即经验》,高建平译,北京:商务印书馆,2005 年,第 44 页。

来，……是转喻的乐趣。"①不过，年迈的爱默生对"转喻"的表述却被批评家们长期忽略，他们仅简单将其作为爱默生对其早期对应象征思路的再次重申。事实并非如此，芭芭拉·帕克（Barbara Packer）的论证可作为可贵的反驳。她认为在《诗歌与想象》中出现的"转喻"概念是爱默生自 19 世纪 40 年代后对其自身观念的一次重要调整：从希望有一个固定的自然象征等待诗人转述，转而强调诗人与自然环境的密切关系，并渴望发挥方言学家的作用。②

从隐喻到转喻，意味着爱默生语言思维方式的转变，这一转变体现在关于转喻概念的具体定义上。与隐喻（metaphor）一样，转喻（metonymy）也是基本的修辞手法，也是通过一种事物来替换或构想另一种事物，但二者的认知方式却有着本质差别。隐喻所反映的是事物间的相似关系（similarity），其本体、喻体处于不同的认知域（domain matrix），其本质为跨域象征。而转喻则体现的是事物间的邻接关系（contiguity），其本体与喻体位于同一认知域中，其本质为同域联觉。③ 它基于的是人们通过身体器官，在与所处环境的交互中，获得关于事物现象的体验。也就是说，它看重语境及主体与环境的交互。

重语境、重交互正是爱默生后期语言思维的核心。他就是要以语境的连续交互，保障思想与语词间如电流般动态循环的过程。而当时法拉第对电磁感应现象的重大发现，更让爱默生看到了物质变形所产生的巨大能量，使其坚信经验与其环境的联觉反映会刺激语词转换形式，产生新意义。他指出以其他与语境相关的名称来思考和说话，会成为思维能力的另一个名称。④ 而思维的不断转变实质上就是主体联想、创造有意义的世界。正因此，爱默生说："自然不是心灵的隐喻；相反，思维是它自身性质的转喻。""人不是行星，而是蚱蜢"，在"用生命来学习转喻"⑤。爱默生对语言"转喻"的强调提供了一种在交互行为中产生语

---

① Emerson. *Natural History of Intellect and Other Papers*//The Complete Works of Ralph Waldo Emerson[M]. vol 12. Ed. Edward Waldo Emerson. Boston: Houghton Mifflin, 1903-1904, p.300.

② Meehan, Sean Ross. *Ecology and Imagination: Emerson, Thoreau, and the Nature of Metonymy*[J]. Criticism, 2013（02）：299-329. 参见 Barbara Packer, *Emerson's Fall: A New Interpretation of Major Essays*[M]. New York: The Continuum Publishing Company, 1982。

③ 刘涛.隐喻与转喻的互动模型：从语言到图像[J].新闻界,2018(12)：33-46.

④ Meehan, Sean Ross.*Metonymies of Mind: Ralph Waldo Emerson, William James, and the Rhetoric of Liberal Education*[J]. Philosophy & Rhetoric, 2016(03)：277-299.

⑤ *The Journals and Miscellaneous Notebooks of Ralph Waldo Emerson*[M]. vol Ⅹ. Eds William H. Gilman, Ralph H. Orth et al. Cambridge: Harvard University Press, 1960-1982, pp.160-161.

词意义的方案,语言形成于环境的持续交流中,这也是詹姆斯、杜威语言理论的重要观点。詹姆斯彻底的经验主义语言观,将主客体的持续性类比转化为语词的联想过程,超越了浪漫派诗性语言的对应象征,将思维和语词的对应回归到经验的进程中。杜威也意识到语言在社会行为中的作用,指出语言在于主体与环境"在战斗、欢乐和工作中社会的交往、伴侣、互助、指导和一致的行为所产生的后果"①。语言是在预设和组织的群体中,至少有两人参与的互动行为。

爱默生后期的行动语言不再是指称心灵的诗性理想,而是在认识到语言局限后,强调语言在经验世界中的实践力量。就像洛佩兹(Michael Lopez)在总结爱默生晚期思想时所言,他经历了从"理性直觉"(intuition of Reason)向"实践力量"(practical power)的转变,行动与效用才是后期爱默生语言思想的核心。②但这并不意味着,行动语言就能完全克服语言的局限。从其功用而言,语言是表达人类意识经验的一种工具。但相较于人类丰富、复杂的意识与连续、流动的经验,语言很难实现对其完整、准确的传递。对此,爱默生指出人类的行动语言其实就是经验、实践本身。在《举止》中,他写道,语言"同样也十分显著地体现在生命肌体的仪态、动作和姿势当中。这种无声的和微妙的语言就是风度。它不是内容,而是方式。生命自会表达"③。身体行为就是语言,是个体生活经验直接作用下的行为语言,爱默生将其行动语言推向了更为广阔、丰富的生活实践中。

当然,语言不会是爱默生后期思考的全部,它更应被视为一种预兆,预示着爱默生在现实面前,其思想从诗性升华不断向实践、行动落地的变化趋势,也预示着他要在感性世界为其理论找到切实支撑,让理论真正指导生活实践的整体思维转向。不难看出,他意识到自己诗性构想的问题所在,因而想结合现实问题,对自身理论做出调整,这是他睿智、通达之处。

不过,这份调整过于仓促,常会出现力不从心的状况。因为爱默生的调整遵循的并非是自身理论发展、变化的内在逻辑,而是因为外部社会问题愈发严峻,他急于让自身理论予以扭转、发挥效用。因此,就像"行动语言"并不能完全克服诗性语言的局限那样,他时常没有想明白理论如何在现实经验中自洽,便急切地

---

①　[美]杜威:《经验与自然》,傅统先译,北京:商务印书馆,2017年,第174页。

②　参见 Michael Lopez, "*The Conduct of Life: Emerson's Anatomy of Power*," in Joel Porte, Saundra Morris, eds, *The Cambridge Companion to R. W. Emerson*[M]. USA: Cambridge University Press, 1999, pp.243-266。

③　[美]爱默生:《爱默生集》,吉欧·波尔泰编,赵一凡等译,北京:生活·读书·新知三联书店,1993年,第1155页。

希望其理论能在实际生活里发挥作用。这就导致，相对于早期思考较为周全的诗性构想，后期的行动方案则缺乏体系，常常是针对当下出现的较为热门的社会问题，便匆忙提出相应的行动对策。也因其思考的不完善、不成熟，后期的行动方案保留了某些诗性理想因子，杂糅在具体的行动构想中，甚至造成了自身理论的矛盾。但这些情况应予以谅解，这是一位热爱生活、关注现实的理论家在不断与现实交锋时理论调整难免出现的状况。

从诗性理想转向务实行动，本身就已然是其理论的重要突破，是爱默生在对自身理论的否定中，探索救世良方。"行动"是爱默生美学另一核心要素。自下章开始，拟遵循爱默生行动观念的整体脉络，揭示其行动观念与现实问题的紧密关联，从中看到其理论在救世行动中的有益尝试，发现他与后来实用主义思想的某些内在关联，也关注其行动理论的遗憾之处，从而更为全面了解其理论思想的得与失。

# 第五章
# 感知命运的行动力量

　　在开始论述爱默生务实的行动思想前,不妨对其诗性尝试做一简要归拢。不得不说,爱默生无疑是极具浪漫理想的哲人。作为跨大西洋的浪漫派接受者,他与英国浪漫主义者华兹华斯、卡莱尔等都私交很好。爱默生在他们的书中、与其交谈中发现了替代枯燥经验论、怀疑论的可行方案——诗性思维,以想象、象征的方式洞见可见物质背后不可见的诗意精神,以诗意创造诞生新形式、新思想,进而纠正现实社会市民唯利是图,缺乏精神信仰的时代问题。对爱默生而言,诗意理想给现实生活注入了新的信仰与希望。浪漫的诗性思维会升华世俗经验,将经验提纯为精神表象,让人们在精神层面获得原初的诗性力量。他认为诗性心灵、思维具有革命性的力量,就像在《论自助》中,他写道:"除了你自己心灵的完善外,没有什么神圣之物。来一番自我解放,回到原原本本的你那儿去,你一定会赢得全世界的赞同。"[①]

　　为了回到原初诗性力量,爱默生构筑了他充满诗意的理想世界。诗人成为主要的引领者,超越了所有的界限,引领众人从世俗经验解脱出来,感受原初精神力量。他们凭借直觉想象,而非逻辑推理去感悟自然原初的诗意。自然成了精神的象征,而语言也根植于自然的诗性中,成了自然诗性的代言。爱默生想要通过诗化主体、对象、表达等,将人们从物欲横流、纸醉金迷的世俗生活里解放出来,但客观事实却并非如此。我们应当承认,诗作为一种生命态度,对束缚于物性追求中的现代人有其益处。当"现代工业生产方式和都市生活方式拦腰斩断了人与宇宙的诗意联系"[②],人在其生命实践中保有诗性之维,会有利于人们摆脱陷入名利、欲望的枷锁中,葆有精神上的自由追求。

---

　　① [美]爱默生:《爱默生集》,吉欧·波尔泰编,赵一凡等译,北京:生活·读书·新知三联书店,1993年,第286页。
　　② 毛峰:《神秘主义诗学》,北京:生活·读书·新知三联书店,1998年,第251页。

但若想倚仗诗性思维去切实解决社会现实问题则难以为继，爱默生也逐渐意识到了这点。随着他越来越深入地参与到社会批判、改革的进程中后，爱默生日益感到，依赖自我心灵的诗性构想，缺乏实际效用。他用一次次演讲对国家党派政策、黑奴制度等提出抗议，鼓励号召民众关注自己的内心，却收效甚微，更不要提扭转世风日下的社会现实。面对诗化理想的入世无力，爱默生做出调整，指出："世界存在以现实的真正浪漫，将天才向实践力量转化。"①他的意思是，"真正浪漫"不是诗性思维创造出的诗意世界，而是蕴于现实生存、实践经验中的诗性可能，是关乎感性直觉、创造力如何在生活行动中发挥效用。真正的天才也不在于想象、建构新的理想世界，而是要在现实生存中发现可以改变时代的问题的实践力量。实际效用、现实行动成为爱默生关注的焦点，他的视角逐渐落入不理想的世俗生活。爱默生淡化了在早期《论自然》中强调个体灵魂洞悉一切、无限可能的精神特质，转而关注感性行动于日常生活中可能效用。

值得注意的是，爱默生思想有其连续性。虽然他逐渐务实，有了实用倾向，但他对效用、行动的强调并不是彻底的。爱默生骨子里是很浪漫的，他没有截然放弃对自然诗意的追求，也没有完全抛弃主体直觉洞见本质的可能性，只是在具体的现实问题面前，对其做了弱化处理。诗化世界无法解决实际问题，促使其对时代问题与理论进一步做出了更为务实的思考。

# 第一节　对时代问题与理论的务实思考

## 一、愈发严峻的现实问题

早期的爱默生对美国经济、政治的持续发展感到欣喜，虽然也看到了其快速发展所引发的物欲横流、信仰缺失等问题，予以抨击，但总体上他还是积极乐观地感受着建国伊始的新气象。而到了 19 世纪中后期，面对愈发严峻的社会现实问题，爱默生的态度则从诗性乐观转为沉着冷静。后期的爱默生对现实问题的反思，远没有其早期那么诗意、积极。

---

① 参见 Michael Lopez，"*The Conduct of Life: Emerson's Anatomy of Power*，" in Joel Porte，Saundra Morris，eds，*The Cambridge Companion to R. W. Emerson*[M]. USA：Cambridge University Press，1999，pp.243 - 266。

　　后期的爱默生主要聚焦于两大现实问题。第一个现实问题便是美国于 19 世纪 40 年代后，迎来了一次西进高潮，挤压、霸占着原住民的土地。随着制造业、运输业等方面的迅猛发展，为了扩大经济版图，大量移民向美国西部进发，想要发掘更多经济资源，建立新的工业、农业地盘。例如，"1848 年革命失败后，一些受过教育且思想解放的德国人离开欧洲到美国中西部定居下来。人们在加利福尼亚发现了黄金。"①很快，1850 年前后，加利福尼亚便成为美国的自治州。不仅于此，商人、农场主为了满足自己的贪欲，不断抢占印第安原住民的土地，将印第安人的生活场所不断挤压，直至完全霸占。

　　第二个现实问题则是关于西进运动所获新土地的"分赃"问题。新获土地成为美国南北双方商人、资本家、农场主等争夺的焦点，集中表现在关于奴隶制废立的态度上。南方想在西部新土地上大力发展种植园经济，需要大量奴隶，因而非常维护奴隶制度。但是北方则想在新开辟的西部地区，扩展资本市场，故需要自由的劳动力、自由市场，奴隶制反而会限制资本主义经济的自由发展。因此，北方主张限制甚至废除奴隶制，实现资本爆炸性积累。为了各自利益，双方争执不休，愈演愈烈，发展成南北双方的政党斗争。1850 年是关键一年，几经争论，南北双方终于达成"1850 年妥协案"，国会通过了《逃亡奴隶法》，使得雇佣奴隶的农场主追捕奴隶具有合法性，允许南方特工前往各自由州逮捕逃跑的奴隶，并将其归还给他们的主人。法案通过、实行，举国哗然。

　　爱默生得知后被这项反道德、反自由的法案彻底激怒了。他认为这是追逐商品财富、物质利益最极端的例子，在 1851 年的日记中，他立下誓言："我所拥有的一切，以及我所能做的一切，都将被给予 & 作为对执行这条法律的反对。"②他说："血是道德的，血是反奴隶制的。它在血管里冰冷地流淌，胃厌恶地升起，诅咒奴隶制。"③也是在 1851 年 5 月，他发表了职业生涯中最尖锐、最激动的演讲——《致康科德公民的演讲》，抨击新法案。不过，令他震惊的是，那些受过教育的精英们并没有多少支持他，而是向粗暴野蛮的奴隶法案投降。他失望地写

　　① ［美］小罗伯特·D. 理查森：《爱默生——充满激情的思想家》，石坚，李竹渝等译，成都：四川人民出版社，2001 年，第 669 页。

　　② *The Journals of Ralph Waldo Emerson* [M]. vol 11. Ed. Edward Waldo Emerson and Waldo Emerson Forbes. Boston and New York: Houghton Mifflin Co, 1909 - 1914, p.562.

　　③ see Joseph E. Slater, *Two Sources for Emerson's Fist Address on West Indian Emancipation* [J]. ESQ, 1966(44): 97 - 100.

道："我以为没有一个准备好四肢着地的人，会支持这项法律。"①这让他意识到现代社会所面临的道德威胁，竟已蔓延到受过精英教育的知识分子中，他也越发质疑精英们所学的理论知识，对解决时代问题的价值。

南方种植园主为了牟取暴利，推行有违道德的奴隶制，而北方大力发展的资本主义经济也并不是道德的。爱默生于 1851 年 3 月访问了美国东北部城市匹兹堡，他亲眼看到城市四处弥漫着浓浓的煤烟，"黑色的房子、黑色的天空、男男女女黑色的衣服黑色的脸"②。在黑色的环境里，工人们超负荷的劳作，甚至会付出生命代价，却只能获取微薄的酬劳，被资本家、商人们大肆盘剥，经受着非人的待遇："煤炭卖一点四美元一吨，包运送，在矿山卖三至五美分一篮。""运煤到新奥尔良的船，每六艘中就有一艘中途失踪"③……目睹工人遭受资本盘剥、劳动被异化、个体生存不幸的悲惨境遇，爱默生更加明白，他从学院精英那学到的知识，对解决现实的人的问题非常无力。

因而他要重新反思理论观念，解决时代问题。爱默生的《生活的准则》成书于 1860 年，可以说这本书集中展现了他对时代问题思考并尝试解决的方案。在《生活的准则》开篇《命运》中，他首先就表明以现有理论去解决时代问题的无力感，他说："我们无力解释时代。"④在这里，他所说的时代问题指的是工业革命后社会物质泛滥、欲望膨胀、道德丧失、人民生活水平低下等问题，他称其为肤浅的物质主义。实际上，早在 19 世纪 30 年代，爱默生就敏锐觉察到过度追求物质、商业成功的危险，在《自然》《神学院的演讲》等作品里，他就试图通过个人情感、心灵力量，让每个个体直觉顿悟到自身所隐秘的道德感，并在道德规劝下展开善的活动。但是，到了 19 世纪 40 年代后期，爱默生意识到这种策略根本行不通，社会问题不仅没有改善，反而更加严重，到了 19 世纪 50 年代，美国问题更加严峻，正在迅猛培育着他所厌恶的"堕落到野蛮的庸俗繁荣"⑤。

① *The Journals of Ralph Waldo Emerson*[M]. vol 11. Ed. Edward Waldo Emerson and Waldo Emerson Forbes. Boston and New York：Houghton Mifflin Co, 1909－1914，p.514.

② *The Journals of Ralph Waldo Emerson*[M]. vol 11. Ed. Edward Waldo Emerson and Waldo Emerson Forbes. Boston and New York：Houghton Mifflin Co, 1909－1914，p.523.

③ ［美］小罗伯特·D. 理查森：《爱默生——充满激情的思想家》，石坚、李竹渝等译，成都：四川人民出版社，2001 年，第 689、690 页。

④ ［美］爱默生：《爱默生集》，吉欧·波尔泰编，赵一凡等译，北京：生活·读书·新知三联书店，1993 年，第 1040 页。

⑤ *The Collected Works of Ralph Waldo Emerson*[M]. vol 1. Eds Alfred R. Ferguson, Joseph Slater, Douglas Emory Wilson, Ronald A. Bosco, et al. Cambridge：Harvard University Press, 1971－2013，p.62.

爱默生在《命运》中,讽刺那些"热衷于讨论时代理论"的精英们,反对他们所谓"时代精神的说教"①。他指出时代理论对个体自由且道德的生活是无效的,针对时代问题,不是提出理论,而是应"转化成一个有关生活准则的实际问题:我将怎样地生活?"②也就是说,爱默生处理时代问题的态度是,不将其当作理论问题,而当作生活行为的实践问题。不愿视为理论问题,是因为爱默生发现时代理论难以解决现实问题,其矛头直指 19 世纪美国社会以笛卡尔、洛克、休谟等为代表的理论观念。

## 二、基于现实的理论审视

就笛卡尔模式而言,爱默生认为它在宣扬思想确定性所带来的盲目满足,并以这种确定、满足限制了个体对未知事物不断发现、进而突破认知局限的可能性。它也暗合了美国社会遗留的清教徒传统,即对预设观念的盲目遵从,如詹姆斯所言,那是"一种祖传的盲目",一种对威胁到"先入为主的确定性的物体或其他事物的顽固的麻木不仁"③。这就很好地解释了爱默生读完托克维尔《论美国民主》后的态度。作为当时热门的政治哲学、社会学著作,爱默生对其概述的美国哲学方法、原则相当不满。在其看来,该书的理论观念走的是笛卡尔路线,主张"一般"(general)及"相似性"(likeness)原则在任何方法中都能发挥作用,排斥那些不能归拢于原则下的事物。④ 托克维尔这种基于相似性的逻辑,如同笛卡尔方法论一样,要求概念完全捕捉或穷尽它们所指的对象,是对事物独特、非同一的抵制,这让爱默生很反感,并给其贴上"理论上的绑架者和奴隶监管者"⑤的标签。奴隶监管者说的是,托尔维克等人在这样的理论观念下所谈及的民主平等,是一般原则认同下的平等,并没有尊重个体差异,尤其是黑人种族的平等地位,它以牺牲某些个体的利益为代价,并非真正的民主。就像德里达曾表达过,

---

① [美]爱默生:《爱默生集》,吉欧·波尔泰编,赵一凡等译,北京:生活·读书·新知三联书店,1993 年,第 1040 页。
② [美]爱默生:《爱默生集》,吉欧·波尔泰编,赵一凡等译,北京:生活·读书·新知三联书店,1993 年,第 1040 页。
③ William James, *Writings*, *1878-1899* [M]. New York: Library of America, 1992, p.865. 还可参看 Kate Stanley. Practices of Surprise in American Literature after Emerson. Cambridge: Cambridge University Press, 2018, p.6. 本章多处参考该书观点,尤其是关于感知时间的接收问题。
④ Oisín Keohane. *American*, *French and German Philosophy* [M]. Edinburgh University Press, p.167.
⑤ [美]爱默生:《爱默生集》,吉欧·波尔泰编,赵一凡等译,北京:生活·读书·新知三联书店,1993 年,第 528 页。

没有对不可简化的单一性或差异性的尊重，就没有民主。而理论绑架者则指的是，托克维尔等没有看到个体思想、认知的局限，并以一般、确定的思想体系限制着个体发展的可能。爱默生讽刺地说："难道我要在一张高凳上就座，然后虔诚地将我的话题也转向各种的头形，从而葬送掉我的未来吗？"①在其看来，我们对任何对象的认知，不可避免地会有一部分不符合已有概念、无法类比，这源于个体认知的局限，但也正是这未知的部分，将成为可能的来源。因此，肯定、接受未知，实际上是在谋求突破自我局限的可能，如其所说，"我曾幻想生命的价值在于其不可捉摸的可能性。"②可惜笛卡尔路线限制了这种可能。

至于洛克经验主论、休谟怀疑论，爱默生在其思想早期便意识到其存在将经验认识固化、机械化的问题，他想要以诗性力量对其机械、固化的经验理论予以纠偏。然而实践证明，爱默生失败了。随着时代问题越发严峻，也随着他思想的不断发展，在其思想后期，他对经验论、怀疑论的思考出现了务实变化：他不再看重将经验带离现实世界，将其做无意义的精神升华，而是关注休谟、洛克的理论为何无法于现实生活中，给予主体活动以意义与价值。爱默生认为他们的问题在于，过分强调经验认知的形式和过程，使得经验的核心问题，变为研究经验本身的模式结构，而并非我们经验了什么，就像杜威所言，"这种只在意经验自身及其意识状态与过程，而非事物本身的经验，是荒谬的。"③经验论的主要问题是没有回到事物本身，不是关于存在本身的经验。杜威将这种经验模式称为武断的"理智主义"（intellectualism），它将所有的经验都视为一种认知方式，其结果是压缩、转化了原始所经验到的事实本身。原始经验的题材、属性及其主体对事物的实用、享受等都被"理智"简化、抽象掉了。

与杜威类似，爱默生认为这样的经验是对"生活的理性品味"（intellectual tasting of life），它处理的是肤浅表象或经验知识，没有直面事物存在本身。④ 不难发现，爱默生弱化了倚仗诗性直觉去升华经验的理想路径，他更希望从经验过

---

① ［美］爱默生：《爱默生集》，吉欧·波尔泰编，赵一凡等译，北京：生活·读书·新知三联书店，1993 年，第 529 页。

② *The Collected Works of Ralph Waldo Emerson*［M］. vol 03. Eds Alfred R. Ferguson, Joseph Slater, Douglas Emory Wilson, Ronald A. Bosco, et al. Cambridge: Harvard University Press, 1971－2013，p.32.

③ John Dewey, *Experience and Nature*//the Later Works, 1925－1953［M］. vol 01. Ed. Jo Ann Boydston. Carbondale: Southern Illinois University Press, 1988, p.21.

④ 参见 Joseph Urbas. *The Philosophy of Ralph Waldo Emerson*［M］. New York: Routledge, 2021，p.58。本章多处参考该书观点。

程里,发现意义、价值。他说:"我们首先分享事物存在的生命,然后把它们看作是自然界的表象,随后便忘记了我们曾分享过它们的起因,而那才是行动和思想的源泉。"①换言之,存在才是行动、思想的本质动力,表象、知识都应以存在本身为前提。若仅止步于表象、知识,那"我们的存在就被中止了","它们就会扯着我们的袖子,现在在这只手上,又在那只手上,我们就像奴隶一样生活,永远匆匆忙忙"②去追求那肤浅、表面的物质欲望,而这正是美国的时代症结。对此,爱默生指出生活、经验不是智力、批判的产物,生活是"所有人都在其中谋生的最真实世界的事实"③,我们应回到事实存在中去。在《崇拜》中,他呼吁个体去"分享和了解事物的本质"④。

对时代理论的反思,帮助爱默生关注到一个更为基本的存在论问题,即个体如何生活、存在,也就是具有思想、认知局限的个体,如何探求事物本身、寻求自我发展可能的实践问题。他相信解决时代问题的关键,不是如认识论、知识论传统般对理论确定性的追求,而在于从个体命运的局限里发现探知事物本质的力量,是关于行动、实践的感性方案。而这正是爱默生转变后的思想核心,他弱化了之前对心灵直觉感知的强调,转变为看重个体切实与生活打交道的过程,在意个体在劳动、实践中重组自我经验、思想的务实体验。他的《生活的准则》开头两篇成对文章《命运》与《力量》,说的就是个体如何在有限的经验、命运中,获得自身重组经验、创造价值的力量。他的观点是命运、经验虽有其限度,但人的力量,尤其是感性力量,可以从命运的局限中生发出来,突破经验对个体潜力的羁绊。

## 第二节　从命运局限中生发感知力量

《命运》一文位于《生活的准则》开篇,爱默生在后来的演讲中曾表达过,这是

---

①　*The Collected Works of Ralph Waldo Emerson*[M]. vol 02. Eds Alfred R. Ferguson, Joseph Slater, Douglas Emory Wilson, Ronald A. Bosco, et al. Cambridge: Harvard University Press, 1971 - 2013, p.37.

②　*The Early Lectures of Ralph Waldo Emerson*[M]. vol 03. Eds Robert E. Spiller, Stephen E. Whicher, and Wallace E. Williams. Cambridge: Harvard University Press, 1959 - 1972, p.47.

③　*The Letters of Ralph Waldo Emerson*[M]. 02 vol. Eds Rusk R.L. and Tilton, New York: Columbia University Press, 1990 - 1995, p.72.

④　*The Collected Works of Ralph Waldo Emerson*[M]. vol 06. Eds Alfred R. Ferguson, Joseph Slater, Douglas Emory Wilson, Ronald A. Bosco, et al. Cambridge: Harvard University Press, 1971 - 2013, p.115.

他最喜欢的文章之一。而该文的中心主题是，将命运看作人类不可更改的限制，"那种贯穿整个本性，通常为我们称作命运的因素，在我们的知识里就是局限性"①。他说："无论什么限制着我们，我们都将其称为命运。"②命运即局限。而爱默生对局限的意识，却并非始于该篇。早在 19 世纪 40 年代初，他日记里就出现了对局限的论述，这种论述也出现在早期《经验》段落里。在《经验》中，他表达出无法触及事物真实的悲伤情绪，说："悲伤给我的唯一启迪就是知道了它有多么肤浅。它象其他所有的一切，只在表面上晃动，从来没有把我引进现实。"③他意识到来自情绪、感知局限的威胁，指出生活就是一条情绪珠串，一组五光十色的透镜，各自只能看到情绪或视角所揭示的某些东西，这就像"把我们关进一座我们看不见的玻璃监狱里"，"我们都有一种错视。"④而感知的错视又会影响到真实的生活与行动，这更让他感到绝望，他说："我真正感到悲痛的是，那种悲痛竟然没有给我任何教益，也没有把我带进真正的自然一步。"⑤可以说，《经验》笼罩着在绝望中探求真实的悲观情绪，但到了《命运》这种情感得到了极大的克制。⑥ 换言之，如果《经验》要说的是个人感知受到限制，并最终影响到自身行动与生活的真实，那么《命运》便要对感性的局限进行乐观处理。它认可感性实践有其局限性，并认为正是在其局限处，激发了个体进一步的感知力量。

## 一、承认感性能力有其限度

首先便是要承认命运，以正确的视角来看待局限。⑦ 爱默生说："在物质中，在心灵中，在道德中，——在种族中，在阶级的迟滞延缓中……无论在哪里，它都

① ［美］爱默生：《爱默生集》，吉欧·波尔泰编，赵一凡等译，北京：生活·读书·新知三联书店，1993 年，第 1052 页。

② ［美］爱默生：《爱默生集》，吉欧·波尔泰编，赵一凡等译，北京：生活·读书·新知三联书店，1993 年，第 1052 页。

③ ［美］爱默生：《爱默生集》，吉欧·波尔泰编，赵一凡等译，北京：生活·读书·新知三联书店，1993 年，第 525 页。

④ ［美］爱默生：《爱默生集》，吉欧·波尔泰编，赵一凡等译，北京：生活·读书·新知三联书店，1993 年，第 527—528 页。

⑤ ［美］爱默生：《爱默生集》，吉欧·波尔泰编，赵一凡等译，北京：生活·读书·新知三联书店，1993 年，第 526 页。

⑥ David M. Robinson. *Emerson and the Conduct of Life: Pragmatism and Ethical Purpose in the Later Work*[M]. Cambridge：Cambridge University Press，1993，p.136. 本章多处参考该书观点。

⑦ David M. Robinson. *Emerson and the Conduct of Life: Pragmatism and Ethical Purpose in the Later Work*[M]. Cambridge：Cambridge University Press，1993，p.137. 本章多处参考该书观点。

是束缚与局限。"①这就是告诉我们，要承认局限，这是不可规避的事实。但紧接着，爱默生又论述道："然而命运自己也有主人，局限性本身也有局限。从上观察和从下观察，从里观察和从外观察，它们（命运）自身不尽相同。"②他的意思不难理解，他是希望个体可以转换视角，不要仅仅考虑个体自身的欲望满足上。如果仅从自身考虑命运的局限，"在我们为了满足自己的愿望而迈出了第一步时，我们就会遇到无法克服的局限性"③。因为，这时的命运是与个体对抗的强大阻力，也是个体无法抗衡的决定力量。但若超出自我欲望、从自然宇宙中去看，命运，就像人类经验一样，都是自然的存在方式。人类认知、经验有其局限，"命运自己也有主人；局限性本身也有局限"④。命运与力量同为自然中的事实元素，是平等的，不存在谁控制谁，谁主宰谁的问题。如其所言，"尽管命运是无穷无尽的，力量——它是这个二元世界中另一方面的事实——也是无穷无尽的。"⑤这样的视角转换，在承认无法克服命运局限的同时，也肯定了个体感性力量的无限能力，个体力量与命运的关系被搁置于浩瀚的自然宇宙中，也不过是两种互相联系、经常打交道的存在方式。这样一来，经验限制、命运局限便成为个体发掘自身无限潜力的可用资源。

爱默生在这尤其看重感知（perception）力量于命运中的使用。因为感知，是最关乎事实的存在。他说感知是致命的（fatal）。"致命"在这里，主要有两层含义。第一层含义是，他承认感知不可避免的局限，并指出具体来自外界环境与身体性格两方面的限制。就外界环境而言，它对个体感知体现为反作用力，"是一种工具的限定性条件"⑥，它限定了个体当下所能做到的一切。个体无论接触到怎样的事物、关系，都是基于当下环境所能感受到的存在。但事物本身又是不断发展、持续更新的，因此个体对当下事物的感受，相较于事物未来的可能形态，便

---

① ［美］爱默生：《爱默生集》，吉欧·波尔泰编，赵一凡等译，北京：生活·读书·新知三联书店，1993 年，第 1053 页。
② ［美］爱默生：《爱默生集》，吉欧·波尔泰编，赵一凡等译，北京：生活·读书·新知三联书店，1993 年，第 1053 页。
③ ［美］爱默生：《爱默生集》，吉欧·波尔泰编，赵一凡等译，北京：生活·读书·新知三联书店，1993 年，第 1040 页。
④ ［美］爱默生：《爱默生集》，吉欧·波尔泰编，赵一凡等译，北京：生活·读书·新知三联书店，1993 年，第 1053 页。
⑤ ［美］爱默生：《爱默生集》，吉欧·波尔泰编，赵一凡等译，北京：生活·读书·新知三联书店，1993 年，第 1053 页。
⑥ ［美］爱默生：《爱默生集》，吉欧·波尔泰编，赵一凡等译，北京：生活·读书·新知三联书店，1993 年，第 1048 页。

具有了明显的局限性。也就是说,个体感知到的"并非是尽善尽美的,但又是现在可以生存的最好的东西"①。事物、环境的不断进化为个体感知不断向前提供了动力,但也使得感知永远具有当下局限。

就身体性格局限来说,爱默生指的是:"我们是什么,决定我们只能看到什么。"②个体的性格、气质或身体感官敏锐度等,都决定、限制了我们的感知,让我们成为更好或更坏的感知者。他说:"他们的父母决定了这种可能性。人们的特性由他们的母亲造就。"③而每个人都很难逃脱自己性情的局限,"性情胜过时间、地点、条件所造就的一切"④,当个体感受到新事物、新思想,会引起个体发生某种改变,但"个性却起着决定作用"⑤,它规定了个体能够改变的范围与力度。这是命运赋予感知的致命限制,但这并不意味着,感知力量弱于命运,无法反抗限制。

"致命"的第二层含义说的就是,感知是真实牢固的,它与命运一样,都是存在秩序的一部分。他写道:"我的脑海中出现了一种知觉,这不是偶然的,也不是幻觉;它的存在是一种命运,与地质或引力中的命运相同或更古老。"⑥这就是说,感知作为一种力量,和命运一样,直接服从于自然法则、存在秩序。无意识的感知是法则、秩序突然闯入的必然结果,因而是致命的。也正因为它受制于存在秩序,并不是个体创造的异想天开的概念,所以它最关乎事物真实,是牢固的力量。在1861年的演讲中,爱默生告诉听众:"你们要知道我们处理的事物是真实的。知识源自对真实事物的感知。"⑦他说:"美的问题把我们的思想从事物的表

① 〔美〕爱默生:《爱默生集》,吉欧·波尔泰编,赵一凡等译,北京:生活·读书·新知三联书店,1993年,第1049页。

② *The Collected Works of Ralph Waldo Emerson*〔M〕. vol 01. Eds Alfred R. Ferguson, Joseph Slater, Douglas Emory Wilson, Ronald A. Bosco, et al. Cambridge: Harvard University Press, 1971 - 2013, p.45.

③ 〔美〕爱默生:《爱默生集》,吉欧·波尔泰编,赵一凡等译,北京:生活·读书·新知三联书店,1993年,第1045页。

④ 〔美〕爱默生:《爱默生集》,吉欧·波尔泰编,赵一凡等译,北京:生活·读书·新知三联书店,1993年,第528页。

⑤ 〔美〕爱默生:《爱默生集》,吉欧·波尔泰编,赵一凡等译,北京:生活·读书·新知三联书店,1993年,第528页。

⑥ *The Collected Works of Ralph Waldo Emerson*〔M〕. vol 02. Eds Alfred R. Ferguson, Joseph Slater, Douglas Emory Wilson, Ronald A. Bosco, et al. Cambridge: Harvard University Press, 1971 - 2013, p.38.

⑦ *The Letters of Ralph Waldo Emerson*〔M〕. vol 02. Eds Ralph L. Ruskand Eleanor M. Tilton. New York: Columbia University Press, 1939, 1990 - 1995, p.242.

面带到了事物的本质。"①他故意淡化了反思、认知的作用,让我们首先在本体论领域分享、参与事物的存在,这也预示了后来杜威的态度:审美经验可能"揭示真实事物的特征","除非违背历史和自然的连续性,否则认知经验必须起源于非认知经验"②。

## 二、于局限中生发感知力量

感知不仅是真实的,更重要的是,它还是实用的,在感知力量中蕴藏着行动的必要。爱默生试想过,感知最终的胜利,便是战胜命运局限后的彻底自由。他描述到:"他们已然走出了命运,进入了自由。意志的发展已经突破了组织的桎梏和枷锁;意志的解放正是这个世界的目的与志向。"③但这是理想的状态,现实是我们无时无刻不受制于命运,而要想最大可能地突破命运,关键便是要不断扩大感知极限。实际上,也只有在扩张的行动中,命运才会成为感知的局限,否则二者不过是两个平等、独立的事实元素。爱默生看中的就是二者冲突、对抗的基本关系,将其视为个体成长、发展的可行资源。换句话说,他把感知、命运都看成实用的工具,去敲开个体发展的可能:感知不再是如《经验》般失败的证明,是一种不断谋求自身解放的手段。

感知力量正是在与命运的对抗中获得的。命运可以被视为局限,但同时也应被看作是可能的竞技场(arena of possible)④。爱默生说:"命运是一个名称,指的是思想火焰下尚未传递的事实;未被穿透的原因。"⑤他的意思是,命运代表着感知力量未传递、未被穿透、未感知到的无限可能。它对感知造成的无尽限制本身,也是为感知提供了扩展自身的无限机遇。命运成为扩展感知的实用场域,它朝向未来,为感知不断发展提供了方向。命运现在是实现自身发展、形式进步的必要条件,只有在命运中,感知力量才能获得不断扩展,进而实现自身的持续

---

① ［美］爱默生:《爱默生集》,吉欧·波尔泰编,赵一凡等译,北京:生活·读书·新知三联书店,1993年,第1238页。

② John Dewey, *Experience and Nature*//the Later Works, 1925－1953[M]. vol 01. Ed. Jo Ann Boydston. Carbondale: Southern Illinois University Press, 1988, pp.29－30.

③ ［美］爱默生:《爱默生集》,吉欧·波尔泰编,赵一凡等译,北京:生活·读书·新知三联书店,1993年,第1063页。

④ David M. Robinson. Emerson and the Conduct of Life: *Pragmatism and Ethical Purpose in the Later Work*[M]. Cambridge: Cambridge University Press, 1993, p.138. 本章多处参考该书观点。

⑤ *The Complete Works of Ralph Waldo Emerson*[M]. vol 06. Ed. Edward Waldo Emerson. Boston: Houghton Mifflin, 1903－1904, p.31.

成长。为达此目的,爱默生要在命运里,训练、培养感知。

## 第三节　感性生活的准备与训练

### 一、行动前的感知准备

在命运局限中反思人类最大的可能性,是爱默生后期作品的逻辑。他要在人类意志范围内管理感知行为,从而推测、想象其能带来的最好结果。他说:"如果这些力量和这种节约方式是我们的意志力所能及的;并且它们的规律可以为我们所解答;我们就可以推知:所有的成功,所有可以想象得到的人类的利益。"①爱默生仿佛提出了一个悖论,感知体验往往意味着出乎意料,意味着惊喜。它的即时性、不连续似乎就注定了它无法准备与管理。

实际上,在其早期的思想中,他并不想管理、准备感知行为,他看重的恰恰是感知突然涌入、带给心灵的惊喜(surprise)瞬间。在其眼中,这一即时、突然的惊喜时刻,是心灵洞见到精神本质的绝妙机会。在《论自然》中,他写到,"面对自然,他胸中便会涌起一股狂喜","生命中最美好的时刻正是这种如坐春风般的大彻大悟,此刻的我们看到了大自然在神意面前恭敬如宾"②。正是这一刻的"狂喜"体验,让个体灵魂直接通达精神本质、洞见到了原初诗性。早期的爱默生相信个体灵魂具有直达本质的巨大能量,无须对感知行为做任何推断、解读,灵魂会对其进行正确的引领,带领它洞见到神圣精神。基于此,他对感知的瞬间很看重,那是通达神圣的关键时刻。

不过,随着诗性理想在现实面前的逐渐破灭,后期的爱默生便逐渐放弃了神圣的瞬间,他更相信神圣精神不在某时某刻,而是蕴于连续不断的惊喜体验中,存在于每一次意想不到的感知行为里。"惊喜"对于后期的爱默生而言,不再是一个实现思想神圣化的时刻,而是持续不断、无限接近原初诗性的情感过程。它要求个体在行动前,充分做好准备,去接收、反馈情感体验。在本雅明、阿甘本等

① 〔美〕爱默生:《爱默生集》,吉欧·波尔泰编,赵一凡等译,北京:生活·读书·新知三联书店,1993年,第1094—1095页。
② 〔美〕爱默生:《爱默生集》,吉欧·波尔泰编,赵一凡等译,北京:生活·读书·新知三联书店,1993年,第9、39页。

人眼中,突如其来的感知或许是威胁认知经验的不可控因素,尤其是如现代社会战争、城市化、技术变革等一系列现象的涌入,对个体进行着无情的心理入侵,本雅明称其为"创伤性冲击",阿甘本则在《幼年与历史:经验的毁灭》中,将其视为是对连续、确定经验的干扰与破坏。因此,二人要将突然闯入的感知经验隔离开,建立防御性的感知屏障,使得个体免遭意外感知所带来的精神伤害,其代价是个体对新遭遇的普遍迟钝。① 而相较于本雅明、阿甘本的防御性感知,爱默生的感知态度则是接收性的,他成为后来詹姆斯、杜威感性实践的先行者:他要把感知入侵重铸为培养自我可能的有力工具,克服短暂形式的审美新奇,带领个体踏上行动之旅。

他的接收性感知,体现在为感知准备好反应渠道:将熟悉、已知的作为审美发现的煽动者而非抑制者;将限制、未知作为意外邂逅的催化剂。② 感知便是沟通已知与未知的桥梁,通过将意料之外的新事物与旧有熟悉的东西相结合,从而促其出现。爱默生坚持认为中间世界是最好的,它是感知的中间区域。一方面,已知的事物为感知的出现提供了概念、理解,甚至注意力上的准备,如果没有这些准备,面对猛然入侵的惊奇的感知,我们会迷失方向,失去判断。他说:"生活是一系列的惊喜,如果不值得,就不值得拥有或保留。"③而前感知状态就是为面对"一系列惊喜"能够做出价值判断,所做的准备。詹姆斯在他的教父爱默生这儿看到了根植于过去的感知实验。在《心理学原理》中,詹姆斯指出"前感知"是"感知的一半",④感知从某些事物中唤起对该事物预存的记忆,它是形成、创造感知的原料站。他在书中写到,"如果努力去回忆被我们忘记的姓名或事实,我们会尽可能地想到更多的线索,通过它们的共同作用来进行回忆"⑤,而这些回忆则是当下感知迸发的助燃物,吸引个体的注意力集中于对某些事物或单一事物某些侧面的感知上。

① Kate Stanley. *Practices of Surprise in American Literature after Emerson* [M]. Cambridge: Cambridge University Press, 2018, p.3. 具体可参见该书 introduction 关于"The Paradox of Preparation"的描述。

② Kate Stanley. *Practices of Surprise in American Literature after Emerson* [M]. Cambridge: Cambridge University Press, 2018, p.3.

③ *The Early Lectures of Ralph Waldo Emerson*[M]. 3 vols. Eds Robert E. Spiller, Stephen E. Whicher, and Wallace E. Williams. Cambridge: Harvard University Press, 1959 – 1972, p.481, 483.

④ Kate Stanley. *Practices of Surprise in American Literature after Emerson* [M]. Cambridge: Cambridge University Press, 2018, p.5. 具体可参见该书 introduction 关于"Ancestral Blindness"的描述。

⑤ James William. *The Principles of Psychology*[M]. 1 vol. New York: Holt, 1890, p.85.

随即詹姆斯在一系列的心理学实验中又发现，感知的注意力并非完成于一瞬间，它是连续且不断拥抱未知的过程性活动。詹姆斯写道："连续着的注意力只能有效且明智地选择所感兴趣的对象而忽略其他刺激。"①他意识到个体的感知准备、注意力必须运用于对未知、新奇的体验中，一旦感知固定在某一时刻，停滞不前，便是对既有体系的防御保护，是在消除未知的出现。而这正是爱默生感知准备的另一方面，面对未知、大胆迷失方向，超越已知的准备与经验，这有助于激发新感知。爱默生说，通过"不断的练习"，让感知力在与新事物相遇时获得扩展，从而给予"释放新能力"的机会②。

## 二、行动中的感知训练

而要想真正落实感知的准备，便离不开感知训练。针对感知瞬间可能会带来的精神迷失，爱默生指出要在已知、熟悉的事物中，训练自身的集中（concentration），坚持通过有计划的重复（repetition）去培养有恒的专注力。他在《力量》中反复强调这一点："集中精力于某一个或某几个关键"，"集中精力是一种明智；散耗精力是一种邪恶"，"力量的集中……是人类事物一切管理方面的秘密所在"，"反复的练习，即习惯和有恒的力量""以反复练习的连续性来弥补爆发性力量"③……所有人都要专注、集中可用力量，通过反复练习，成为习惯，从而应对感知可能会引起的注意力的分散，这一思路显现着重事功、节能、效用的务实色彩，与其早期在《自然》中的表达形成鲜明反差，《自然》中漫无目的，凭诗性直觉突然洞察一切的"自我"成为《生活的准则》里，不断训练专注力的实践者，等待未知的到来。

而当未知、新奇突然闯入我们有秩序的生活时，爱默生说，我们还要牢牢抓住当下的感知体验，不让其被新的形式、技术、物质拐跑，错把手段当成目的本身，《财富》要说的就是这个问题。该文也可视为是对梭罗经济观念的反驳性回应。④ 梭

---

① James William. *Pragmatism and Other Writings*[M]. Ed. Giles Gunna. London：Penguin, 2000，p.172. 可参见刘彦顺.论威廉·詹姆斯的审美时间哲学——从意识流的域状构成与艺术作品空间构成整体性之关系论起[J].文艺理论研究，2019，39(06)：175-182.

② *The Early Lectures of Ralph Waldo Emerson*[M]. 3 vols. Eds Robert E. Spiller, Stephen E. Whicher, and Wallace E. Williams. Cambridge：Harvard University Press, 1959-1972, p.26, 25.

③ ［美］爱默生：《爱默生集》，吉欧·波尔泰编，赵一凡等译，北京：生活·读书·新知三联书店，1993年，第1090、1090、1091、1092、1092页。

④ David M. Robinson. *Emerson and the Conduct of Life：Pragmatism and Ethical Purpose in the Later Work*[M]. Cambridge：Cambridge University Press, 1993, p.138. 本章多处参考该书观点。

罗作为爱默生的挚友,和其一样,都反感于现代工业文明、革命所带来的物质膨胀,但他所提供的策略却与爱默生有着重大分歧,这也使得他们的友谊变得紧张。梭罗的态度是禁欲,提高自律,降低物质欲望,保留生存必需品,将生活带回"瓦尔登湖"角落,以求最大限度地推进精神构想。这样的观念,爱默生无法接受。他在日记中,设想了一封给梭罗的信,写道:"我亲爱的亨利,青蛙是被造来生活在沼泽里的,但人不是被造来生活在沼泽里的。"①爱默生清醒地意识到压制人的欲望是没用的,"每时每刻兴起的念头,都向这个人展示出一种新的需求",人不会满足于"茅舍和一点点枯燥的平静","他生来就想发财"②。但同时,他也明确指出,"发财"不是目的本身,致富就像新兴的技术、机器等物质形式一样,不过是扩展、延伸感知的新手段,实现自我的发展才是目标。在《财富》中,他写道:"整个世界都是他的工具箱。"③"地球上的一切工具和机器,不过是人肢体的知觉发展而已。"④也就是说,新物品或新机器本身只是手段,不仅不是错误、需要排斥,反而能作为有益方式为感知提供最大可能的延伸。"靠着这些工具和附属物品,你能在各个方面尽可能广泛地增强我们的威力,这就好比你自己增添了手脚,眼睛,血液,时间,以及知识和善意"⑤,说的就是这个意思。对爱默生来说,物质对于精神、道德的威胁并不在于商品消费活动,而在于错把手段当作目的,篡夺了当下感知发现事实、实现自我可能的必要过程。

为了在物质世界固牢感知力,使其不被篡夺,爱默生提出在工作、劳动中训练肉身、扩大感知,实现物质与精神的连续。按照他的逻辑,工作不是赚钱的手段,扩大感知、实现自身才是目标。在《财富》中,他斥责"大城市里的社交圈十分幼稚",因为"它把财富变成了玩具"⑥,以为财富、金钱就是人的全部价值,于是

---

① *The Journals and Miscellaneous Notebooks of Ralph Waldo Emerson* [M]. vol 14. Eds William H. Gilman, Ralph H. Orth et al. Cambridge: Harvard University Press, 1960 - 1982, p.203, 204.

② [美]爱默生:《爱默生集》,吉欧·波尔泰编,赵一凡等译,北京:生活·读书·新知三联书店,1993年,第1101—1102页。

③ [美]爱默生:《爱默生集》,吉欧·波尔泰编,赵一凡等译,北京:生活·读书·新知三联书店,1993年,第1103页。

④ *The Collected Works of Ralph Waldo Emerson* [M]. vol 06. Eds Alfred R. Ferguson, Joseph Slater, Douglas Emory Wilson, Ronald A. Bosco, et al. Cambridge: Harvard University Press, 1971 - 2013, p.87.

⑤ [美]爱默生:《爱默生集》,吉欧·波尔泰编,赵一凡等译,北京:生活·读书·新知三联书店,1993年,第1101页。

⑥ [美]爱默生:《爱默生集》,吉欧·波尔泰编,赵一凡等译,北京:生活·读书·新知三联书店,1993年,第1105页。

便欺行霸市、囤积货物。爱默生称这些坐拥金钱的人为"胃口很大的乞丐"①。他对这样的财富积累非常不满，其原因便在于这样获得的"财富"并没有发挥个体感知能力或智力思想，没有"受到大自然足够的启迪"②，也没有培养到自身坚韧、聪慧等品质，它是肤浅的、纯物欲的，没有关涉到精神层面。在其看来，真正的富人会将财富、工作作为手段而非目的。爱默生举例到，"站在机器跟前的工匠心情平静，神色安然"③，他们在工作实践中，会遵循自身身体、感官、智力的密切联系，善于凭借工具、机器充分发掘、应用自然法则。"由于这些法则具有思想与道德的本质"④，他们也就能收获思想、道德上的财富。

财富的真正价值在于它具有精神道德功用。也正是在这个意义上，爱默生警告道："人所谓的富裕，也不在于他不断地重复动物般的自我满足——除非他通过新的力量与增长的快乐，亲身体验到高级生命的愉悦。"⑤他担忧个人在物质生产劳动中，会越来越面临异化的危险，只顾及物质利益，而没有看到自身能力、精神价值，就像杜威在《艺术即经验》中所担忧的，不断增长的财富刺激，会加速感知与意义的断裂。基于此，爱默生驳斥："美元本身并不是价值，它只是代表了价值"⑥，它代表了个体在劳动中，不断突破自身所具有的价值。从这个意义上看，"财富具有精神的性质"⑦，在工作中，不断扩大的感知能实现肉身与精神、身体与思想的连续。这就可以解释，爱默生在《生活的准则》中，为何极其看重工作问题。工作是促成感知扩大、连续的核心，是物质与价值不会断裂的保证。于是，他给任何真正工作的人以特权，以傲慢，"他出色的工作能够为他作出答复"⑧，

---

① ［美］爱默生：《爱默生集》，吉欧·波尔泰编，赵一凡等译，北京：生活·读书·新知三联书店，1993年，第1108页。
② ［美］爱默生：《爱默生集》，吉欧·波尔泰编，赵一凡等译，北京：生活·读书·新知三联书店，1993年，第1107页。
③ ［美］爱默生：《爱默生集》，吉欧·波尔泰编，赵一凡等译，北京：生活·读书·新知三联书店，1993年，第1104页。
④ ［美］爱默生：《爱默生集》，吉欧·波尔泰编，赵一凡等译，北京：生活·读书·新知三联书店，1993年，第1110页。
⑤ ［美］爱默生：《爱默生集》，吉欧·波尔泰编，赵一凡等译，北京：生活·读书·新知三联书店，1993年，第1126页。
⑥ ［美］爱默生：《爱默生集》，吉欧·波尔泰编，赵一凡等译，北京：生活·读书·新知三联书店，1993年，第1111页。
⑦ ［美］爱默生：《爱默生集》，吉欧·波尔泰编，赵一凡等译，北京：生活·读书·新知三联书店，1993年，第1111页。
⑧ ［美］爱默生：《爱默生集》，吉欧·波尔泰编，赵一凡等译，北京：生活·读书·新知三联书店，1993年，第1104页。

你只需热衷于当下的工作。爱默生的这一思路,给杜威"以太物"的"直接感觉"呈现提供了有力参照:恢复艺术与经验的连续,要丰富个人的感知力,要在不断的工作实践中逐步扩大个人的感知领域。

这样连续的感知实践带给了詹姆斯、杜威惊喜。后来杜威将感知识别(recognition)与单纯认知相区别,指出识别并不是单纯的时间点,而是长期、缓慢成熟过程的尖峰,是一个有序的时间经验的连续性在发展到顶峰时,突然被打断那一刹那的显现。这或许正是他反复阅读了爱默生著作后,受到的启发。爱默生的感性行动为后来的实用主义者提供了诸多有益参照。

# 第六章
# 逐步入世的宗教行动

　　作为美国文明缔造者的爱默生，清教思想几乎伴随了他一生，影响着他观念、生活、行为等众多方面，当然也影响着他的美学思想。其美学中务实入世的思想诉求，于有限凡尘中追寻可能的精神指向，甚至包括其美学思想的落地障碍等，均与他的清教观念脱不开关系。可惜的是，在既往关于爱默生宗教美学的研究中，习惯将其宗教美学观念，视为他超验主义思想的重要功绩，看重的是他对加尔文教、唯一神教的批判，关注的焦点在于他对个人无限潜力、审美力量的肯定上，[例如，韦斯利·莫特（Wesley T. Mott）的《爱默生与波士顿第二教堂》，查尔斯·梅茨格（Charles R. Metzger）的《爱默生对美的宗教观念》等论著]忽略了他让神性回归个体、让人的行动具有神性这一做法本身，具有浓厚的入世、务实意图。

　　事实上，宗教逐步入世，所映射的正是爱默生美学观念逐渐入世的进程。这一进程虽非坦途，也遇到过无法回到现实生活、切实指导人们实践的窘境。但很快爱默生便积极做出调整，他以日常伦理规范代替宗教教义，让宗教成为尘世间的伦理准则，于个体行动中，检验、确认行为是否良善，让行动变为确证观念好坏的手段、场所。

## 第一节　宗教世俗化的脉络

　　爱默生宗教思想的形成离不开他的生长环境。从第一批清教徒踏上北美土地开始，清教文化便与美国精神的形成捆绑在一起，成为美国文化的血脉和根基。有研究者认为，"在相当长的历史阶段中，以新英格兰清教教义为核心的清教文化被公认为是美国文化的主流和中心。"①这的确是事实。新英格兰地区正是爱默生的家乡,生于斯、长于斯的爱默生及其家人都有着浓厚的清教情结。他的父亲是波士顿第一教堂的牧师,祖辈曾有七人,都是较有名望的清教牧师,其"血管流淌着'许多祖辈牧师'给予精神指引的血液"②。这就不难理解,为何他年轻时也想做一名清教牧师。即使后来变成清教"逆子",也不是说他真就完全抛弃了清教思想,后者一直是他哲学、美学构成中的底色。

## 一、清教入世的原因及表现

清教对爱默生的最大影响该是入世倾向。这种倾向是在清教进入美国后发生的。爱默生的祖辈们当初面对北美大陆陌生甚至恶劣的环境,他们无心考究清教观念,关心的只是如何将清教思想运用于日常生活,发挥教义的实用性,把美洲建成宜居之所。这样,清教世俗化、理性化的趋向逐渐明显,影响也越来越大。到了爱默生这一辈,也就是 19 世纪初,这种趋向已经成为社会性的现实。"我不想赎罪,只想生活。我生活是为了生活本身。"③这是贯穿爱默生一生的宗教态度,也代表了 19 世纪后美国大多数清教徒的心声:救赎不寄望于上帝的拯救,要靠个人在生活中的努力;清教观念不应住在天国,而应现身于尘世。

开辟新大陆让人更加务实,传统羁绊也小,是清教入世的原因,却只是外因,更主要的原因在内部,也就是欧洲启蒙运动对北美的冲击,它改变了美国清教观念,也形成了爱默生的个人平等意识及道德觉知。欧洲启蒙运动的思想核心是技术理性,在 18 世纪传入北美后,无论是牛顿的力学,培根、笛卡尔的归纳演绎法,还是洛克的经验论,它们改变的不仅仅是生活,还有人们的信仰。如帕灵顿所讲,"一种批判精神正在酝酿,一种初生的理性主义开始质疑,"④教徒们不得不用"科学"维护清教教义。尤其是到 18 世纪后期,当英国的自然神论到达北美后,这种调和"宗教"与"科学"的产物促成了美国加尔文教向唯一神教的转变,加快了北美清教的世俗化进程。自然神论的信徒们排斥天启、奇迹等神秘因素,尝

---

① 张晓立:《美国文化变迁探索:从清教文化到消费文化的历史演变》,北京:光明日报出版社,2010 年,第 40 页。
② [美]詹姆斯·卡伯特:《爱默生传:生为自由》,佘卓桓译,哈尔滨:黑龙江教育出版社,2017 年,第 4 页。
③ [美]爱默生:《爱默生随笔全集》,蒲隆译,北京:北京理工大学出版社,2015 年,第 36 页。
④ [美]沃浓·路易·帕灵顿:《美国思想史 1620—1920》,陈永国等译,长春:吉林人民出版社,2002 年,第 135 页。

试用人类理性取代上帝的绝对权威,加速了美国"大觉醒"宗教运动后加尔文教的分裂。加尔文教一分为三,分别是温和派、自由派与强硬派。其中,自由派思想与加尔文教会越发敌对,逐渐发展成为看重理性的唯一神教。

出生于19世纪初的爱默生,最初接受的就是唯一神教,他思想中人的主体性及自由平等意识,就出自这次宗教分裂的成果。唯一神教在两个方面改变了加尔文教义,一是否认"三位一体"说,认为只有一个上帝,耶稣是人而非神。二是肯定了人具有神性,上帝存于人的理智中。这便从根上背离了加尔文教的原罪论、"恩典契约"等核心观念,否认了教条、仪式甚至教会的权威。事实上,许多唯一神教牧师终其一生也未建立任何宗教组织,他们将宗教信仰的解释权还给教徒们,让民众自发确立其生存、行为的合法权威,与社会缔约。人的信仰由此掌握在自己手里,体现在自主的生活行为中。曾是唯一神教牧师的爱默生喜闻乐见这种变化,他说:"教区里最好的人和最坏的人,穷人和富人……总有一天是在同一片屋顶下以兄弟相见,它标志着灵魂中的平等权利。"①自由平等落入众生、落入真实的生活中,这是爱默生坚守的信念。

除了人的主体性和自由平等意识,爱默生认为人的道德观念来自生活经验,这一点也与唯一神教有关。在加尔文教那里,教义规定人有原罪,只有遵循上帝严格的道德准则,才有获救的可能。道德权威在上帝身上,人是被动的一方。随着唯一神教对传统清教教义的修正,清教的社会影响也从树立上帝权威向强调生活伦理转变。唯一神教鼓励人们用理性目光重审生活经验,在经验中提高道德生活。在卢梭契约论、洛克经验论影响下,他们相信自然状态下人是善的,个人可以通过自身努力追求美好德性,并觉察到加尔文教义与实际生活经验相去甚远。新英格兰乡村处处都有具备美好品德的人,他们恭谦礼让、正直善良、勤劳节俭……教义在生活经验面前失去了社会保障。这使得人们对道德常识合理性与理性思维有效性的依赖远胜于对上帝旨意、宗教教义的揣测,人们不再是从上帝的神圣道德来考虑现实,而是从经验出发来考虑道德的神圣。对如此重归人间的道德观念,爱默生无疑持赞成态度。在《纪律》等文中他讲到万物都是道德的,都会"向人悄悄地提示或大声地宣告是非的法则,并且呼应基督教十诫的规定"②,因而人们在对自然事物的正确知觉中便能增加对于道德法则的理解。

---

① [美]爱默生:《爱默生集》,范圣宇编,广州:花城出版社,2008年,第28页。
② [美]爱默生:《爱默生集——论文与讲演录》,吉欧·波尔泰编,赵一凡等译,北京:生活·读书·新知三联书店,1993年,第32页。

在这里,爱默生对尘世理性表达出充分信任。

　　除去启蒙运动的理性因子,北美商业、经济的不断发展更是从内部催促着清教走入世俗生活。面对急需开垦、机遇无限的新大陆,即使没有受到启蒙运动冲击,清教徒们可能也会背离加尔文教所倡导的追求来世的预设,将目光投向积累财富、满足自身欲望上,并以实际行动瓦解清教教义对尘世事功的束缚。因为清教徒在北美大陆所表现出来的"求实、务实的精神实际上已经远远超过他们对于上帝的信赖"①。18 世纪美国商业、经济的快速发展及其城镇化的生活方式,极大地冲击着传统的清教伦理,"在新英格兰,也可以普遍看到宗教热情的衰落"②。他们更为看重生活中的经济效益,而这正是市民社会的特点。马克思在《论犹太人问题》中说过:"市民社会从自己的内部不断产生犹太人……实际需要、利己主义是市民社会的原则……犹太人是实际的基督徒,而实际的基督徒又成了犹太人。"③利己主义是马克思要批判的,但清教与尘世事功的结合,也是美国历史的事实,是清教入世的重要渠道,表现在交往、职业、伦理等各个层面。在美国清教文化中,"一项职业有用与否,因而它受上帝的青睐与否,主要从道德角度衡量"④,而营利又被视为是伦理至善,因此,追逐利益成为一种与宗教观念有着密切关系的情感。一时间,银行、批发出口业、手工业等迅速壮大,现代市民将生活中的盈利机会视作上帝的指引,将赚钱视为自己的天职。而对美国市民社会重事功、重科技理性的倾向,爱默生总体是支持的。他认为宗教的神性本就该在生活现实铸造并体现出来,生存是最基本的事实。他说:"所有的人都依赖某种他们所具有的美或实用的鲜明特色而生存"⑤,而且也相信万物都是实在有用的。这是他所引领的美国精神最重要的一个特点。

## 二、清教世俗化的潜在问题

　　然而,爱默生又十分睿智地觉察到清教世俗化过程中潜在的问题,问题也正

　　①　向玉乔:《人生价值的道德诉求:美国伦理思潮的流变》,长沙:湖南师范大学出版社,2006 年,第 55 页。
　　②　[美]纳尔逊·布莱克:《美国社会生活与思想史》,许季鸿等译,北京:商务印书馆,1994 年,第 140 页。
　　③　马克思:《论犹太人问题》,《马克思恩格斯全集》(第三卷),中共中央编译局编译,北京:人民出版社,2002 年,第 194—197 页。
　　④　[德]马克斯·韦伯:《新教伦理与资本主义精神》,彭强,黄晓京译,西安:陕西师范大学出版社,2002 年,第 153 页。
　　⑤　[美]爱默生:《爱默生集——论文与讲演录》,吉欧·波尔泰编,赵一凡等译,北京:生活·读书·新知三联书店,1993 年,第 635 页。

出在唯一神教与商品贸易快速繁荣上。唯一神教在教义上过度强调理性的必要，致使宗教信仰逐渐被科学、理性架空。作为唯一神教的代表钱宁便宣称，"如果他的理性与《圣经》发生冲突，他宁可相信自己的理性。"①这种对理性、逻辑的过度看重，给心灵带来的羁绊十分严重。而经济发展与物欲增长更让民众将利益视为追逐的焦点，对精神信仰逐渐淡漠。清教入世正在酿造人性堕落的苦果。科学、理性既让清教走下圣坛融入生活，也以尘世事功稀释了宗教在精神上对人的引领。爱默生对前者表示赞同，但对后者则十分不满，予以抨击。他指出如果用科学知识机械地演绎自然事物，充满神性的自然便会沦为毫无生气的理性载体，那么"真正的基督教——那种基督原本认为'人生无限'的信念——已被丢失了。没有人崇信人的灵魂"②，人们不断体验着商品、金钱所带来的便利，物欲成了最高信仰，早已忘却内在的精神财富。

爱默生的意图不难理解，他是想在接受技术理性的同时，又不丧失神性的创造力。理性主义意味着切入现代社会的生活实践，他非但不反对，而且也乐于投身其中。如其所讲，"我仅仅在实验，我是一个无止境的探索者，身后没有过去。"③但是，针对清教入世对理性主义的绝对倚重，他又觉得过了，是对神性的曲解，真正的神性当然包括理性，却也不能缺少灵魂、情感的无限光辉，这恰恰是有限的理性不能给予，甚至是与之对立的。清教世俗化的主要问题就是用理性主义吞噬了心灵力量，以常识、规则代替宗教情感，扼杀了神性光辉。因此，他渴望在现代理性主义积极入世的潮海中同时保有心灵的活力。

## 第二节　重构后的宗教审美迹象

带着对唯一神教的不满与内心渴望变革的冲动，爱默生在 1832 年毅然辞去唯一神教牧师一职，宣告他彻底独立于正统教派，重新定义宗教体验的决心。同年夏天，爱默生在日记中表明了态度，他认为宗教不是头脑中的轻信，不是实践

---

① 钱满素：《爱默生和中国　对个人主义的反思》，北京：生活·读书·新知三联书店，1996 年，第 12 页。
② ［美］爱默生：《爱默生集——论文与讲演录》，吉欧·波尔泰编，赵一凡等译，北京：生活·读书·新知三联书店，1993 年，第 100 页。
③ ［美］爱默生：《爱默生集——论文与讲演录》，吉欧·波尔泰编，赵一凡等译，北京：生活·读书·新知三联书店，1993 年，第 455 页。

中的制度形式。这是一种生活,是一个人的秩序与健全。他说:"上帝是什么?就是头脑中能形成的最崇高的人格概念,正是个人灵魂得到了完美的实现。"①这与加尔文主义、唯一神教的观念显出明显差别:对早期的加尔文教徒来说,清教观念应与严格规定的神学模式相一致;对唯一神论者而言,清教思想则应和理性的社会标准相匹配,二者都强调遵从外部法则、标准的重要。②但在爱默生眼里,宗教的表现形式不应是刻板教义、规则形式,它应是个体心灵在生活中的持续、创造性的体验,灵魂才是人类行为的尺度。爱默生指出:"除了人在没有别的客体使他感到兴趣……扎根于人的心灵,这才具有莫大的魅力。"③他相信上帝的神性内化于个体心灵,灵魂与神性同一,这预见了费尔巴哈对神学的理解,即上帝意志则是自我意志。而作为上帝的造物实例——自然,"也起源于同一种精神"④,具有上帝的神性,与心灵同一。同一性是爱默生对宗教本质的理解,其目的也很明显,他要凭借自我与事物精神上的同一性,去消解唯一神教过度倡导的理性形式,复兴宗教情感。在爱默生大力推崇下,这标志着美国清教世俗化进入新阶段:清教向着关乎内在灵魂、泛宗教化的方向发展。

## 一、寓于现实的审美情感

这一阶段的宗教活动等同于个体的审美情感活动,宗教体验即为个体的生活经验。换言之,宗教神学、道德伦理直接住进了每个人的日常生活,彻底融进了尘世中,加上爱默生对逻辑、推理等理性形式的排斥,看重更为直接、感性的审美经验,这就使得审美成为清教入世的重要保证,宗教、伦理与美合而为一了。爱默生说:"那种能够让人不带任何矫揉造作去真心热爱的美,正是一种美与人类意志的混合物。美是上帝赋予美德的标记。"⑤

---

①  *The Journals and Miscellaneous Notebooks of Ralph Waldo Emerson*[M]. vol 3. Eds William H. Gilman, Ralph H. Orth et al. Cambridge: Harvard University Press, 1960 - 1982, p.182.

②  Makarushka, Irena S. M. *Religious Imagination and Language in Emerson and Nietzsche* [M]. London: Palgrave Macmillan press, 1994, p.22. 本章多处参考该书观点。

③  袁义江,罗志野,李泰俊:《美国哲学史》,桂林:广西师范大学出版社,1989 年,第 34 页。

④  [美]爱默生:《爱默生集——论文与讲演录》,吉欧·波尔泰编,赵一凡等译,北京:生活·读书·新知三联书店,1993 年,第 49 页。

⑤  [美]爱默生:《爱默生集——论文与讲演录》,吉欧·波尔泰编,赵一凡等译,北京:生活·读书·新知三联书店,1993 年,第 17 页。

爱默生认为人类在感知自然事物时，内心所唤起的一种奇妙的感觉，这种感觉是"实现我们最大幸福的宗教感"①。受欧洲浪漫主义、神秘主义的影响，他认为这种宗教感存于流动不居的自然中，存于个体对自然事物每一次的体验中。"它使天空和山野壮观，它使星斗默默地歌唱。"②而人们融进自然，观赏星空、游历田野，便会被寓于自然中的道德感所吸引，引发心灵的共鸣。这样一来，相比于唯一神教固定、僵化的教义形式，变化的自然时刻给予灵魂以奇迹与启示，都会激起个体心中的敬畏与喜悦，而这些日常情感就是宗教情感。他指出自然如同一本无声的圣经，"正是造物主旨意的现成解释者"③，展示着人类的道德本质。宗教教义、道德规范都融在象征性的自然中，"与精神本质维持着一种不间断的联系。……它用它所有的壮丽景色来增进人们的宗教情感"④。也就是说，宗教情感不再源于对《圣经》的理性分析，而是来自日常审美经验、情感对人的教化。人们得以凭借感性经验在自然中随时生发出宗教、道德情感，这无疑将清教平等、民主的观念进一步融入尘世生活，个体普遍的感性经验保障了每一位公民平等领会神启的权力。

爱默生对个体感性经验的运用似乎是对唯一神教倚重经验理性的重申，毕竟"唯一神教最初给爱默生的影响是构成经验论"⑤。但他并没有沿着经验逻辑走上唯一神教的老路。他认为在宗教情感的刺激下，心灵会逐步挣脱物性束缚，以直觉通达至善。在其看来，"德性是自主的和永恒的，是一种不需要二手学习的直觉。"⑥这便意味着他否定了凭借理性体验神性的可能。因为理性依靠的是逻辑、推理、区分、定义的方式，而直觉、审美则是以直接、顿悟的方式去感性地把握既得情绪。在这里，他依旧相信心灵具有奇妙的力量，可以支撑个体从日常经验、情感中获得"超验"的力量。他的做法满载着他对人性的热忱，他是想在超越感官经验的本质层面，让每位个体彻底保有精神的平等自由。因为当心灵直觉

---

① ［美］爱默生：《爱默生集——论文与讲演录》，吉欧·波尔泰编，赵一凡等译，北京：生活·读书·新知三联书店，1993 年，第 89 页。

② ［美］爱默生：《爱默生集——论文与讲演录》，吉欧·波尔泰编，赵一凡等译，北京：生活·读书·新知三联书店，1993 年，第 89 页。

③ ［美］爱默生：《爱默生集——论文与讲演录》，吉欧·波尔泰编，赵一凡等译，北京：生活·读书·新知三联书店，1993 年，第 49 页。

④ ［美］爱默生：《爱默生集——论文与讲演录》，吉欧·波尔泰编，赵一凡等译，北京：生活·读书·新知三联书店，1993 年，第 32 页。

⑤ 袁义江，罗志野，李泰俊：《美国哲学史》，桂林：广西师范大学出版社，1989 年，第 33 页。

⑥ Van Leer, David, *Emerson's Epistemology: The Argument of the Essays* [M]. Cambridge：Cambridge University Press. 1986, p.99.

到自身神性的瞬间,人便是上帝,上帝落入人间,神性、道德、至美便蕴于个体的灵魂也彻底落入尘世了。

肯定个体心灵具有神性,意味着宗教伦理情感的世俗化,意味着崇高的宗教融进了美国世俗文化生活里,而这正是爱默生的目的。"对于爱默生来说,新世界的美国起码有可能是人类最崇高希望之所在。"①在其看来,美国不是只会做生意的民族,它"还要每一种有实用价值的艺术、每一种优雅的艺术、每一次想象力的发挥……最纯洁的宗教"②。也正因此,看似是个体凭借诗性智慧寻找从世俗通往神圣精神的道路。但就目的而言,爱默生则是力图实现神圣精神向尘世事功的回归。这一回归并不是回到中世纪神学对上帝美的虔诚,而是回到个体的精神价值,基于个体创造价值的世俗生活。这对于思想尚未独立的美国来说,意义可想而知。爱默生在为工具理性统治下的世俗生活注入价值元素的同时,也为现代美国注入了重要的精神内涵,即以自我为中心的独立精神。"它试图以人取代神,将人类放在宇宙的中心——将人神化。"③可以说,爱默生在理论上,不断增强着个体精神的独立性,实现着个体的思想自由。

## 二、忠于心灵的创造活动

个体灵魂可如上帝般,在尘世中创造新价值。爱默生专注于思考当神性下移到人类意识,个体如何体现神的无限与永恒。他认为首先便要拒绝仿效。他指出任何教义与书籍都是当时思想的结晶,在经过后代们不断传颂后,必然会遭到歪曲,因为"感性的人无法教授任何一种理性的教义"④。而自然、生活变动不居的特性,决定了它会时刻传达新的启示,因此,个体只有直接、不断去感受才能让心灵获得准确、有力的感召。任何对过去的模仿都难以理解现下灵魂体会到的启示。这也正是爱默生斥责历史基督教的地方,他认为历史基督教长久以来都陷入在固定的教义形式中,那"并非是灵魂的教义,而是个人的夸张,实际的夸

---

① [美]乔尔·波特:《代表美国——爱默生的精神遗产》,选自[美]爱默生:《爱默生集》,范圣宇编,广州:花城出版社,2008年,第358页。
② [美]乔尔·波特:《代表美国——爱默生的精神遗产》,选自[美]爱默生:《爱默生集》,范圣宇编,广州:花城出版社,2008年,第358页。
③ [美]约翰·洛尔卡:《西方文化的衰落》,叶安宁译,北京:新星出版社,2007年,第2页。
④ [美]爱默生:《爱默生集——论文与讲演录》,吉欧·波尔泰编,赵一凡等译,北京:生活·读书·新知三联书店,1993年,第91页。

张，仪式的夸张"①，是对过去的无聊模仿。爱默生斥责道："模仿者注定是要做毫无希望的平庸之辈。"②因为模仿者在模仿时，没有感性活动持续介入其间，既没有体会到自然的美，也没有让自己的心灵燃起创造欲望。

爱默生看重个体内心的创造力，认为这是神性入世的重要表现活动。人要想真正具备上帝的德性，则必须发挥灵魂的创造力。"创造是神圣存在的证明。创造的是上帝，无论天赋是什么，如果人没有创造，那么神的纯粹外流就不是他的。"③换句话说，个人的创造活动就是将神圣内心具体化的过程，它不依赖任何历史传统，而是灵魂对当下生活洞察后的表达，这在艺术家的作品中体现得最明显。在《对神学院毕业班的讲演》中，爱默生称赞摩西、弥尔顿的创作，认为其"最大功绩就在于他们蔑视书本和传统，不是自己想到的东西不说"④，能够尊重自己内心的感受。人才是奇迹的创造者，他呼吁美国学者不要再依赖欧洲传统，学会依靠自身灵魂觉察美、创造美，写道："缺陷的补救首先是灵魂，其次是灵魂，永远是灵魂。"⑤这无疑增强了美国民族、文化崛起的信心。

更值得注意的是，爱默生以心灵情感、创造力来纠正唯一神教过度倚重理性所带来的信仰危机，并非要让人们逃离工业文明下商品繁荣、物质便利的真实世界。他的目的是希望个体能够在快速发展的资本主义经济环境下，有信仰、有追求的生活。宗教信仰最终是要为更好生活服务的，是要切实落入尘世的。他清楚地认识到"每一座仓库和商店的橱窗，每一株果树，每时每刻兴起的念头，都向这个人展示出一种新的需求"，而"试图通过争辩来使人放弃欲望是毫无用处的"⑥。爱默生明白人类物欲的增长已是大势所趋，他也并不排斥技术理性、商业贸易为人类提供的优质生活。他想达到的是倚仗个体的心灵力量，使得物质繁荣、

---

① ［美］爱默生：《爱默生集——论文与讲演录》，吉欧·波尔泰编，赵一凡等译，北京：生活·读书·新知三联书店，1993 年，第 92 页。

② ［美］爱默生：《爱默生集——论文与讲演录》，吉欧·波尔泰编，赵一凡等译，北京：生活·读书·新知三联书店，1993 年，第 101 页。

③ *The Journals and Miscellaneous Notebooks of Ralph Waldo Emerson*［M］. vol Ⅻ. Eds William H. Gilman, Ralph H. Orth et al. Cambridge: Harvard University Press, 1960 - 1982, p.341.

④ ［美］爱默生：《爱默生集——论文与讲演录》，吉欧·波尔泰编，赵一凡等译，北京：生活·读书·新知三联书店，1993 年，第 283 页。

⑤ ［美］爱默生：《爱默生集——论文与讲演录》，吉欧·波尔泰编，赵一凡等译，北京：生活·读书·新知三联书店，1993 年，第 104 页。

⑥ ［美］爱默生：《爱默生集——论文与讲演录》，吉欧·波尔泰编，赵一凡等译，北京：生活·读书·新知三联书店，1993 年，第 1102 页。

人工形式都能遵循心灵法则，"把人工和违背自然的东西重新归于自然"①，而不是个体被物欲带跑，成为物的奴隶。

这样一来，他便能在自己的观念中重申清教重功用、讲实效的传统。他反复强调美与有用无法分离，其依据也在于此。他说："美必须回到有用的技艺那儿去，必须把美术和实用技艺的区分忘掉……在大自然中，一切都是有用的，一切都是美的。"②爱默生肯定经验、技艺对于制物活动的实践性意义，为唯一神教的"理性"遗产找到了留存的位置。

爱默生美学对人灵魂神性的推崇是其严肃思考时代问题后的回应，也是清教世俗化不断推进的结果。爱默生美学总体上具有强烈的入世特征。他以心灵的情感体验、直觉想象去抵制世俗经验的物性洪流，这是对个体独立自由精神、无限创造力的张扬；他又在统领万物的灵魂面前，强调尘世事功，看重艺术的实用性，这是对现代理性主义的肯定。然而神性入世完全倚仗个体心灵，能否让信仰切实回归生活，是爱默生美学竭力解决的理论问题，更是他所面对的现实问题。事实证明，宗教经验完全倚仗个体心灵感知力，难以落地。

## 第三节　宗教经验的落地障碍及调整方向

爱默生美学中的矛盾是现实矛盾的反映。一方面，清教日益世俗化顺应了现代社会物质发展的需要，将人从上帝的桎梏中解放出来，肯定了工具理性的突出价值，这无疑在精神层面推动了美国科技高速发展和物质文明的进步。但另一方面，也正是由于宗教教义对理性主义的推崇，商业市场、消费文明持续高涨，致使道德沦丧越发严重。人类如何在物质追求与精神信仰间达成平衡，成为在清教世俗化进程中遇到的时代命题，也是爱默生宗教美学直接针对的现实问题。在此问题上，渴望纠正唯一神教弊病的爱默生，其宗教美学观念也呈现出彻底入世的困难。

### 一、对个体内心的过度倚仗

爱默生宗教美学彻底入世最根本的障碍，源于其对个体内心的过度倚仗。

---

① ［美］爱默生：《爱默生集——论文与讲演录》，吉欧·波尔泰编，赵一凡等译，北京：生活·读书·新知三联书店，1993 年，第 504 页。

② ［美］爱默生：《爱默生集——论文与讲演录》，吉欧·波尔泰编，赵一凡等译，北京：生活·读书·新知三联书店，1993 年，第 487 页。

他是极具浪漫色彩的理论家，因此他的宗教入世意图也有着理想化的色彩。他虽然强调灵魂神性并不是为了实现如费希特般的绝对自我，而是为给理性经验、物质生活找到可以注入的精神价值，从而更好地加速工业社会进程，具有很强的务实倾向。但这时的爱默生，并没有像后来的詹姆斯那样，彻底从世俗生活出发去思考宗教经验的种种神秘表现、意义及其与日常经验的差异等。他依旧倚仗虚空、缥缈的个体灵魂去完成对日常经验活动的"超验"洞察，实现对其的本质升华。这样一来，灵魂是否真能如其所愿的实现精神对物性生活的引导，就成为爱默生解决问题的关键。

围绕个体灵魂，爱默生给出的方案有两个路径：一是自下而上的，主张在物性世界中的个体内心可以在感觉经验的刺激下，直觉洞察到物性事物的神圣，使其成为精神的表征，并借以通达自身的神性。在这条路径中，伴随着心灵去除物性遮蔽，具体经验知识可以实现精神化、道德化，从而超脱经验物性的桎梏。二是由上而下的，强调充满神性的个体内心是最高的理性，如上帝般可以创造新的形式、整合既有的事物，能够将世间万物都置于其精神主宰中。这样一来，他便为美国人追求物质财富、商业繁荣等物性形式找到了合理依据。他的方案看似可以让物性生产合理化，让日常经验置于精神引导中，但在具体实践中却举步维艰。

作为生活于物性世界中的人很难实现对灵魂神性的洞察。无论他具有多么强大的直觉力，首先发挥作用的依旧是一种感官体验，但生活不会因爱默生需要个体将感觉经验转化为上帝般的洞见，便总是发生奇迹。个体有时确实没有属神的精神洞察力。对此，他在日记中曾多次表达过，生活是凡俗琐事的堆积，以至于他没法培养所渴望达到的精神顿悟。生活经验正诚实地说明个体直觉顿悟灵魂神性的道路并非屡试不爽的坦途，现实的人常常会向下看、向实用看，去挖掘物性生活的意义。这也是爱默生构筑诗意、理想世界时存在的问题。诗意、理想化的诗人、直觉力、自然等，在理论层面或许具有感召力，能引发民众精神的雀跃，一旦落入现实生活便失去了功用，无力改变任何切实的社会情况。因为任何精神思想都需要物质形态作为载体，一旦失去了生活经验的土壤，再完美的理论也会变成无根可寻的一种理想情结。

爱默生或许已经意识到了这一点，他曾说过："我们从哪里找到自我？是在我们不知道它的极限并且也深信它根本就没有极限的极数里。"①他紧接着将内

---

① ［美］爱默生：《爱默生集——论文与讲演录》，吉欧·波尔泰编，赵一凡等译，北京：生活·读书·新知三联书店，1993年，第523页。

心顿悟过程比喻成攀登阶梯,向下看有很多阶梯,我们"打那儿登上来的"①。那些阶梯就是日常经验,内心通过感性认识,产生奇妙、惊喜的情感体验,一步步从物性经验里获得思想情感升华,如同攀登阶梯。随后,爱默生又论述到,向上看,也有许多阶梯,根本望不到头,"我们像幽灵似的"在其中滑行,"再也认不出我们的位置"②。从他的表述中,不难看出,他已然意识到个体意识一旦脱离日常经验,就如同幽灵般,没了根基,失去了现实性的力量,这样的精神支撑是与生活对象渐行渐远的无意义的存在。"灵魂从来接触不到它们的对象。"③爱默生是痛苦的,由于自身思维的局限,他并没有找到除了个体灵魂外,更为可靠的精神支撑,没有发现物质经验背后更为真实的存在。在这点上,可以说,他宗教入世的初步尝试是不彻底的。灵魂引导下的宗教经验、直觉、创造如果不能融入真实的生活里,便难以在现实层面恢复人们的信仰。从这个意义而言,爱默生的宗教、美学世俗化主观上具有强烈的入世、务实意图,但从结果上看,或许只能视为理想主义者在"19世纪所取得的物质进步的基础上对理想主义的反思"④。

## 二、弱化心灵的主宰性

难能可贵的是,爱默生是一个不断思考、寻求转变的思想家,即使他依旧没有放弃对个体心灵的看重,但也逐步弱化了精神力量的主宰性。"如同德国哲学家黑格尔一样,爱默生竭力推进现世性,直至达到精神性。他发现……现世中的任何特殊现实都能够被努力地推进到超越自身。"⑤他逐渐加强对人实践力量与行动价值的推崇,主张人只要处于不断实践、不断行动的过程中,便能超越现世的物性,抵达精神彼岸。抽象的个人自由被改写成一种与现实命运不断对抗的实践力量。爱默生无法凭借推崇个体内心强大、具有神性光辉,让其引领物性经验得以升华,因而便不再强求心灵的突出引领力量,转而强调审美主体的实践性、

---

① 〔美〕爱默生:《爱默生集——论文与讲演录》,吉欧·波尔泰编,赵一凡等译,北京:生活·读书·新知三联书店,1993年,第523页。

② 〔美〕爱默生:《爱默生集——论文与讲演录》,吉欧·波尔泰编,赵一凡等译,北京:生活·读书·新知三联书店,1993年,第523页。

③ 〔美〕爱默生:《爱默生集——论文与讲演录》,吉欧·波尔泰编,赵一凡等译,北京:生活·读书·新知三联书店,1993年,第525页。

④ 〔美〕小罗伯特·D.理查森:《爱默生——充满激情的思想家》,石坚,李竹渝等译,成都:四川人民出版社,2001年,第798页。

⑤ 〔美〕迪安:《美国的精神文化——爵士乐、橄榄球和电影的发明》,袁新译,北京:商务印书馆,2013年,第139页。

操作性,以求在物质生产活动中,在衣食住行间,在功利性的世俗文化中,依靠审美主体的力量发掘超功利的审美维度,进而培育一种基于尘世经验的精神价值。

事实上,爱默生美学态度越来越走向生活,既是其美学观念难以勾连物性与精神所演变的产物,更是时代工业、经济发展在美学方面的影射。在工业化社会生产下,资本、经济、贸易发展势头越发猛烈。面对这一时代环境,爱默生指出:"世界上所有的东西都是受到条件限制的;它们并非是尽善尽美的,但又是现在可以生存的最好的东西。"①他承认个体心灵、技术等力量在大环境下的局限性,不再过度倚仗心灵突破物质环境的束缚。为了生活,为了生存,爱默生的美学进一步入世了,逐渐下移到人现实生存中的审美体验。审美活动不再是简单的艺术合目的性的反思愉悦,而越发成为一种与日常生活紧密相关的审美实践。诚如爱默生在《共和国的命运》中所说:"人类的全新的生存境况的确有利于进步,……思想的完善在于不断地被运用,在这儿,思想植根于实践。"②美一旦与实践、与生存相勾连,便有了存在论的意味,势必会削弱审美认识论的基石。也正因此,在时代的催促下,爱默生的美学流露出从认识论向生存论转变。这一转变意味着精神与物质、知性与理性的矛盾将逐渐被人如何生存的问题所取代,而这正是时代发展、人类生存的选择。

在这样的调整、转变下,爱默生的宗教美学观念也做出了极大的调整:宗教入世从上帝神性转移到人的内心,让人具有神的属性,演变为宗教教义就是日常生活的道德伦理规范,直接扎根在日常生活的行为活动里。宗教不在关乎神性,而是切实关于人的思想、行为的道德感。

## 第四节　以道德代宗教的确证实践

随着资本主义经济的高速发展,爱默生越发意识到当下美国最急需解决的问题依旧是精神信仰的复苏问题。宗教入世在生活层面没有发挥到很好的效用,没法通过发掘个体内心的空洞神性,去规范、引领物质生产活动,而越来越频

① ［美］爱默生:《爱默生集——论文与讲演录》,吉欧·波尔泰编,赵一凡等译,北京:生活·读书·新知三联书店,1993 年,第 1049 页。

② *The Complete Works of Ralph Waldo Emerson*[M]. 11 vols. Ed. Edward Waldo Emerson. Boston: Houghton Mifflin, 1903 - 1904, p.400.

繁的利益交易、物欲横流,催促着爱默生加快探索在日常生活中复苏信仰的可行路径。他关注的核心就是精神信仰在现代社会中如何发挥作用,并且希望在科技、经验中能够找到有力的信仰基础。

## 一、日益衰落的宗教形式

爱默生首先反思了既有的传统宗教形式与教义,其中也包括由他所领导的人具有神性的清教宗教入世运动。他反思后,明显感觉到由于物质社会的发展、个人理性智慧的增加,基督教传统已经失去了控制,"僵硬的古老信仰早已被打得粉碎"①。时代变了,人们的理性能力、思维方式都得到了显著发展,宗教对人的控制力明显减弱了。他回忆自己小时候,说到"我同我的邻居们从小就相信:除非我们很快加入某个好教会",否则"弥赛亚和杰拉米都不会降临",我们会陷入骇人听闻的精神恐慌中。而"目前,我找不到哪种宗教仍然对人们非常有益"②,"僵硬的古老信仰早已被打得粉碎"③,整整一代人都在四处寻找,却也没有找到精神的支撑,就这样苟且地生活着。

面对这一事实,爱默生大胆地宣告"宗教的寿命已经结束"④。与爱默生同一时代的马克思,对宗教也曾宣判过死刑。但二人所不同的是,爱默生并没有马克思那样深刻,他只意识到宗教越来越没法规劝现代人的生活,并没有如马克思一样戳穿宗教的虚幻性。马克思在《论犹太人问题》《〈黑格尔法哲学批判〉导言》中,都对宗教进行了本质批判。他指出是"人创造了宗教,而不是宗教创造了人"⑤。宗教本身"是一种颠倒世界的意识","宗教是人的本质在幻想中的实现"⑥,因而宗教中的人不具有现实性。爱默生显然没有认识到,在虚幻的宗教里,为现实的人寻找精神信仰,是在本质上颠倒了宗教观念与人的存在谁先谁后

---

① [美]爱默生:《爱默生集——论文与讲演录》,吉欧·波尔泰编,赵一凡等译,北京:生活·读书·新知三联书店,1993年,第1179页。

② [美]爱默生:《爱默生集——论文与讲演录》,吉欧·波尔泰编,赵一凡等译,北京:生活·读书·新知三联书店,1993年,第1182页。

③ [美]爱默生:《爱默生集——论文与讲演录》,吉欧·波尔泰编,赵一凡等译,北京:生活·读书·新知三联书店,1993年,第1179页。

④ [美]爱默生:《爱默生集——论文与讲演录》,吉欧·波尔泰编,赵一凡等译,北京:生活·读书·新知三联书店,1993年,第1183页。

⑤ 《〈黑格尔法哲学批判〉导言》,《马克思恩格斯全集》第3卷,北京:人民出版社,2002年,第199页。

⑥ 《〈黑格尔法哲学批判〉导言》,《马克思恩格斯全集》第3卷,北京:人民出版社,2002年,第199页。

的问题。人在生活实践中，引发新的观念、思想，进而孕育了宗教的诞生。因此，宗教作为人的产物，不过是人自身观念的反应罢了。人的精神信仰应当在关于人真正现实性的地方去寻找。

虽然爱默生没有像马克思那样，看到人的力量就在其现实性上，他依旧认为"宗教总是存在的"①，但为了让宗教精神回归到尘世，在现代科技时代依旧可以发挥出切实的指引作用，他努力探索新形式去替代传统的宗教形式，为现代人们找到新信仰。而替换的新形式，他认为是道德伦理于日常生活中的参与。以伦理道德代替宗教教义就是爱默生想到的新出路。他想通过"对伦理的重新强调，以及对生活的日常行为问题的关注，重铸宗教情感，使之成为新的形式"②。也就是说，对爱默生而言，个体如何道德的生活已经成为重要的宗教问题，道德在个体生活中成为发挥作用的宗教范畴。

## 二、回归道德感与道德情操

他明确表示要培养、发掘每个人的道德感（moral sense），这种感觉是可以成为制衡权力、财富的动力。在其看来，每个个体的内心都存有道德感，"它的规律是自行其是，不靠外力，并且不能设想它不存在。"③至于如何将内心存有的道德感激发出来，爱默生的态度更加务实了。他指出个体要在与自然、生活打交道中，激发内心的情感冲动，并遵循这份冲动去行动，进而观察自然对个体行为所做的反应，看看它的组成部分能否帮助个体实现自身的行为目的。通过目的达成与否，个体可以判断该行动目的是否良善。自然会对好的行为予以善报，坏的行为给予恶报。爱默生认为个体在实践中，通过大自然的反应能够检验出自身行为是否具有道德感。他是想"让我们用现实主义取替感伤主义"④，让个体内心的神秘力量落实在了每次行动目的、反馈等实践过程里。

不过，个体的道德观念、行为准则或许可以规范个体自身行为，但想要凭借

---

① ［美］爱默生：《爱默生集——论文与讲演录》，吉欧·波尔泰编，赵一凡等译，北京：生活·读书·新知三联书店，1993年，第1180页。

② David M. Robinson. *Emerson and the Conduct of Life: Pragmatism and Ethical Purpose in the Later Work*[M]. Cambridge: Cambridge University Press, 1993, p.147. 本章多处参考该书观点。

③ ［美］爱默生：《爱默生集——论文与讲演录》，吉欧·波尔泰编，赵一凡等译，北京：生活·读书·新知三联书店，1993年，第1187页。

④ ［美］爱默生：《爱默生集——论文与讲演录》，吉欧·波尔泰编，赵一凡等译，北京：生活·读书·新知三联书店，1993年，第1187页。

个体道德感建立整个社会的规范准则,纠正社会问题,难度很大。最大的难度便在于难以寻找到稳定、共同的道德基础和情感来源。每个个体的道德感分寸不同,凭借道德感知、观念所触发的行为,及其所做的道德判断自然也会有尺度差异,如何在社会层面构建起共同的道德准则、标尺成了问题。

就像宗教的基础与情感源于上帝的恩泽,爱默生认为,个体的道德基础源自道德情操(moral sentiment)。他认为道德情操是至高无上的本质,是一切知识、存在的源头,是普遍法则,也是每个灵魂都能感知到的共同本性,因为它"从未离开理性的灵魂"①。在1859年的演讲《道德》中,爱默生说:"道德情操让我们就位。它统一了我们。"②在这样的话语中,道德情操明显带有决定论、宿命论的色彩,也具有爱默生早期希望凭借直觉、情感,洞悉灵魂本性思想的痕迹。这是爱默生无奈的妥协,他的内心很清楚没有永恒不变的原则,正如"自然界没有固定不变的东西"③一样,也并不存有最终、至上的伦理立场。他的妥协是缘于在匆忙追逐物质金钱、消费地位的现代社会中,除了自我感知,他看不到其他可以依靠的力量,而要想利用个体感知,就不得不存在一个共同道德基础,以保证它在社会中的驱动力。换句话说,道德情操的存在保障了个体感知的伦理共性,以防在混乱的社会空间中,感知被剥夺了道德倾向。

道德情操作为原动力,是普世的,"道德是普遍目的意志的方向",所有个体的道德感都是"这个动机的特殊方向"④。这有点类似于康德的道德律令。康德在论述道德的普遍性时,也主张道德律可以被视为"一个理性的理念","这就是自由的理念,它的实在性作为一种特殊的原因性……再现实的行动中、因而在经验中加以阐明的。"⑤理性事实可以作为现实、经验等情况的前提与基础。就像爱默生所言,"凡是有结果出来,那么一定有最初的起因。"⑥这个最初因就是为

① *The Early Lectures of Ralph Waldo Emerson*[M]. vol 02. Eds Robert E. Spiller, Stephen E. Whicher, and Wallace E. Williams. Cambridge: Harvard University Press, 1959 - 1972, p.345.

② *The Letters of Ralph Waldo Emerson*[M]. 02 vol. Eds Ralph L. Rusk and Eleanor M. Tilton. New York: Columbia University Press, 1939, 1990 - 1995, p.133.

③ *The Early Lectures of Ralph Waldo Emerson*[M]. vol 02. Eds Robert E. Spiller, Stephen E. Whicher, and Wallace E. Williams. Cambridge: Harvard University Press, 1959 - 1972, p.403.

④ *The Collected Works of Ralph Waldo Emerson*[M]. vol 10. Eds Alfred R. Ferguson, Joseph Slater, Douglas Emory Wilson, Ronald A. Bosco, et al. Cambridge: Harvard University Press, 1971 - 2013, p.448.

⑤ [德]康德:《判断力批判》,邓晓芒译,北京:人民出版社,2002年,第328页。

⑥ [美]爱默生:《爱默生集——论文与讲演录》,吉欧·波尔泰编,赵一凡等译,北京:生活·读书·新知三联书店,1993年,第1190页。

所有人共有的道德情操，它关联了所有事物的因果关系，使得个体对于事物所引起的道德感，最终都会回到这最初的道德情操上。"万物都是道德的"①，万事万物都"从道德因果"②中衍生出来，说的就是这个意思。

他甚至用物理、化学等新的科学发现去类比自己对道德情操、因果联系的论述，他指出未来的宗教"一定是与知识相连的"③。将宗教与科学相联系，要在知识经验层面为其道德理想找到基础，这是爱默生了不起的尝试。他"呼唤一种与科学一样经得起实践检验的宗教"④，要在实践中实现宗教新形式的构想。具体而言，爱默生将道德情操和个体道德感的关系，与现代物理、光学原理相类比，写道："假如是在恒星时间系统之内，万有引力与运行规律保持不变，星球在穿越宇宙时绝不会改变其轨道——这是一种更隐秘的引力，一种更隐秘的运行规则……来保证千年万代的力量均衡不受破坏。"⑤爱默生的意思，不难理解。他将道德情操类比为"万有引力"或"运行规律"，认为那是"早在道德问题产生之前即已预先被设定"⑥的普世法则，它规范了个体道德感的运行方向，也为我们判断行为善恶提供了依据。这样一来，个体如"星球"般的道德感便是以普遍而非个人目的来衡量行为、裁定结果的力量。

但有趣的是，爱默生还指出："若把我们的信仰局限于万有引力、化学、生物等自然法则中，那未免是一种短视。"⑦他并不想框定个体感知的自由、可能性，希望个人在遵循普遍法则的基础上，能够不断尝试、行动，去发现自身道德感知的多样可能。他自己这样总结到，"生活最后教给我们的是自愿地服从，是必须

① *The Collected Works of Ralph Waldo Emerson*[M]. vol 01. Eds Alfred R. Ferguson, Joseph Slater, Douglas Emory Wilson, Ronald A. Bosco, et al. Cambridge：Harvard University Press，1971 - 2013，p.25.

② *The Collected Works of Ralph Waldo Emerson*[M]. vol 07. Eds Alfred R. Ferguson, Joseph Slater, Douglas Emory Wilson, Ronald A. Bosco, et al. Cambridge：Harvard University Press，1971 - 2013，p.152.

③ *The Collected Works of Ralph Waldo Emerson*[M]. vol 06. Eds Alfred R. Ferguson, Joseph Slater, Douglas Emory Wilson, Ronald A. Bosco, et al. Cambridge：Harvard University Press，1971 - 2013，p.220.

④ ［美］小罗伯特·D. 理查森：《爱默生——充满激情的思想家》，石坚，李竹渝等译，成都：四川人民出版社，2001 年，第 695 页。

⑤ ［美］爱默生：《爱默生集——论文与讲演录》，吉欧·波尔泰编，赵一凡等译，北京：生活·读书·新知三联书店，1993 年，第 1189 页。

⑥ ［美］爱默生：《爱默生集——论文与讲演录》，吉欧·波尔泰编，赵一凡等译，北京：生活·读书·新知三联书店，1993 年，第 1189 页。

⑦ ［美］爱默生：《爱默生集——论文与讲演录》，吉欧·波尔泰编，赵一凡等译，北京：生活·读书·新知三联书店，1993 年，第 1189 页。

的自由。"①道德情操的普遍存在保障了个体道德感知的行动自由,而个体道德感又能够通过行动、实践,不断检验自身情感冲动是否符合道德情操的价值标准,对其行动做出价值判断,评估它的动机。② 这样的个体道德感与普世的道德情操,都有了强烈的实用性、工具性。

## 三、于行动中评估实践价值

不过,即使道德感具有了实用方向,爱默生依旧担忧社会空间的繁杂、混乱可能会给感知带来困扰,认为丰富的社会现象会给道德生活带来幻想。幻想强行横在感知与行动中间,干预个体从行动本身的体验中,做出清晰判断,进而影响个体道德感向道德情操进发的既定路线。有学者对爱默生"幻想"观点,做出过精准评价。幻想的出现并不是因为感知本身迟钝、不可靠,而是因为有太多印象冲击着我们,干扰了我们的辨别力。③ "理智到处进行干预"④,扰乱了人的心智、注意力,使得从感知到行动的过程不断偏离预期轨道、正确方向。爱默生认为这些纷繁的印象干预,就像是给感知带上了凸镜,而"凭借着克劳德—洛兰凸镜来观察世界。即便有什么人能够做到这一点……总是易于陷入蜃景"⑤。一旦个人的感知注意力、个体意志被杂乱出现的某种现象所吸引、带偏,开始在行动中衡量这些"无用"现象的价值时,便会削弱个体内心既有的道德感。⑥ 换言之,感知行动过程,由于过多"无用"印象的干预,导致个体思考不稳定,进而使得道德判断不准确,甚至会威胁到个体的道德感。

---

① *The Collected Works of Ralph Waldo Emerson* [M]. vol 06. Eds Alfred R. Ferguson, Joseph Slater, Douglas Emory Wilson, Ronald A. Bosco, et al. Cambridge: Harvard University Press, 1971 – 2013, p.240.

② David M. Robinson. *Emerson and the Conduct of Life: Pragmatism and Ethical Purpose in the Later Work* [M]. Cambridge: Cambridge University Press, 1993, p.149. 本章多处参考该书观点。

③ David M. Robinson. *Emerson and the Conduct of Life: Pragmatism and Ethical Purpose in the Later Work* [M]. Cambridge: Cambridge University Press, 1993, p.155. 本章多处参考该书观点。

④ [美] 爱默生:《爱默生集——论文与讲演录》,吉欧·波尔泰编,赵一凡等译,北京:生活·读书·新知三联书店,1993 年,第 1256 页。

⑤ [美] 爱默生:《爱默生集——论文与讲演录》,吉欧·波尔泰编,赵一凡等译,北京:生活·读书·新知三联书店,1993 年,第 1260 页。

⑥ David M. Robinson. *Emerson and the Conduct of Life: Pragmatism and Ethical Purpose in the Later Work* [M]. Cambridge: Cambridge University Press, 1993, p.155. 本章多处参考该书观点。

爱默生并没有想清除这些导致感知受挫的幻想，这是他睿智之处。因为他发现"人们在生活的各个方面都是幻想的牺牲品"①。幻想甚至已经成为现代社会感知活动没法规避的重要体验。而随着社会不断发展，生活空间会迎来越来越多始料未及、复杂多样的现象，这是大势所趋。因此，他对在大环境下，无法做出准确道德判断的个体，表示理解，写道："在这样变幻无常的生存环境中工作，也就难怪我们的判断是模糊的和漂浮的。"②

而他的处理策略是认可幻想的存在价值，指出幻想即使是错误的判断也有利于培养我们内心对经验感知、做出价值判断的敏锐度。后来的实用主义大家杜威，在其《经验与自然》中也有过类似的观点。他指出："错觉就是错觉，但是错觉的发生却并非错觉，而是一个真正的实在。"③它和那些观察到、认识到的经验对象本身一样重要，虽然它可能源自想象，源自晦暗模糊的感觉，但它代表着"在任何原始经验的对象中，总有不显明的潜在的可能性"④。在爱默生这里，幻想经验背后的潜在可能，便是能够帮助训练个体对因果层级规律的洞察。爱默生说："由于我们是通过象征和欺骗受到教诲，那么知道在这种教学中有规律可循不无好处：幻象中有一种固定的等级，层层向上排列。我们戴着粗糙的面具从底层开始攀缘而上，一直升到最最精妙和魅力的层次。"⑤这也是爱默生宗教、美学、道德哲学做出的重大让步，他承认了一种基于自我不断成长而暂时接受表面事实的行动策略。⑥ 爱默生认可了在行动实践中，所感知到经验本身，是稳定与不定的混合存在。幻想就是那些不确定、偏航的感知经验的产物，爱默生承认幻想与个体准确、稳定的道德感知，都存在于我们的生活里。后来杜威在《经验与自然》中，做过更为详尽的阐述。他指出我们生活其中的世界，"既有充沛、完整、条理、使得预见和控制成为可能的反复规律性，又有独特、模糊、不确定的可能性

① ［美］爱默生：《爱默生集——论文与讲演录》，吉欧·波尔泰编，赵一凡等译，北京：生活·读书·新知三联书店，1993年，第1258页。
② ［美］爱默生：《爱默生集——论文与讲演录》，吉欧·波尔泰编，赵一凡等译，北京：生活·读书·新知三联书店，1993年，第1263页。
③ ［美］杜威：《经验与自然》，傅统先译，北京：商务印书馆，2017年，第33页。
④ ［美］杜威：《经验与自然》，傅统先译，北京：商务印书馆，2017年，第33页。
⑤ ［美］爱默生：《爱默生集——论文与讲演录》，吉欧·波尔泰编，赵一凡等译，北京：生活·读书·新知三联书店，1993年，第1261页。
⑥ David M. Robinson. *Emerson and the Conduct of Life: Pragmatism and Ethical Purpose in the Later Work*[M]. Cambridge: Cambridge University Press, 1993, p.157. 本章多处参考该书观点。

以及后果尚未决定的种种进程"①，而这两个方面都不可抗拒地混合在我们的生活里。人类的智慧便体现在发现、掌握事物的规则，以使得繁复的经验现象可以得到控制或减少。这样的智慧存在于实际的经验活动中，它源自个体在实际活动中，在与事物表象地不断接触中，对经验有了规律性的本质认识。

为此，爱默生希望个体在生活中暂时去拥抱这些表象，在不断与其接触中，感受到它们肤浅反映出的道德因果规律。如其所言，"如果生活仿佛是一连串的梦幻，那么在梦幻中也一样能够做到惩恶劝善。好人的幻想是美好的幻想。"②对于幻想的认可，使得爱默生的道德感知，进一步落地，也使其与后来的实用主义者有了更大程度的关联，他们都要在实际生活中、行动中，不断辨别、检验，以求寻到善与事实本质的结果：爱默生要我们不断与环境、现象打交道，"品尝着生存的真正特性；就像在我们的职业中，它们只是在操作方法上有所不同，它们表现出来的法则却是相同的"，"不停的流动和攀登也都能达到这些终极"③。詹姆斯在《信仰的意志》中也有相似的论述："世界应被视为一种用于加深对善、恶内在意识的设计……生命就是长期吃知识树的果子。"④他认为生活行为的伦理原则不应该从抽象的原则中推导出来，它必须从我们切实的生活"实验"中辨别出来，"必须等待时机，并准备每天修正它的结论"⑤。而皮尔士在其1898年的《哲学与生活准则》的演讲中，也明确表达出我们的情感、本能最终会通过实践，进化到符合宇宙真正的道德秩序。他说，道德"不是一件坏事，从真正的进化意义上来看"⑥。

① ［美］杜威：《经验与自然》，傅统先译，北京：商务印书馆，2017年，第58页。

② ［美］爱默生：《爱默生集——论文与讲演录》，吉欧·波尔泰编，赵一凡等译，北京：生活·读书·新知三联书店，1993年，第1264页。

③ ［美］爱默生：《爱默生集——论文与讲演录》，吉欧·波尔泰编，赵一凡等译，北京：生活·读书·新知三联书店，1993年，第1265、1263页。

④ James William. *The Works of William James*［M］. vol 06. Ed. Frederick H. Burkhardt, Fredson Bowers, and Ignas K. Skrupskelis. Cambridge, MA: Harvard University Press, 1975 - 1998，p.128.

⑤ James William. *The Works of William James*［M］. vol 06. Ed. Frederick H. Burkhardt, Fredson Bowers, and Ignas K. Skrupskelis. Cambridge, MA: Harvard University Press, 1975 - 1998，p.157.

⑥ James William. *The Correspondence of William James* ［M］. vol 08. Ed. Ignas K. Skrupskelis and Elizabeth M. Berkeley. Charlottesville: University Press of Virginia. 2000，p.245.

# 第七章
## 于行动中获得知识教育

　　爱默生对现实困境的思考，也关乎个体知识经验、智力培养等问题，尤其是1850年关于黑奴妥协案的通过，让其意识到知识分子、精英阶层所受的知识教育可能出现了问题，竟然让如此野蛮的法案也能获得批复。他承认资本主义社会物质文明的高速发展是必然趋势，但他同样认为，经受过知识训练、培养的知识分子们应该能够在物欲横流的社会里，做出正确的价值判断与选择，能够关注到每个个体都应该享有自由平等的权利。《逃亡奴隶法案》的通过，对爱默生的震撼是很大的。他觉察到，在当时的知识教育下，民众只剩群体，而失去了自己。教育没有让民众看到个体具有的无限潜力，没有让个体意识到自身具有自由发展的无限可能。面对这样的情况，他一方面要以道德代宗教，鼓励个体在行动中培养道德感并通过自然环境给予的反馈，检验行动目的是否为好的、善的行为，做出道德判断。另一方面，他更寄希望于知识训练及教育，能够促进个体全面发展、发掘个体的无限潜能，其中自然也包括对于个体道德、审美的完善。

　　基于此，在爱默生的行动方案里，知识教育是不可或缺的一环，他要在行动中让个体获得全面、完善的知识训练。爱默生积极实践着自己的知识教育态度，克雷明在《美国教育史》中赞誉其为"他那个时代的具有代表性的教育家"[①]。遗憾的是，学界却鲜少关注到爱默生对知识教育所做的贡献。究其原因，大致有二：一为爱默生认为知识的获取源自身体实践，而非耳提面命。他曾做过教师、牧师，康科德的学校委员、康科德哲学学院的部长，也担任过哈佛大学的督导委员会委员，军事学院访问委员会成员，在教师岗位与教育行政机关他直接身体力行的传达自己对知识获取的方法，感染身边的教育从业者，关于教育的言论常常是即时性的，留世不多，这就使得后来研究者容易忽略其教育贡献；二是爱默生

---

　　① ［美］劳伦斯·克雷明：《美国教育史：建国初期的历程 1783—1876》第 2 卷，洪成文等译，北京：北京师范大学出版社，2002 年，第 267 页。

对知识教育的看法并不是当时的主流。19世纪正值美国公共学校运动蓬勃发展的黄金时期，从新英格兰到全国各地都在推进规范且容易操作的知识学习方式，与其不同甚至相对的爱默生教育观念处于边缘位置，并没有得到足够重视。但这并不是说，爱默生对个体的强调、对知识获取的态度就没有价值了。事实上，他在行动中，不断完善个体知识教育的方式，不仅在当时被奥尔科特、梭罗等人视为行动指南，而且对后代思想家尤其是詹姆斯、杜威等实用主义者都产生过深远影响。

# 第一节　反对建构"第三种秩序"

爱默生所处的时代是美国工业化崭露头角，制造业快速发展的起步阶段。也正是在这个阶段，美国社会暴露出了诸多问题。19世纪初，伴随大工厂、机器化的集中生产，城市规模越发庞大、人口急剧膨胀，大量贫困家庭从乡村、欧洲涌入美国东北部等工业化城市寻求就业机会。随着这波移民潮的到来，美国城市矛盾日益尖锐：适龄儿童集中化、贫富差距明显、犯罪率升高、不道德现象屡见不鲜，如卡兹所言，"没有人了解家庭生活、贫困家庭以及文盲家庭的混乱无序，更不要说一些不节制的行为……这些问题在某些人满为患的地区比比皆是。"①针对上述问题，以贺拉斯·曼为代表的一批学者在爱默生的家乡（马萨诸塞州，隶属新英格兰地区）兴起了一场美国教育史上重要的改革运动——公共学校运动（common school movement）。他们力推教育体系改革，主张建立由公共支持、受公共管理的学校制度，希望凭借学校教育让儿童远离家庭、社会的不良影响，接受学校的价值培养，从而扭转工业革命下社会秩序混乱、道德信仰缺失的局面。而更为重要的是，贺拉斯·曼想让公共学校适应整个时代的要求，以一种结构严密、规范标准的教育制度为现代社会生活、工业发展，"生产"出合格的工人。

作为同时期的爱默生，对贺拉斯·曼在其家乡掀起的这场运动持有复杂态度。一方面，他高度赞扬贺拉斯·曼对社会问题的敏锐觉察，认同其将公共教育视为改善个人道德与社会秩序的关键。爱默生指出若每个人都能接受知识教育，并借此了解自己的权力范围、拥有良好的道德品行，那么教育便能消除以政

---

① Michael Katz. *Class*, *Bureaucracy and Schools: the Illusion of Educational Change in America*[M]. NY: Praeger Publishers, 1971, p.32.

治方式处理社会问题的需求。他称赞这种公民事业："学院是社区的一部分,它为我们而存在,并且正在培养我们的教员、文明者和鼓舞者。"①由于这份认同,爱默生积极参与到了教育改革中,在宣传、推进公共教育的美国书院,他多次发表重要演说。新英格兰学园运动(Lyceum Movement)兴起后,爱默生又成为其中杰出代表,积极为民众举办系列讲座,启发民智、教育民众,与贺拉斯·曼共同推进了新英格兰教育事业的发展。

但另一方面,爱默生对贺拉斯·曼所推崇的知识教育统一化很反感。他担心统一化、模式化的公共教育是知识特权、教育霸权的推手,不仅割裂了个体与世界的经验联系,更以牺牲个体独立意识与无限潜力为代价,是在"世界与灵魂之外建立起了'第三种秩序'"②。他的担忧不无道理,因为贺拉斯·曼对公共学校的设想,客观上就是在建构"第三种秩序"。贺拉斯·曼认为理想的教育体系是"一种具有高度'一致性'的教育制度:'一致'的教育目的、'一致'的入学途径、'一致'的学校管理……"③而这种强调高度"一致"的教育模式会让公共教育成为上层阶级对个体进行价值控制的重要手段,让隶属于主流集团的知识、观念正成为一种社会新秩序。因为当被社会边缘化、地位低下的个体,试图通过公共教育实现阶级进阶时,便意味着他们放弃了自身的独立意识以及从生活中发掘自身潜质的能力,选择接受、服从上流阶级筛选、裁定过的价值观念。个体成为"第三种秩序"控制下的大众,"这个系统就是控制他们整个'现实世界'的力量"④。爱默生说:"他感到很难过,因为法则似乎用它的笔尖触及了教育事业,它立刻在世界范围内冻结了社会的凝聚,"教堂里只剩下"一大群脸色苍白的男女"和"冰冷的死亡大会"。他问道:"难道我们不能允许人们按照自己的意愿生活和享受生活吗?"⑤他认为教育始终应是对个体的教导,"个人可能受过教育,而不是大众"⑥。

① *The Later Lectures of Ralph Waldo Emerson*[M]. Eds. BOSCO R. A. and MYERSON J. GA: University of Georgia Press, 2 vols, 2001, p.241.

② [美]爱默生:《爱默生集》,吉欧·波尔泰编,赵一凡等译,北京:生活·读书·新知三联书店,1993年,第67、68页。

③ 陈露茜.对美国"公共学校"(common school)中"common"的讨论[J].清华大学教育研究,2018(01): 117-124.

④ Raymond Williams. *Marxism and Literature*[M]. London: Oxford University Press, 1977, p.177.

⑤ *The Journals and Miscellaneous Notebooks of Ralph Waldo Emerson*[M]. vol V. Eds William H. Gilman, Ralph H. Orth et al. Cambridge: Harvard University Press, 1960-1982, p.25.

⑥ Lloyd Williams. *The Vision of Truth: Basic Perspectives in Emerson's Philosophy of Education*[J]. Peabody Journal of Education, 1963(40): 286-290.

## 一、反对专业化的知识设置

基于这样的认知,爱默生进一步审视公共教育体系对于个体潜力的压制,并从三个方面反对"第三种秩序"。首先,他反对逐渐细化、专业化的知识体系,认为这是对完整个体的迫害。随着工业发展、公共教育改革的推进,美国学院展开了课程改革与实验,将全面、整一的知识内容越来越细分化、专业化,如科学、技术类的知识从古典课程体系中分化独立出来,个别学院增设了科学学科的学士学位等。1825年,梯克诺在《对最近在哈佛大学提出和采用的变化的评论》中提出了"彻底教学原则",希望高校可以成为一所"彻底和很好分科的"专业教育学校,实现教学专门化,培养具有技术知识的高端人才。[①] 这一"彻底"学科改革暗合了城市工业发展对专业技术人员的需求,但爱默生从中看到了社会生产对于个体的物化占有。他认为现代工业生产的职能分工、公共教育的专业细化,都在分裂人的原初完整,"这力量的源头,早已被众人所瓜分,并且分割得细而又细",人被框定在生产链上,失去了整体感知事物的能力,"每一个人都好比从躯体上锯下的一段……但从来不是完整的人"。爱默生指出人"并非只是一个农夫,或一位教授,或一位工程师,而是他们全体的相加"[②]。知识教育不是去了解、培养人的某一部分,而应是对其潜力进行全面、完整的激发,片面的专业技术教育并不利于个体全面发展。这与马克思、杜威的教育观念不谋而合,马克思认为它"加速了劳动者的片面技巧的发展,牺牲了生产者的全部禀赋和本能,从而使劳动者畸形化,把他变成某种怪物"[③]。杜威则指出专业技术教育下的个人,即使可能成为某领域的专家,"可能善长专门的哲学、语言学、数学、工程学或财政学,而在他专业以外的行动和判断中却愚蠢妄为"[④]。这些都论述了专业技术教育对培养完整个体的危害。

## 二、反对照本宣科的知识学习模式

爱默生还反对死记硬背、照本宣科地学习知识经验,认为这会压制个体的创

---

① 王廷芳编:《美国高等教育史》,福州:福建教育出版社,1995年,第117页。
② [美]爱默生:《爱默生集》,吉欧·波尔泰编,赵一凡等译,北京:生活·读书·新知三联书店,1993年,第63、63、63页。
③ 《马克思恩格斯全集》第43卷,北京:人民出版社,2016年,第376页。
④ [美]约翰·杜威:《民主主义与教育》,王承绪译,北京:人民教育出版社,1990年,第72页。

造力、行动力，人为隔断了个体与现实世界的密切联系。在公共学校里，知识学习仍旧延续着传统的教育方式：对固有知识的识记与背诵，已有教科书的知识内容决定了教授的范围。贺拉斯·曼明确指出，公共学校是传播知识、而不是创造知识的场所，他说："在大众中，传播已经发现的真理要好得多。……因此，扩散，而不是发现，是我们政府的责任。"①于是，他支持按年龄对学生分组，"把知识分成科目，并用教科书教授这些科目；完全依赖纸笔测验来检验知识，并制定报告卡来传播这些检测结果"②。很明显，他认为大众适合被动接受现有知识，而无须创造新思想。

爱默生则与之相反，他认为知识学习的根本目的就在于创造，"大学也以同样的方式，有其不可分割的职责——教授元素。但是它们只能高度服务于我们，它们的目标不是训练，而是创造"③。在被动接受经验知识的主流文化下，他的立场具有建设性，因为他看到了知识学习，应能调动个体主动体验、感知日常生活的兴趣，以及在行动中实现对日常经验做出反思、建构的可能。他说："我们被关在学校和大学的朗诵室里有十到十五年了，最后出来的时候，满嘴的话，却什么都不知道。……我们不知道树林中可食用的根，我们不能通过星星来判断我们的方向，也不能通过太阳来判断一天的时间，"④我们学习的知识内容与日常生活脱离了，我们所受的教育只是在接受现成的经验，而没有信赖个体潜力，丢失了在行动中主动学习、不断创造新价值的可能。

### 三、反对教师规范知识内容及形式

爱默生还批评教师出现了方向性错误，教师的职责在于对每个个体进行精神引导，而不仅仅是向学生传授规范化的专业知识。贺拉斯·曼、詹姆斯·卡特等公共学校建立者们为了确保向社会高效输出实用型人才，着力发展师范教育、建立专业的教师训练机构，马萨诸塞州建立了第一批州立师范学校、出现了第一本教师教育的专业教科书——霍尔的《教学讲稿》。《讲稿》详细规范了教师的教

① Martin Bickman. *Minding American education: Reclaiming the Tradition of Active Learning* [M]. NY：Teachers College Press，2003，p.5.

② Martin Bickman. *Minding American education: Reclaiming the Tradition of Active Learning* [M]. NY：Teachers College Press，2003，p.8.

③ Ralph Waldo Emerson. *Essays and Lectures* [M]. Ed. Porte Joel. New York：Library of America，1983，p.59.

④ *The Complete Works of Ralph Waldo Emerson* [M]. 03 vol. Ed. Edward Waldo Emerson. Boston：Houghton Mifflin，1903 - 1904，pp.257 - 259.

学模式、管理手段、授课内容等。在规范的教学体系下，教师们快速培养出一批批符合社会实际需求的学生，却忽视了对每个学生的个性发展、精神价值给予应有的引导，没有鼓励他们去深入探索自身的可能性、思考人性永恒的智慧及伦理追求。换言之，规范化的教学方式使得老师成为知识传授的机械工具，而丢弃了育人的本职。

对此，做过教师、牧师的爱默生深有体会，他本人就经常"敷衍塞责的例行公事"，他说："依靠书本、依靠某个教会、委员会的命令或者某种习惯，那么这个人就是在胡言乱语。""让他闭嘴吧！"①他强烈批评体系下的老师，"你在试图让那个人变成另一个你。一个就够了！"②在其看来，教师真正有价值的工作是激发起每个个体内在的潜力、创造力，挖掘出个体本身具有的道德感与智慧，而不是为其强加一套道德、知识法则。教学本质上是一种精神行为，是"试图帮助他们在道德、智力、精神和身体上拥有一切可能"，而不是"把男孩变成与我们一样的人"。③

爱默生对公共教育改革中诸多问题的认识，并不是说他反对教育向公共、世俗化发展的趋势，他所反对的是贺拉斯·曼公共教育变革的方式。他认为贺拉斯·曼过于遵从理性规则、社会物性需求了，这是对知识教育本质的曲解。真正的知识教育可以包括专业知识，一致的伦理追求，但不能缺少对个体精神活力的激发，而这正是理性规则下的教育所不能给予的，甚至是反对的。公共学校运动的主要问题，就是用"一致性"的教育规则压制了个体多样且无限发展的可能。为此，爱默生在主流的公共教育观下，另辟蹊径，提出了一种个体在行动中积极主动、不断参与，进而收获知识的实践设想，其重点是在行动中恢复个体感知的全面性，激发个体内在潜力，去想象、创造新价值。

## 第二节　知识的获得途径与全面应用

爱默生推崇个体在行动中获得知识，主张行动的目的是塑造完整的人，借以

---

① Lloyd P. Williams. *The Vision of Truth: Basic Perspectives in Emerson's Philosophy of Education*[J]. Peabody Journal of Education，1963(40)：286 - 290.

② *The Complete Works of Ralph Waldo Emerson*[M]. 10 vol. Ed. Edward Waldo Emerson. Boston：Houghton Mifflin，1903 - 1904，p.136.

③ Lloyd P. Williams. *The Vision of Truth: Basic Perspectives in Emerson's Philosophy of Education*[J]. Peabody Journal of Education，1963(40)：286 - 290.

反抗专业技术教育对个体的割裂，而其强调的获得知识途径是培养个体自身的直觉力。他对个体直觉能力的看重是有原因的，在其看来，直觉力能够帮助个体不受部分限制，看到自身与事物间最基本的整体关联。与早期的诗性直觉不同，爱默生虽然依旧认为心灵与事物在本质上是同一的，个体心灵有无限可能，将其视为"完整的灵"与"永恒的'一'，"会"带着他所有的部分，在每一片苔藓和蛛网中重新出现"①，让自然事物呈现精神意志。但是，他不在苛求个体能在切实的生活行动中，凭借直觉力真能洞见到虚幻的精神本质。他要让直觉可以在真正的日常生活里发挥一定的功用。也就是说，他也意识到诗性直觉只是个美好的理想，在现实生活里的直觉不具备如此强大的洞察力。后期的爱默生，只是想给个体直觉一个朝向全面整体把握观念、思想的行动轨迹，而不再是为了最终实现诗性的本质回归。直觉力是朝下的、务实的，面向的是真切的生活事物及其对它们的精神感受。

他指出，现今的教育只看到物质的表面形式及其带给个体有限的经验知识，没有意识到物质形式、经验知识背后所带给我们的思想情感体验，更"没有向我们展示事物之间的关系——这种关系必然存在于整个宇宙中，并将我们所有人与我们的世界捆绑成一个精神整体"②。他希望个体不仅能够从行动中学到知识形式，更可以从形式经验里，培养自身的情感、形成自身的观念意识。人与事物的关系不仅是物质的，也是关乎精神情感的。因而他想恢复从物质形式、经验知识把握"精神整体"的行动路径，进而弥补个体全面知识教育的缺失。为此，爱默生看重直觉发掘个体精神潜质的能力。直觉不同于知性、理智规则，不会将事物分割成一个个部分，逐步理解、推理得出规律。直觉因其感性、直接，更利于在行动中整体、全面的把握事物所带来的情感体验。因此，爱默生认为直觉力是开发个体全面素质与能力的关键。

## 一、在知识训练中提升整体意识

有趣的是，爱默生并没有将专业知识教育排除在行动获得知识的范围外，而是将专业的技术知识也一并融合在了个体直觉力的培养中。他指出完整的知识

① *The Collected Works of Ralph Waldo Emerson*. 02 vols. Eds Alfred R. Ferguson, Joseph Slater, Ronald A. Bosco, et al. Cambridge：Harvard University Press，1971 - 2013，p.60.

② Lloyd P. Williams. *Intuitions of a Free Mind: Emerson's View of the Education of His Time*s[J]. Peabody Journal of Education，1960(37)：365 - 369.

教育应包含两个部分,一个涉及精神元素,另一个便是知识训练。这是爱默生睿智之处,他没有矫枉过正,全然否定技术型知识。他看到了个体生活离不开各种生产技能的运用,因为这是"所有人都在其中谋生的最真实世界的事实"①。"人们费尽心机去谋划有目的的生产,这正是任何生存所必须的行为"②,生产技能是个体生存的本领,也是实现个体全面发展的保障。但要想成为完整的人,仅有专业技能是不够的,还应进一步看到部分形式、知识背后的整体关联,从局部形式、知识中发掘到自身的内在潜力。换句话说,爱默生是要在生产活动、知识训练中突出直觉的行动力,让直觉成为统筹劳动技能、知识经验、技术活动等多种知识形式的凝合剂,培养创造全面发展的人。

具体来看,直觉的落实,在爱默生那里主要有两种方式。第一种方式针对的是专业技术知识对形式、技能训练的过度倚重,他要让直接、自发的直觉感知介入其间,从而将局部、孤立的知识培训转变为激发个体全面潜力的契机。他的策略是,首先肯定"每一种事物本身都是一座训练理解力的学校","在这有益的学习过程中,人的理解力通过不断的加减、区分、综合与度量,为自己的活动赢得了营养与场地。"随后,充分突出个体直觉的价值,他指出个体在这种不间断的技能培训中,会逐渐与事物生出感情上的亲密,然后直觉开始行动,从人与事物的交往中看到其间的精神联系,因为"可感知事物往往与理性的预兆相吻合,并且反映人的良知。"也就是说,爱默生认为不同形式的知识学习都能"同时培养我们的理解能力与理性"③,只不过现代工业生产过于追求速度与产值,急功近利,只关心个体理解力的增添所能带来的实际经济效益,并没有足够耐心等待个体从理解力向直觉力的转变,没有让个体直觉登台、成为实现教育内在化、全面化的推手。

对此,他提出教育应符合个体思想发展循序渐进的天性,需要传授知识的老师给予学生足够的陪伴,像母亲一样,"像自然和天意那样等他"④,慢慢引导学生情感想象的参与,促进转变的逐渐实现。这一知识学习方式,影响了他的挚友奥尔科特。在布鲁克农庄,奥尔科特便尝试在知识训练的过程中,激发学生去直

① *The Letters of Ralph Waldo Emerson*[M]. 02 vol. Eds Ralph L. Rusk and Eleanor M. Tilton. NY: Columbia University Press,1990 - 1995,p.72.

② [美]爱默生:《爱默生集》,吉欧·波尔泰编,赵一凡等译,北京:生活·读书·新知三联书店,1993 年,第 32 页。

③ [美]爱默生:《爱默生集》,吉欧·波尔泰编,赵一凡等译,北京:生活·读书·新知三联书店,1993 年,第 29、29、32、29 页。

④ Ralph Waldo Emerson. *Emerson on education*[M]. Ed Howard Mumford Jones. New York: Teachers College Press,1966,pp.224 - 225.

觉、想象。例如，他在教授孩子音阶图表时，会不断调整排列顺序，并会一边从末尾处询问孩子单词词义，一边逐步擦去，其目的是希望在没有框架限制的知识学习中，最大可能地"强调和培养想象和心灵"①。虽然他的教育实验受到了社会保守派的强烈抵制，农庄后来也被迫结束经营，但爱默生却对他给予了高度评价，认为"他能比大多数人更能洞悉孩童的精神世界"②，是在寻求培养全面个体的可行路径。

此外，爱默生还想凭借直觉，实现经验知识，尤其是书籍对个人真正、全面的教育价值，这是他落实个体直觉力的第二种方式，针对的是模式化教育对既往经验知识灌输式、教条式的应用。和所有公共教育推崇者一样，他鼓励学者们广泛阅读，认为"书籍是历史影响中最好的一种"③。但与推崇者不同的是，爱默生认为书籍的价值并不限于教师往学生头脑里灌输具体的知识内容、固定的分析技巧，更在于激发学生自己的感知力，形成自己独到、新颖的思想见解，如杜威所说，"教育的目的不在于单纯吸收知识和储藏知识，而在于形成个人注意、记忆、观察、抽象和概括的能力。"④爱默生将书籍视为过往个体感受自然事物所呈现的思想集，它是"最早的学者感受并沉思他周围的世界，使之按照自己心灵的逻辑得到重新安排"的产物，就像蒸馏提纯般的思想记录。

因而对于书籍的使用，他反对读者局限于记录的具体内容，要求其深入作者的思想情感世界，凭借自身的沉浸式体验，实现自我与作者的精神交流。他也不认可将伟人的著书视为金科玉律，对其盲目崇拜，指出："每一代人必须写出他们自己的书……远古时代的书籍并不适用于此时。"⑤换言之，他更希望当下学者从已有的经验知识里、既往的精神力量中，丰富自身的情感体验，进而实现自身直觉感知到新思想、新价值，就像"出生健康的孩子的灵感，他对自然会有新认知"⑥。

---

① ［美］劳伦斯·克雷明：《美国教育史：建国初期的历程》，洪成文等译，北京：北京师范大学出版社，2002年，第91页。

② Marjorie Stiem. Beginnings of Modern Education: Bronson Alcott[J]. Peabody Journal of Education 1960(I)：7-9.

③ ［美］爱默生：《爱默生集》，吉欧·波尔泰编，赵一凡等译，北京：生活·读书·新知三联书店，1993年，第66页。

④ ［美］约翰·杜威：《民主主义与教育》，王承绪译，北京：人民教育出版社，1990年，第66页。

⑤ ［美］爱默生：《爱默生集》，吉欧·波尔泰编，赵一凡等译，北京：生活·读书·新知三联书店，1993年，第66、67页。

⑥ *The Complete Works of Ralph Waldo Emerson*[M]. 10 vol. Ed. Edward Waldo Emerson. Boston: Houghton Mifflin, 1903-1904, p.142.

### 二、在行动中实现知识全面应用

两种直觉方式都将专业技术教育、经验知识等融合其中,为的是实现个体全面发展,而要想真正实现这个目的,则必须将这种融合落实于行动实践中。换句话说,这种融合必须在行动中才能体现,也唯有通过行动才能培养出来,爱默生认为所有的知识经验,都要落实于个人的行动实践中,他说:"没有行动,他就称不上是个人。没有行动,思想就永远不能发育为真理。"①他敏锐地觉察到"公共学校"固化的知识教育模式,不利于个体在生活中全面使用所学知识,更不利于个体在变动不居的真实世界中拥有不断的创造力与可能性。因为无论是个体理解力的培养、知识的积累,抑或是直觉能力的激发,都不是一蹴而就、一步到位的,都需要通过外界环境的不断刺激、反馈,促使个体将感性与理性、直觉力与理解力融入其间,形成对事物的新观念,以此促成对自身潜力的不断发掘。这是静态的知识体系所无法满足的,如其所言,"我们必须在艰难的世界中对我们所有种类的精神能力形成一种对抗,否则它们就不会诞生。"②个体只有在行动实践中,在充分发挥感性、知性等多方能力,在对事物持续地理解感知中,在与环境不断地碰撞交互中,在审美培养与知识训练的持续融合中,才能完成自身表达、成长、变化与创新的发展过程,发掘出自身更多的可能。从这个角度看,这种"对抗"性行动,正是对自我持续不断的有益教育,而获得知识、训练的本质就是一场无止境的自我实现、自我超越的行动之旅,它的焦点永远在进一步发掘自我潜力的行动过程中。

关于行动过程,爱默生尤为看重它的过渡时刻,指出:"力量在静止的瞬间停止;它存在于从过去到新的状态的过渡时刻,存在于射出的鸿沟,存在于向目标的飞奔。"③在其看来,过渡意味着新旧交替、对旧形式的突破,便是最能体现自我发展的时刻。而如何让自我到达过渡状态,他也指明了方向:既要关注出发的"鸿沟",也要看到未来的"目标"。

---

① ［美］爱默生:《爱默生集》,吉欧·波尔泰编,赵一凡等译,北京:生活·读书·新知三联书店,1993 年,第 71 页。

② Ralph Waldo Emerson. *Essays and Lectures*［M］. Ed. Porte Joel. New York: Library of America, 1983, p.953.

③ *The Collected Works of Ralph Waldo Emerson*［M］. 02 vol. Eds Alfred R. Ferguson, Joseph Slater, Douglas Emory Wilson, Ronald A. Bosco, et al. Cambridge: Harvard University Press, 1971 - 2013, p.40.

就出发的"鸿沟"而言，爱默生指的是个体在行动中实现对身心的全面占有，调动出自身的多种知识能力，不断丰富知识、审美经验与意识的积累状态。这种状态尤为体现在个体于自然中的劳动，爱默生称这种"劳动是上帝的教育"①。在自然不停地更新、进化中，个体可以身体力行地参与其间，触动触觉、味觉、视觉、听觉，甚至情感、思维、想象等感觉、思维能力，收获源源不断的审美经验与情感。这种身心结合，全面发展的个体是爱默生所喜闻乐见的，因而他鼓励学者们去自然中劳动、做事情而不是一味地思考。爱默生写道："如果一个人考虑到一片面包从他喉咙里穿过的细微之处，他就会挨饿"②，而如果他能发挥身体各器官的能力，直接从事种树、捕鱼等活动时，他不仅不会挨饿，还会感知到自然生命"在他周围的化学反应、树木与动物身上跳动，也在他自身器官的不自觉活动中表现出来"③，会体验到"我们的情感仍然在其中循环缠绕。我们对它的感觉和认识，就如同对自己的脚、手或头脑那样不自觉"④。从身体训练与行动到刺激感官体验，再到出现情感认同，爱默生完成了后来杜威所言的"整一经验"（an experience），使得经验成为完整的审美体验，也实现了把思维、情感等心灵活动融进身体行为中，推动技术、知识、经验等在身心行动上的结合，其目的就是培养全面发展的个体。行动为个体提供了不断促其反思、成长的原料，就像后来詹姆斯所说的那样，"把直接的生活之流叫做'纯粹经验'，这种直接的生活之流供给我们后来的反思与其概念性的范畴以物质材料。"⑤更为可贵的是，爱默生没有让个体的发展止步于接受、反思外界"物质材料"的刺激，他还要让个体去改造、突破外界环境，让其智力"用它制作出璀璨夺目的产品……而这种生产过程每时每刻都在进行着"⑥。

创造是爱默生在行动中全面应用知识的结果，它要推倒技术、专业知识模式

①　Ralph Waldo Emerson. *Essays and Lectures*［M］. Ed. Porte Joel. New York：Library of America，1983，p.142.

②　*The Collected Works of Ralph Waldo Emerson*［M］. 03 vol. Eds Alfred R. Ferguson，Joseph Slater，Douglas Emory Wilson，Ronald A. Bosco，et al. Cambridge：Harvard University Press，1971 - 2013，p.34.

③　［美］爱默生：《爱默生集》，吉欧·波尔泰编，赵一凡等译，北京：生活·读书·新知三联书店，1993 年，第 214 页。

④　［美］爱默生：《爱默生集》，吉欧·波尔泰编，赵一凡等译，北京：生活·读书·新知三联书店，1993 年，第 72 页。

⑤　［美］詹姆斯：《彻底的经验主义》，庞景仁译，上海：上海人民出版社，1965 年，第 49、50 页。

⑥　［美］爱默生：《爱默生集》，吉欧·波尔泰编，赵一凡等译，北京：生活·读书·新知三联书店，1993 年，第 72 页。

化的藩篱,解放每个个体独特的想象力、创造力,去改变、突破既有形式,并在改造的行动中让个体能力见诸实际成果。因此,这里的创造,不同于爱默生早期所看重的诗人具有的如上帝般的创造力,它更加务实,寓于行动中。这种创造方式切实来源于个体在与自然交往中,在自然环境对人行动的反馈中,发挥自身的智力、想象力,创造出适合个体更好发展的新的形式。这样的创造活动从交往、行动、感知再到最后产生出新的产品,都是扎根于此岸的生活实践,不再是构造出理想的彼岸王国。

在其看来,个体行动只有切实为自然生活增添新效果,才是有价值的知识应用活动。在《论教育》中,爱默生指出新的创造是"花园里出现了一个新的亚当,他要给田野里的所有野兽、天空中的所有神灵起名字"①。这个新"亚当"就是受自然环境刺激后产生新思想的个体,而命名活动实际上就是肯定了个体在充分利用自身知识经验后,产生出的独特思想观念具有改造物质现实的巨大力量,敦促个体不断去行动、去改造既有环境。爱默生说,"欲望不能被任何已实现的状态所满足,而是不断敦促我们采取新的行动"②,就是这个意思。

创造把行动与思想绑定为不可分割的关联体,在个体知识获得与应用的过程中不断交替出现,也可视为生活经验的互补阶段,即思想从经验行动中收获概念与原料,而这种思想又能够引导自我参与更多的经验细节,引领我们在生活中更好地实践、行动。这样一来,虽然个体的每次行动、每个思想都难以穷尽自身的全部潜力,但这恰恰成为个体思想、行动不断再创造、再突破的必要可能,就像后来的杜威等实用主义者所言,思想既是完善的,也是工具性的,我们在"做中学",在思想与行动不断斗争、变化的更新中获得连续成长。

## 第三节 爱默生知识教育的价值与缺憾

### 一、于行动中习得应用知识的意义

无论是强调个人从知识训练中提升意识,还是看重个体在行动中全面应用

---

① *The Complete Works of Ralph Waldo Emerson*[M]. 10 vol. Ed. Edward Waldo Emerson. Boston: Houghton Mifflin, 1903 – 1904, p.136.

② James M. Albrecht. *Reconstructing Individualism: A Pragmatic Tradition from Emerson to Ellison*[M]. New York: Fordham University Press, 2012, p.60.

知识促进自身不断成长，爱默生关注的始终是个体自我，是关于个人在当下物欲横流、思想匮乏的环境下如何发挥自己潜能、如何获得与应用知识的具体问题，而这正是他思考知识教育问题的初衷与意义。这份意义不仅彰显于他对当时主流知识教育制度统一化模式的大胆纠偏，更在于他对后世，甚至当今知识教育的启示，例如爱默生对个体，尤其是个体潜力的重视，就直接影响了后来尼采等人的教育哲学。尼采的《作为教育家的叔本华》可视为对爱默生重视个人知识教育的献礼。受爱默生影响，尼采指出知识习得的过程就是一个不断发现自我的问题，自我培养就是要从既定道路和桥梁以及确定的旅程目标、其他偶像崇拜的神灵中解放出来。① 就像爱默生所说，"除了人再没有别的客体使他感到兴趣。……扎根于人的心灵，这才具有莫大的魅力。"② 这种以人为本，尊重每个个体独特性的知识学习方式，对于当下的审美教育仍不过时。在工业快速发展、物欲不断膨胀的当下，学校教育难免也会染上工具性、具有急功近利的色彩，会将升学、成绩、就业率等硬性指标排在对每个学生独立人格的培养、个体价值的引导等人文关怀之前，忘却了作为个体的学生才是学习知识的中心。而传授知识的工作活动往往围绕着老师展开，以老师的观点、态度作为对事物、书本阐释的标准，学生不敢说出自己独到的情感体会，这都会压抑学生的个性与创造力。对此，爱默生启发我们在学习知识时，要多去关注个体的精神成长，发挥情感、想象获得知识中可能具有的作用，将人文价值注入系统化、专业化的知识教学中，促进个体的全面发展。

而爱默生强调知识要在行动中使用起来，通过行动去融合、检验既有知识，则是其思想的另一个重要价值。在行动中，他让知识切实应用于生活、实践，以个体行动去检验知识所具有的可能效果。难能可贵的是，爱默生还发掘了身体训练，对知识落入日常生活所具有的价值，拉开了身体美育、实用主义美育的序幕。他指出我们应该"锻炼他们的身体，训练他们的眼手。我们操练他们对于事物的比较和了解的能力"，"教育的伟大目标应当于生活的目标相对应"③。在其看来，身体感觉经验具有工具性价值，个人能够通过身体训练增强感知力、理解力，获得相应的经验知识，并能通过直觉力等方式，将其审美化，最终以新的形式

---

① Friedrich Nietzsche. *Untimely meditations*［M］. Breazeale D. ed，R. J. Hollingdale. trans. Cambridge：Cambridge University Press. 1997，p.130.

② 袁义江等：《美国哲学史》，桂林：广西师范大学出版社，1989 年，第 34 页。

③ *The Complete Works of Ralph Waldo Emerson*［M］. 10 vol. Ed. Edward Waldo Emerson. Boston：Houghton Mifflin，1903 - 1904，p.134.

归还于生活,在实践中检验知识的效果。

爱默生将身体融进了审美经验中,让身心统一于行动中,这种看法可以说是杜威、舒斯特曼美育观念的雏形,也符合马克思"把教育和物质生产结合起来"的实践教育理念。[①] 与爱默生一样,杜威也看重在动手、行动中去学习,尤其关注身体训练下的美育可能。因为"没有任何东西可以与审美经验那充实的当下直接性相媲美",而"我们的感性认识依赖于身体怎样感觉与运行,依赖于身体的所欲、所为和所受"[②]。因此,身体具有将感官联合、重构,获得经验认知,甚至创造出新体验的意义,这是爱默生所说的在行动中连续不断的知识习得过程,也是杜威、舒斯特曼所言的动态化的生活经验:"他用手、眼和耳来学习,因为手、眼、耳是儿童做事过程的器官,他从做事中理解意义"[③],通过身体多感官的联动,达到感觉经验与意义的勾连。从这个意义而言,爱默生的行动教育是后来杜威、舒斯特曼美育观的先声,致力于重搭心灵与身体、自我与世界紧密相连的桥梁。

而这对于当下的审美、艺术知识的学习等方面也有着指导意义。它鼓励以美为核心的艺术课程,不仅要传授学生对于美、艺术的基础知识,培养学生良好的艺术鉴赏能力,更要让每个学生发挥主动性,身体力行地参与到艺术实践活动中,而不做一个旁观者。以美术教学为例。教师如果只是传授绘画知识、带领学生品鉴经典名画,则很难切实激起学生对于绘画创作的兴趣。只有学生自己拿起画笔,投身于搭配色彩、组织构图等具体的绘画实践中,才能形成真切的审美感知,才能理解艺术形式是如何表达情感思想、如何传达时代精神。相应地,个体的艺术能力、审美素养、精神修养也会随着身体参与、实践得到提高。在做中学,让个体动起来,是爱默生行动教育、杜威与舒斯特曼美育观的设想,也可以成为当下教育教学活动的一项可行原则,进一步提高个体在审美感知上的主动性、参与度,激发个体不断学习的热情。不可否认,爱默生要在行动中,检验、应用知识的思路,为当下的教育活动提供了有益参照。

## 二、爱默生知识教育的缺憾

但遗憾的是,爱默生获取知识的途径与应用方式,只能算是一个关于知识学

---

① 马克思:《共产党宣言》,北京:人民出版社,2014 年,第 50 页。

② [美]舒斯特曼:《实用主义美学:生活之美,艺术之思》,彭锋译.北京:商务印书馆,2002 年,第 35,352 页。

③ [美]约翰·杜威:《民主主义与教育》,王承绪译,北京:人民教育出版社,1990 年,第151 页。

习、训练的美好愿景，而并非具体的改革操作方案。为了纠正当时知识教育、职业教育的弊端，他鼓励个人凭借直觉力去弥补对事物表面形式、局部经验的执着，增强对事物整体关联的把握。这样的思路与初衷都是好的，他针对的是当时知识教育对精神、观念的忽视，但从本质上来讲，直觉作为一种感性途径，它只能在潜移默化间培养个体的审美感受、道德情操。这一途径可以保障爱默生知识习得方式的自由，不会落入职业知识教育程式化、模式化的规则限制，但却难以适应社会体制下的公共学校教育。学校教育需要明确的排课列表、授课内容、教学目标作为基础。对此，爱默生自己也意识到了，他在《论教育》中写道："我承认自己完全不知道如何提出我们教学模式的具体改革。"[①]这可能就是作为美国教父的爱默生，其知识教育变革被边缘化，并没有切实改变美国教育教学模式的原因。这一现实境遇启发我们，获得知识的途径还是应以个体职业技能知识、逻辑认知思维的学习为主，兼以直觉、想象等审美途径保障个体感性观念的发展，要保持理性与感性发展的均衡，个体才能实现均衡、全面的收获知识，获得成长。

不过，值得注意的是，爱默生对待知识经验不再如其早期那样，要实现知识经验的升华，让诗性直觉引领其实现抽象的精神化、道德化，而是强调在切实的生活行动中，在同自然的交往中，获得、检验、应用知识，以知识经验增强自身的理解力、智力，并在感性活动中，生发新观念，创造价值。这种价值并不是诗性本质，它就是寓于人劳动活动中的实践价值。后期的爱默生并没有放弃他早期的诗意追求，想在现实中发挥直觉、想象的感性力量，总体思路较之早期已经务实、落地很多了。

---

① *The Early Lectures of Ralph Waldo Emerson*[M]. 03 vol. Eds Robert E. Spiller, Stephen E. Whicher, and Wallace E. Williams. Cambridge: Belknap-Harvard UP, 1972, p.300.

# 结语
# 爱默生与马克思诗性、
# 行动思维的分途

　　总体而言,爱默生美学思想的核心概念便是"诗意"与"行动",他的一生都在尝试将自己的诗意理想落实于真切的世俗生活里,并以行动纠正、重塑现实的感性世界。只不过在不同的思想阶段,他思想中的"诗意"与"行动"所占比重及其呈现姿态有着明显不同。在爱默生思想早期,他更为看重诗性理想的搭建,认为诗性力量能将尘世事功升华为精神表象,让人们回归精神信仰,以此实现他重建社会信仰的目标。换句话说,这时的"行动"服从于诗性理想的指引,他极其乐观地相信人有洞见一切的心灵,可以指导行动的正确性。但很快,随着诗性引领升华路径的失利、尘世问题越发严峻等,爱默生逐渐意识到诗性理想没有解决现实问题的巨大能力,在现实面前,诗性力量是空洞无力的。于是,在其思想后期,他大胆做出调整,弱化了诗性能力,将诗性思维搁置于感性经验、行动范围内,并且凭借行动产生的切实效用去检验、判断诗性直觉、想象的价值。后期的爱默生倾向于将"行动"视为准则,鼓励个体尽可能在行动中突破局限,不断扩展自身诗性、理性等多方能力,逼近精神本质。

　　但无论是其思想早期或是后期,行动与诗意都是爱默生美学关注的重点方面,这也成为不少美学家、思想家所着重探讨的主题。为了加深、升华对爱默生美学核心概念的理解,也为了更好地对其美学思想做出总结,拟将其与马克思关于诗意、行动方面的思想进行比照,试图从二人思维的分途中,显出爱默生美学核心的特征与面貌,得以发现其思想落地艰难的症结之处。而将爱默生与马克思相比照是有原因的,首先二人处于共同的时代,面对同样的社会问题。爱默生从1836年《自然》出版,到19世纪70年代《社会与孤独》《书信与社会目标》等作品集面世,他的思想生涯大约持续了四十年(1836—1876)。而这四十年恰好也是德国著名革命家、哲学家马克思思想形成、发展的重要时期。卡尔·马克思自

1839 年开始构思他的博士论文，到 1845 年《关于费尔巴哈的提纲》《德意志意识形态》，再到 1867 年《资本论》第一卷出版，其重要的思想著作几乎都完成于这四十年中。也就是说，虽然爱默生与马克思身处不同的国度，思想上也没有过多交集，但其思想发展的时间轨迹却显出有趣的重合。

此外，爱默生与马克思也并非全然没有联系，爱默生阅读过马克思的文章。他在思考个人感性限度问题时，曾在日记中记录过马克思关于阶级、种族问题的语句。他写到，"命运。'阶级和种族太弱，无法驾驭新的生活条件，就必须让位。'——卡尔·马克思"①，并在其名字处做了大写标注，似乎是想表达对马克思解决时代问题策略的赞同。这不禁会引发我们的思考：处于共同时代背景下的两位伟大思想家，在面对、解决同一时代问题时，其思想观点、变革策略会产生怎样的交叉或分途。基于此，结语拟从诗性角度出发，在二人面对共同的时代特征、问题时，两位哲人解决策略的相似与差异。

## 一、回到感性的诗意路径

在爱默生、马克思的思想发展中，都存在对现实问题的诗性思考维度。爱默生作为跨大西洋的浪漫主义接受者，在论柯勒律治的书、与卡莱尔的书信中，他看到了自己通过诗性思维感知世界的能力："我生来就是一个诗人。这是我的天性，我的职业……我能感知到灵魂和物质的和谐，尤其是能感知到是此物与彼物间对应关系的和谐，并且热爱这种和谐，在这个意义上，我是一个诗人。"②不难看出，爱默生骨子里极具浪漫的诗性，并有发挥诗性感知去改造世界的意向。就像大卫·格林汉姆所言："爱默生不仅受到欧洲浪漫主义者的影响，还将其视为他们这一代美国学者的新近使用的理论工具去……展现这种对形式动态的重新构想。"③马克思虽然没有像爱默生这样，直接表达过自己是一个诗人，但从他早期诗歌作品中，也能看到他对诗意的热衷，"浸透了浪漫主义的影响"④。不过，马克思的诗人形象在 1837 年就走向了终结，诗歌创作只存在于青年马克思的活

---

① Lewis S. Feuer. *Ralph Waldo Emerson's Reference to Karl Marx*[J]. The New England Quarterly, 1960(03): 378 - 379.

② [美]詹姆斯·米勒：《思想者心灵简史：从苏格拉底到尼采》，李婷婷译，北京：新华出版社，2015 年，第 263 页。

③ David Greenham, *Emerson's Transatlantic Romanticism*[M]. London: Palgrave MacMillan, 2012, p.x.

④ 刘军.反讽与复归：浪漫主义诗歌在马克思思想演进中的作用[J].学术研究，2012(12)：32 - 36.结语多处参考该文观点。

动里。这是不是意味着马克思至此便抛弃了诗性思维呢？答案显然不是，马克思是将诗性思考植入了更为宽广的领域，他要在社会、生活层面肯定诗性力量。根据马克思的设想，"在共产主义社会里，任何人都没有特殊的活动范围，而是都可以在任何部门内发展，社会调节着整个生产，因而使我有可能随自己的兴趣今天干这事，明天干那事，上午打猎，下午捕鱼，傍晚从事畜牧，晚饭后从事批判，这样就不会使我老是一个猎人、渔夫、牧人或批判者。"①这就是说，当人类获得最终解放时，有限的分工不存在了，而成为人存在方式的"类"，审美活动、诗性创造都是人普遍的能力与存在方式，人的生存本身就是审美化的、富有诗意的。"换言之，人的这种历史解放的结果，就意味着人'诗意地栖居于世'。"②马克思对现实性历史条件、社会结构的分析，实际上就是为了落实人"诗意地栖居于世"这一最终样态。因此，马克思虽然放弃了诗歌创作，但并没有弃绝诗性思维，而是要在社会历史层面为诗性追求寻找现实可能。

按马克思的逻辑，诗性不只属于文学艺术，也存于现实、具体的生活中。这表现为他对浪漫派"存在先于意识"这一思维的认可上，所指矛头是德国观念论，批判的是观念论没有直面事物存在本身，缺乏切实的行动力。浪漫主义者认为日常生活中，存在具有优先性，是主体意识、创造力的来源与起因。他们反对观念论者对具体事物的冷漠处理，反对其将一切具体事物模式化、抽象化为观念的表象，遮蔽着"存在"的多样可能，抛弃了具体事物丰富可感、有机鲜活的存在样态，进而阉割了个体对具体事物的感知力。就像马克思的浪漫派老师施莱格尔所言，"对事物的非诗意的看法把事物当作由感官感知或由理智确定的已经解决了的问题；诗意的看法则不断地对事物进行解释，并从中看到取之不竭的形象性质。"③从浪漫派处，爱默生、马克思看到固化观念所带来的危害：如果将存在视为实存、第一性，让意识成为现实之物，人们的生活便会被抽象成观念的显现，而固化的观念高高在上，无法落入具体的人的生活。对此问题，二人都寄希望于个体感知去扭转，都呼吁回到个体对现实世界的感性活动中。

马克思明确指出黑格尔辩证法及整体哲学体系的错误，在于把人的活动看

①　《马克思恩格斯选集》第 1 卷，北京：人民出版社，2012 年，第 165 页。
②　何中华：《历史地思：马克思哲学新诠》，济南：山东人民出版社，2013 年，第 380 页。结语多处参考该书观点。
③　[法]茨维坦·托多罗夫：《象征理论》，王国卿译，北京：商务印书馆，2004 年，第 249 页。该论点也可参考刘森林.从浪漫派的"存在先于意识"到马克思的"社会存在决定社会意识"[J].哲学动态.2007(09)：3 - 8.

作是抽象的精神思想，而不是感性、现实的活动。他在《〈黑格尔法哲学批判〉导言》中说道："人不是抽象的蛰居于世界之外的存在物。人就是人的世界，就是国家，社会。"①因此，观念论实际上是"一种颠倒的世界意识"②，它颠倒了意识与存在、精神与物质的关系，是用纯思想批判代替实际的生产活动。对此，在《德意志意识形态》中，马克思也表示"这些天真的幼稚的空想构成现代青年黑格尔派哲学的核心"，"我们要把他们从中解放出来。我们要起来反抗这种思想的统治"③，要以个人感性活动为依据，从而实现对感性世界改变、创造活动的把握。对此，有论者评述得很精彩，他指出在马克思看来，"唯物论是一种感知优先性原则，看得见、摸得着的事物的本体论地位，要高于那些看不见、摸不着的对象的本体论地位。"④爱默生也批评唯心观念论是在建构独立于生活之外的法则，认为："唯心论是一种假设，通过木工和化学以外的其他原理来解释自然……它把我留在思想的壮丽迷宫里，无止境地游荡……这个理论使自然对我来说是陌生的，并且没有解释我们承认的亲缘关系"⑤。因此，他和马克思一样，也想要从个人感性经验出发，想要将理论重新拉回感性世界。爱默生指出："我们首先分享事物存在的生命，然后把它们看作是自然界的表象，随后便忘记了我们曾分享过它们的起因，而那才是行动和思想的源泉。"⑥换言之，表象（apparence）与知识（knowledge）应以存在为前提，感性实践、认知活动源于对事物本身的深刻认同。

回到感性，从具体事物、现实存在中显现出本质意蕴，成为马克思与爱默生共同的思维路径，也正是在这一路径中，暗藏着诗性的隐喻思维：于有限、可见中显出无限、不可见的本质。不过，关于有限事物隐喻的无限本质，二人存在差异，也因其差异，使得二人诗意路径具有了不同特质。就爱默生而言，受浪漫派的诗意影响，他认为有限、可见事物能够隐喻无限、不可见的精神实体。也就是说，爱默生依旧认为感性世界中的不可见本质是形而上的精神观念。他说："神

① 《马克思恩格斯文集》第1卷，北京：人民出版社，2009年，第3页。
② 《马克思恩格斯文集》第1卷，北京：人民出版社，2009年，第3页。
③ 《马克思恩格斯文集》第1卷，北京：人民出版社，2009年，第509页。
④ 张文喜.简评早期马克思的感性概念及思想意蕴[J].学术交流，2019(01)：44-52，191.
⑤ *The Collected Works of Ralph Waldo Emerson*[M]. vol Ⅰ. Eds Alfred R. Ferguson, Joseph Slater, Douglas Emory Wilson, Ronald A. Bosco, et al. Cambridge：Harvard University Press，1971-2013, pp.37-38.
⑥ *The Collected Works of Ralph Waldo Emerson*[M]. vol Ⅱ. Eds Alfred R. Ferguson, Joseph Slater, Douglas Emory Wilson, Ronald A. Bosco, et al. Cambridge：Harvard University Press，1971-2013, p.37.

性急速进入分布、变化和粒子的必要性并不少于最初同一的神圣性",“造物主带其所有的部分,在每一片苔藓和蛛网中重新出现"①,指的就是这层意思。这便与他对观念论精神抽象化的批判相矛盾,其原因也并不难理解。

爱默生一方面看到了观念论精神抽象化对现实的无力,说:“生活不是辩证法",“不是智性的,也不是批判性的,它只是坚强的"②,这是他的睿智之处,但另一方面,他没有真正找到感性世界的本质支撑,不得不妥协于康德、黑格尔的“先验世界",无奈默许物质现象背后更基本的存在为精神。他自己总结到:“我认为没有任何形而上学的事实是不以物理事实为基础的,也没有任何物理事实是重要的,除非是以形而上学的真理为支撑。"③为了物理事实的可靠,爱默生保留了形而上学的真理,并将真理寓于“所有人都在其中谋生的最真实世界的事实"④中。这样一来,个体在主客观活动中,感知具体事物便有发现精神本质的可能。爱默生虽没有像黑格尔那样,将自然事物视为主体精神外化的“无用"对象,也没有将主客体活动看作是绝对精神扬弃自身、随后复归、重建自身的辩证统一的纯思维活动,但其所揭示的不可见的精神本质依旧是主观想象后的产物,是其对现实的理想化建构。如果说黑格尔是“用概念、逻辑把现实干瘪化、简化,从而按照自己的要求主观地归化了现实"⑤,那么爱默生便是发挥个体情感想象,主观地诗意建构了理想现实。也就是说,爱默生于有限中隐喻的无限本质是理想化的,并非真正存于现实中,这样的本质在感性世界中摇摇欲坠。

不同于爱默生,马克思很明白“全部人的活动迄今为止都是劳动,也就是工业"⑥,精神活动取决于物质生产实践,因而要从物质生产实践中,去“寻找自己的真正现实性的地方"⑦。这不仅关乎个体感性认识的真实,更关乎如何在感性

---

① *The Collected Works of Ralph Waldo Emerson*[M]. vol Ⅱ. Eds Alfred R. Ferguson, Joseph Slater, Douglas Emory Wilson, Ronald A. Bosco, et al. Cambridge: Harvard University Press, 1971 - 2013, p.60.

② [美]爱默生:《爱默生集》,吉欧·波尔泰编,赵一凡等译,北京:生活·读书·新知三联书店,1993 年,第 532 页。

③ Richardson, Robert D., Jr. *Emerson: The Mind on Fire*[M]. Berkeley, CA: University of California Press, 1995, p.536.

④ *The Letters of Ralph Waldo Emerson*[M]. 02 vol. Eds Rusk R.L. and Tilton, New York: Columbia University Press, 1990 - 1995, p.72.

⑤ 赵锦英,刘森林.现代性批判:从浪漫主义人论到历史唯物主义人论[J].现代哲学,2017(02): 21 - 27.

⑥ 《马克思恩格斯文集》第 1 卷,北京:人民出版社,2009 年,第 193 页。

⑦ 《马克思恩格斯文集》第 1 卷,北京:人民出版社,2009 年,第 3 页。

世界中揭示出本质与普遍的现实性。换言之，马克思要通过"抓住现象，抓住感性知觉"①，让现实世界的不可见得以揭示，让人显出现实的本质。这条"现实"路径是科学的，也是诗意的，折射着浪漫派隐喻路径对他的影响，诚如维塞尔所言，"因为马克思把诗歌的境象深嵌于'科学'的术语上，以致他的追随者都没有意识到这一点。在我看来，马克思恰恰隐没在他自身浪漫诗情创作的背后。"②

马克思用诗歌境象去隐喻现实本质，赋予现实以诗性，展示出"用艺术的方式掌握世界"的一种独特方式。③ 比如在《资本论》中，马克思频繁使用诗歌意象、运用"表现为"（appears）而非"是"（is）去描述资本主义社会受商品、资本宰制的社会形态，"其含义是在事物的表面现象下还存在一些深层的东西"④，隐喻一些不可见、本质性的社会现实。在《资本论》的开篇，马克思便指出商品是"劳动产品剩下来的东西"，它表现为"同一的幽灵般的对象性，只是无差别的人类劳动的单纯凝结"⑤。在这里，马克思以"幽灵般的对象性"去隐喻看不见的商品价值，为抽象人类劳动物化在商品中赋形。而"幽灵"这一喻体本身，也透露出马克思的批判意味，"幽灵"虚无、僵死的形象表明商品中物化的抽象人类劳动是没有生机的死劳动，因为其抛弃了物可感知的质的属性，使得作为劳动的人被抽象为劳动的工具，丢失了人自身感性认识丰富的可能。通过隐喻思维，马克思从具体、可见的商品揭示其背后不可见的资本主义生产方式及其对个体感性活动的限制，使得人的本质在社会生产实践中得以展开。人的本质"就在由社会实践引发的显性的有限事物与隐蔽的无限事物的互动关系之中生成"⑥。从这个意义而言，马克思在对"现实性"问题的探索上，充分运用了自己的诗性思维，促进了人们对现实问题的理解。

## 二、诗性的历史行动之维

无论是诗化现实世界，抑或是赋予现实以诗性，关注的都是资本主义社会的

---

① 《马克思恩格斯全集》第 1 卷，北京：人民出版社，1995 年，第 58 页。
② [美]维塞尔：《马克思与浪漫派的反讽》，陈开华译，上海：华东师范大学出版社，2008 年，第 5 页。
③ 参见马克思：《〈政治经济学批判〉导言》，《马克思恩格斯选集》第 2 卷，北京：人民出版社，2012 年，第 701 页。
④ 参见[美]大卫·哈维：《跟大卫·哈维读〈资本论〉》，刘英译，上海：上海译文出版社，2014 年，第 19 页。
⑤ 马克思：《资本论》第 1 卷，北京：人民出版社，2018 年，第 51 页。
⑥ 孙迎光.马克思诗性思维与当代教育的传承[J].南京社会科学，2017(04)：133 - 140.结语多处参考该文观点。

历史现实。对于资本社会的发展，二人都敏锐地洞察到在科学技术、商业贸易，尤其是资本经济快速发展所带来的诸多问题。其中，最为核心的问题便是异化劳动，即人类所生产的产品、从事的生产活动不再受其自身支配，反而"作为一种异己的存在物，作为不依赖于生产者的力量，同劳动相对立"①。例如，在资本社会机器化大生产条件下，商品虽然日益丰富，却损害了主体全面、自由发展的可能。爱默生意识到工人正"被瓜分，并且被分割得细而又细，抛售无贻"，而"社会正是这样一种状态：其中每一个人都好比从躯体上锯下的一段……但从来不是完整的人"②。马克思也发现现代社会内部分工的职能化、片面化，只会"产生职业的痴呆"③，只会"加速了劳动者的片面技巧的发展，牺牲了生产者的全部禀赋和本能，从而使劳动者畸形化，把他变成某种怪物"④。而在这样制造"怪物"的劳动中，其结果便是物的力量取代了人的意志品质。爱默生指出："商人极少认为他的生意具有理想的价值，他被本行业的记忆所支配，灵魂也沦为金钱的仆役。"⑤马克思也有类似的说法，他说金钱货币已"被当成万能之物""具有占有一切对象的特性"，它带来的是"一切事物的普遍的混淆和替换……是一切自然的品质和人的品质的混淆和替换"⑥。这样一来，"资产阶级抹去了一切向来受人尊崇和令人敬畏的职业的神圣光环。它把医生、律师、教士、诗人和学者变成了它出钱招雇的雇佣劳动者。"⑦也就是说，在异化劳动中，资本、商品成为生活的主人，占有了人，人反倒成为物的奴隶，被割裂、失去了自由。爱默生总结到，金钱货币、经济财富正在培育着"堕落到野蛮的庸俗繁荣"⑧。可以说，二人都清醒地认识到时代境遇下，物的力量对于个人价值的戕害，这敦促二人积极寻求解决问题的方案。于是可以理解，为何马克思、爱默生会几乎同时阅读亚当·斯密、大卫·李嘉图的著作，并又几乎同时出版了《政治经济学批判》(1859年)和论文

---

①　马克思：《1844年经济学哲学手稿》，北京：人民出版社，2000年，第52页。

②　[美]爱默生：《爱默生集》，吉欧·波尔泰编，赵一凡等译，北京：生活·读书·新知三联书店，1993年，第63页。

③　《马克思恩格斯文集》第1卷，北京：人民出版社，2009年，第629页。

④　《马克思恩格斯全集》第43卷，北京：人民出版社，2016年，第376页。

⑤　[美]爱默生：《爱默生集》，吉欧·波尔泰编，赵一凡等译，北京：生活·读书·新知三联书店，1993年，第64页。

⑥　《马克思恩格斯文集》第1卷，北京：人民出版社，2009年，第242、247页。

⑦　《马克思恩格斯文集》第2卷，北京：人民出版社，2009年，第34页。

⑧　*The Collected Works of Ralph Waldo Emerson* [M]. vol Ⅰ. Eds Alfred R. Ferguson, Joseph Slater, Douglas Emory Wilson, Ronald A. Bosco, et al. Cambridge：Harvard University Press, 1971-2013, p.62.

《财富》（1860 年）。他们想为历史现实开出自己的解决方案，在二人的方案里，也流露着对诗性的追求。

爱默生的解决方式是凭借主体的想象力、创造力，在与历史环境的交互作用中不断扩大自身感知，实现自身不断接近精神本质，从而推进人的解放进程。在《财富》一文中，他以金钱为代表，说"农夫的美元很沉重，而职员的美元则轻薄灵便"①，其原因便是农夫可以自由地运用身体、感官、劳动，与充满未知与可能的现实事物打交道，并在此过程中发挥想象力、创造力去还原事物原初便具有的诗性，而在原初诗性的熏陶下，农夫也收获了耐心、谨慎等品格，增添了智慧与力量，这样的工作是有重量的。而职员的财富或许"来自股票交易的一次涨价"，或许"上了牌桌和赌场"②，将自己、工作都作为谋财的方式，被物质、欲望所控制，因而他们赚取美元的方式是肤浅的。在爱默生这里，"农夫"的货币是有价值的，它关乎个体精神的培养与训练，代表了个体在感知行动中想象、顿悟原初精神的可能性，而"职员"的货币则是无益的，它被物的力量所裹挟，压制了个体意识向本质溯源的自由。

爱默生将农夫与职员两相对比，可以看出他多少流露出对农耕、田园生活模式的向往，对机器生产、现代商贸的贬低。事实也确实如此。在他解决异化的方案中，出现的例子几乎都是关于农民、渔民、诗人如何在感官、身体融入自然行动中，实现自身精神的提高，鲜少提到工人、职员在工作中如何实现自身的解放。这说明他主观上希望个人参与农耕、捕鱼等物质生产活动远胜于参加工业生产活动。他没有直面工业生产下对人分割、压制的实际问题，因为他认为资本、金钱控制下的历史境遇，个体感知能力是局限的，片面的，无法完成对精神本质的洞见。但有趣的是，他也不主张人们躲进前资本社会的农业生活状态。爱默生很明白，异化劳动、商业繁荣是社会发展的必然，无法规避，因此他也不愿和梭罗一起归隐于瓦尔登湖。这就像马克思曾说过的那样，"留恋那种原始的丰富，是可笑的"③。爱默生明白压制人的欲望没有用，"每时每刻兴起的念头，都向这个人展示出一种新的需求"，人不会满足于"茅舍和一点点枯燥

---

① ［美］爱默生：《爱默生集》，吉欧·波尔泰编，赵一凡等译，北京：生活·读书·新知三联书店，1993 年，第 1111 页。

② ［美］爱默生：《爱默生集》，吉欧·波尔泰编，赵一凡等译，北京：生活·读书·新知三联书店，1993 年，第 1111 页。

③ 《马克思恩格斯全集》第 46 卷（上），北京：人民出版社，2006 年，第 109 页。

的平静","他生来就想发财"①。两相平衡间,爱默生便想以时间、历史之维去克服特定历史环境下个人感性的限度问题。

　　他承认感知不可避免的历史局限,指出外界环境对个体感知体现为反作用力。它限制了感知发挥作用的方式、手段、材料等,"是一种工具的限定性条件"②,使得个体当下所感知到的"并非是尽善尽美的"③。因而要想最大可能地突破感性的局限,就要与现存环境发生冲突、对抗,将其视为个体想象力、创造力发展的可行资源。换句话说,爱默生明白在资本环境下,个体去感知、洞见绝对的精神本质是困难的,但又可以充分发挥能动性,在持续、变化的环境中不断扩大自身的想象、创造力,进而创造新环境、新的历史条件,并在这样持续的交互活动中,无限逼近精神本源。爱默生唯一一次引用马克思的话语,也是在这个意义上。他引用了马克思 1853 年 3 月 22 日于《纽约每日论坛报》上,以英文撰写的《被迫移民》中的话语:"阶级和种族太弱,无法驾驭新的生活条件,就必须让位。"④但显然爱默生没有真正理解马克思的意思,他并没有将个人的感性根基真正落于感性世界,没有将个体的感性认知活动放置于现实的社会历史层面,没有回到人与自然、社会的切实关系中,他看到的历史,只是个人无时无刻不在靠近"永恒精神"的连续史。在《论历史》中,他写道:"对所有的个人来说,存在着一个共同的心灵。每一个人都是一个入口,通向这同一个心灵,以及它的各个方面。"⑤他还说:"历史上没有一个时代,没有一个社会形态,没有一个行为方式,不跟每个人的生活有某种相符之处的。每一件事物都倾向于用奇妙的方式缩略自己,并把自己的优点贡献给每一个人。"⑥他否认了具体的历史发展、社会形态,也就是忽视感性活动的社会历史性,这就使得改变"异化"状态的方案停留于

　　① ［美］爱默生:《爱默生集》,吉欧·波尔泰编,赵一凡等译,北京:生活·读书·新知三联书店,1993 年,第 1102 页。
　　② ［美］爱默生:《爱默生集》,吉欧·波尔泰编,赵一凡等译,北京:生活·读书·新知三联书店,1993 年,第 1048 页。
　　③ ［美］爱默生:《爱默生集》,吉欧·波尔泰编,赵一凡等译,北京:生活·读书·新知三联书店,1993 年,第 1049 页。
　　④ Lewis S. Feuer. *Ralph Waldo Emerson's Reference to Karl Marx*［J］. The New England Quarterly,1960(03):378-379. 爱默生在他的日记中提到了卡尔·马克思,并记录了下面这段话:Fate. "The classes and the races too weak to master the new conditions of life must give way."—KARL MARX.(命运。"阶级和种族太弱,无法驾驭新的生活条件,就必须让位。"—卡尔·马克思)
　　⑤ ［美］爱默生:《爱默生集》,吉欧·波尔泰编,赵一凡等译,北京:生活·读书·新知三联书店,1993 年,第 256 页。
　　⑥ ［美］爱默生:《爱默生集》,吉欧·波尔泰编,赵一凡等译,北京:生活·读书·新知三联书店,1993 年,第 259 页。

诗的国度，无法成为指导任何一个现实历史阶段的具体规则。

在这一点上，马克思却说得很清楚："如果我们在现在这样的社会中没有发现隐蔽地存在着无阶级社会所必需的物质生产条件和与之相适应的交往关系，那么一切炸毁的尝试都是唐·吉诃德的荒唐行为。"①他认识到感性活动应与社会内容相统一，诗性应是以社会历史的解放为前提，诗意、审美是衡量解放程度的标尺，而不是解放任务的承担者。② 换言之，马克思要将爱默生式的诗化策略颠倒过来，不是诗性想象创造历史，而是在真切的历史活动、社会生产中融入审美、诗意之维。

马克思的策略是将感性概念置于资本社会历史活动中，并在其间揭示制约个体感性、意识的生产方式，发现克服个体感性局限的力量，进而实现人的自由与解放。在其看来，物质生产可以成为一种审美活动，能够包含诗性追求。在《1844 年经济学哲学手稿》中，他针对"人的生产"指出"人也按照美的规律来构造"，便说明生产劳动实践遵循美的规律，其性质就是美的，也是具有诗性的。而这里论及的"美的规律"实际上就是人的本质属性，就是"自由的有意识的活动恰恰就是人的类特性"③。其中，"有意识"指的是人智力认知上的内在尺度，可以把一切当作"自己意识的对象"，"懂得处处都把固有的尺度运用于对象"④，也就是"有意识"地实现人的全面、完整的发展。就像马克思在评论剧作《巴黎的秘密》中卖淫妇玛丽花时所讲，"尽管她处在极端屈辱的境遇中，她仍然保持着人类的高尚心灵、人性的落拓不羁和人性的优美……使她成为罪犯圈子中的一朵含有诗意的花。"⑤马克思赞赏玛丽花有意识地维护自身的本性，这种代表人本质的特性是具有诗意的。而"自由"指的则是意志选择上的自由，即人可以按照自身意愿，自主、自由的从事劳动生产活动，"不仅包括我做自由的事，而且也包括我自由地做这些事"⑥。主体按照自身目的、意愿，"自由"进行对象化活动，就是美与诗意在生产劳动中的体现。

不过，在资本社会异化劳动面前，人们生活尤其是生产劳动中的目的、意志等方面都是不能自主的，这点马克思看得很明白。片面、异化的劳动状态局限了

① 《马克思恩格斯文集》第 8 卷，北京：人民出版社，2009 年，第 54 页。
② 何中华.马克思哲学与浪漫主义[J].山东社会科学，2007(12)：5-15，165.
③ 马克思：《1844 年经济学哲学手稿》，北京：人民出版社，2000 年，第 58、57 页。
④ 《马克思恩格斯文集》第 1 卷，北京：人民出版社，2009 年，第 162、163 页。
⑤ 《马克思恩格斯全集》第 2 卷，北京：人民出版社，1957 年，第 215 页。
⑥ 《马克思恩格斯全集》第 1 卷，北京：人民出版社，1995 年，第 181 页。

人的感性实践能力。具体而言,在异化的生产活动中,生活、生产本身不被当作目的,而是成为赚钱牟利的手段,"生活本身仅仅表现为生活的手段"①。马克思批评经营矿物的商人"只看到矿物的商业价值,而看不到矿物的美和独特性;他没有矿物学的感觉"②,便是因为矿物商人从事矿物工作本身,不是因为热爱矿石,只想将开矿作为赚钱手段,因此他无法在生产活动中感受到矿物的美,无法激起个人发展中的诗意关怀。不仅是商人,如果从事艺术生产实践的工作者,为了挣钱而写诗、唱歌,也会使得艺术成为异化的产物。被职业化的艺术生产者,也会失去感知事物独特性、诗性的能力,"对最美丽的景色都没有什么感觉"③。其结果是,"诗一旦变成诗人的手段,诗人就不成其为诗人了。"④这样将目的作为手段的劳动活动,人不仅不会实现全面、自由发展,只会"否定自己,不是感到幸福,而是感到不幸,不是自由地发挥自己的体力和智力,而是使自己的肉体受折磨、精神遭摧残"⑤。这就是马克思在《资本论》中所论及的,资本主义的物质生产方式决定了在该历史阶段,难以实现人彻底合乎美的规律,全面而自由发展,资本社会有其历史局限性。

至于如何克服历史局限,实现人全面自由的发展,马克思认为必须以高度发达的生产力为基础,需要凭借生产力的提高来实现。如果说爱默生是寄希望于主观想象力、诗意创造去解放受奴役的人们,马克思便是要发挥生产力及工人阶级的创造性力量,去复归人的本质。没有社会基础、不立足于生活结构的主观想象一旦入世,便会将人们领入虚空的精神世界,而基于物质生产实践所依靠的生产、劳动力量则不同,它带来的则是切实的"革命的实践"⑥。

在这里,马克思指出这种创造性力量就具体存在于人与外界环境的物质变换中。他说,"环境的改变和人的活动或自我改变的一致"⑦,改变环境,也是自身的改变,"占有只有通过联合才能实现,由于无产阶级本身固有的本性,这种联合又只能是普遍性的,而且占有也只有通过革命才能得到实现"⑧。因此,针对资本社会私有制的现实,他主张通过阶级斗争的革命方式对私有财产进行扬弃,

---

① 马克思:《1844 年经济学哲学手稿》,北京:人民出版社,2000 年,第 57 页。
② 《马克思恩格斯文集》第 1 卷,北京:人民出版社,2009 年,第 192 页。
③ 《马克思恩格斯文集》第 1 卷,北京:人民出版社,2009 年,第 192 页。
④ 《马克思恩格斯全集》第 1 卷,北京:人民出版社,1995 年,第 192 页。
⑤ 马克思:《1844 年经济学哲学手稿》,北京:人民出版社,2000 年,第 54 页。
⑥ 《马克思恩格斯文集》第 1 卷,北京:人民出版社,2009 年,第 500 页。
⑦ 《马克思恩格斯文集》第 1 卷,北京:人民出版社,2009 年,第 500 页。
⑧ 《马克思恩格斯选集》第 1 卷,北京:人民出版社,2012 年,第 210 页。

进而实现从异化劳动向真正劳动的飞越，实现人的真正解放。这就是他在《1844年经济学哲学手稿》中所说的，"共产主义是对私有财产即人的自我异化的积极的扬弃。"①与爱默生的调和不同，马克思鼓励个体置身于变革的环境中，遇到机会就坚决地改变现存环境，创造性的参与到对社会基础力量的变革中。在变革的生产实践中，主体学会培养自主、自由的感性意识，意识到当下生活不自由的状况，并由此生发出改变该现状的"根本革命的意识，即共产主义的意识"②，使之回归于生产生活。在感知与物质生产相统一中，逐渐超越、克服异化障碍，实现人真正的自由与解放，当然也是美的实现，生活诗意之维的恢复。

这样的处理策略真正将人的解放置于历史生活视域中，诉诸对社会关系批判性的改造中，不像爱默生理想化的诗意世界没有任何社会基础，简单地建构在观念想象里，在具体的历史现实面前，显得空洞无力。马克思眼中的整个历史进程，都深深立足于社会生产力状况及生产关系：从劳动产生人，生成了人的感官感觉，再到资本社会对感觉的异化，再到揭露私有制的弊端，扬弃异化，最终实现全面完整的人的解放。历史的发展，就是现实的感性世界在生产劳动中逐渐朝向真正人的感觉的发展历程，③就像马克思表达过的那样，"生产的不断变革，一切社会状况不停的动荡，永远的不安定和变动，这就是资产阶级时代不同于过去一切时代的地方。一切固定的僵化的关系以及与之相适应的素被尊崇的观念和见解都被消除了"④，但通过生产而发展、改造，又会"造成新的力量和新的观念，造成新的交往方式，新的需要和新的语言"⑤。人类解放的本质就体现在不断生成、不断超越，让社会关系满足自身全面发展的需要，让人从生产劳动、社会关系中获得解放，这体现了马克思对人真正的诗意关怀、对现实人生的诗性追求。有论者说，"马克思创造性地将诗性的追求奠基于对资本主义现实科学分析的基础上，并立足于在现实的革命实践活动中探求人类解放的途径和方式，从而使得诗化哲学的诗性追求与历史实现了统一。"⑥这种观点值得重视。

---

① 《马克思恩格斯文集》第1卷，北京：人民出版社，2009年，第185页。
② 《马克思恩格斯全集》第3卷，北京：人民出版社，1960年，第78页。
③ 高雪.回到感性：重思马克思哲学的美学向度[D].博士学位论文,吉林大学,2020：47.
④ 《马克思恩格斯选集》第1卷，北京：人民出版社，2012年，第403页。
⑤ 《马克思恩格斯全集》第30卷，北京：人民出版社，1995年，第487页。
⑥ 徐辉.马克思哲学诗性特质解读[J].南京政治学院学报,2008(02)：35-38.

### 三、诗意复归的不同内涵

爱默生与马克思历史观明显的差异,使得二人的诗性追求在历史维度也呈现出了不同的方式。爱默生要以持续的诗性想象力去构造诗意的历史,将精神观念视为实践活动的全部价值,而马克思则要在真切的生产实践中,在提高生产力的基础上,发挥主体改变环境的能动性,从中见出主体的诗性追求。二人诗性追求的不同,造成在对待复归问题上的分途。

所谓复归,有论者讲得很好,其本质在于对本根性的寻求与接近,①也就是历史发展的本原究竟在何处的问题。受柏拉图等古希腊哲人影响,爱默生认为本原是诗性,自然事物都是对世界原初诗性的具体表征。因此,复归就是要回到人与自然的原初关系中,回到主体心灵与事物精神的统一中。主体通过不断接近物质现象,感受其背后隐喻的精神价值,进而促使主体观念意识不断向原初精神回溯,获得天才般的思想。这场复归虽然承认资本社会的历史现实,但历史现实至多是对回溯造成阻碍,不会影响精神还乡的方向。他认为即使主体达不到"走出了命运,进入了自由"这一理想状态,②也可以最大程度发挥感知力、想象力,无限复归到精神本源。这也是爱默生热爱自然与农业生活的原因。因为在农耕文明中,树木丛林,江湖河流都保持着原始的样貌,在这样原初的样态里,易于激发主体的诗性,易于复归到诗性的精神本源。爱默生在《自然》中写道:"谈论自然时,我们的心目中有一种鲜明而又极富诗意的感觉。这感觉来自无数自然物体造成的完整印象。"③爱默生推崇前资本社会纯粹捕鱼、耕地等自然劳动,对此,马克思也曾给予过一定肯定。他赞扬过前资本社会的"崇高",指出:"根据古代的观点,人,不管是处在怎样狭隘的民族的、宗教的、政治的规定上,毕竟始终表现为生产的目的,在现代世界,生产表现为人的目的,而财富则表现为生产的目的。"④当然,马克思主要是从生产劳动自主性的角度,肯定了农业社会的"崇高",并不影响他对前现代社会的历史态度。

---

① 参见刘军.反讽与复归:浪漫主义诗歌在马克思思想演进中的作用[J].学术研究,2012(12):32-36.结语多处参考该文观点。

② [美]爱默生:《爱默生集》,吉欧·波尔泰编,赵一凡等译,北京:生活·读书·新知三联书店,1993年,第1063页。

③ [美]爱默生:《爱默生集》,吉欧·波尔泰编,赵一凡等译,北京:生活·读书·新知三联书店,1993年,第8页。

④ 《马克思恩格斯全集》第46卷(上),北京:人民出版社,1979年,第486页。

面对历史发展的必然趋势，马克思更多是批评农业文明主观浪漫化、诗意化的还乡情结。他斥责道："那些好心的狂热者，那些具有德意志狂的血统并有自由思想的人，却到我们史前的条顿原始森林去寻找我们的自由历史。但是，如果我们的自由历史只能到森林中去找，那么我们的自由历史和野猪的自由历史又有什么区别呢？"①在《路易·波拿巴的雾月十八日》中，马克思更明确表示，关于"19世纪的社会革命不能从过去，而只能从未来汲取自己的诗情"②。也就是说，马克思的诗意复归不在过去，不在回溯，而在未来，在历史发展中。因此，与爱默生寄希望于回到虚无、原初的精神本原不同，马克思的复归则是要在历史发展进程中，逐渐解放人的本性。爱默生回到原初自然的复归被马克思转变为，在真正的历史进程中人向自身本性的复归，人对自身本质的真正占有，"它是人向自身、向社会的即合乎人性的人的复归，这种复归是完全的，自觉的和在以往发展的全部财富的范围内生成的。"③马克思这样的复归才是切实的、有现实意义的。

这样朝向人本质的现实性复归，是"从未来汲取自己的诗情"④，是在对自身发展否定之否定中，在更高的生产关系中保有"儿童"纯真天性。在《〈政治经济学批判〉导言》里，马克思指出"一个成人不能再变成儿童"，但"儿童的天真"使成人感到愉快，因而可以"在一个更高的阶梯上把儿童的真实再现出来"⑤。这份"天真"实际上，就是人的天性，是美的，也是富有诗意的，不过"成人"不可能变回"儿童"，就像社会发展不可能倒退，不会回到原始的火器农耕，但这并不是说在现代社会就不能保有这份天性，马克思的意思是要在更高的生产关系中实现它。换句话说，马克思的复归不是直线式的回到过去，而是螺旋式的，在否定之否定的辩证关系里，复归到人本质的自由、全面。在《资本论》中，他说："从资本主义生产方式产生的资本主义占有方式，从而资本主义的私有制，是对个人的、以自己劳动为基础的私有制的第一个否定。但资本主义生产由于自然过程的必然性，造成了对自身的否定。这是否定的否定。"⑥相较于爱默生的复归是在精神层面的空虚回溯，马克思的复归则明显务实、可行得多，复归如果没有融进当下的社会现实，没有社会群体的参与，便只能是一场怀古的空想。在这点上，马克思显然比爱默生更为深刻、现实。

① 《马克思恩格斯文集》第1卷，北京：人民出版社，2009年，第5页。
② 《马克思恩格斯文集》第2卷，北京：人民出版社，2009年，第473页。
③ 马克思：《1844年经济学哲学手稿》，北京：人民出版社，2000年，第81页。
④ 《马克思恩格斯文集》第2卷，北京：人民出版社，2009年，第473页。
⑤ 《马克思恩格斯选集》第2卷，北京：人民出版社，2012年，第711、712页。
⑥ 马克思：《资本论》第1卷，北京：人民出版社，2018年，第874页。

# 参 考 文 献

## 一、爱默生著作

### 1 原著

［1］Ralph Waldo Emerson. *The Collected Works of Ralph Waldo Emerson* [M]. 10 vols. to date. Eds Alfred R. Ferguson, Joseph Slater, Douglas Emory Wilson, Ronald A. Bosco, et al. Cambridge: Harvard University Press, 1971－2013.

［2］Ralph Waldo Emerson. *The Complete Works of Ralph Waldo Emerson* [M]. 12 vols. Ed. Edward Waldo Emerson. Boston: Houghton Mifflin, 1903－1904.

［3］Ralph Waldo Emerson. *The Correspondence of Emerson and Carlyle* [M]. Ed. Joseph Slater. New York: Columbia University Press, 1964.

［4］Ralph Waldo Emerson. *The Early Lectures of Ralph Waldo Emerson* [M]. 3 vols. Eds Robert, E. Spiller, Stephen E. Whicher, and Wallace E. Williams. Cambridge: Harvard University Press, 1959－1972.

［5］Ralph Waldo Emerson. *Emerson's Prose and Poetry*[M]. Eds. Joel Porte and Saundra Morris. New York: W.W. Norton & Company, 2001.

［6］Ralph Waldo Emerson. *The Journals and Miscellaneous Notebooks of Ralph Waldo Emerson*[M].16 vols. Eds William H. Gilman, Ralph H. Orth et al. Cambridge: Harvard University Press, 1960－1982.

［7］Ralph Waldo Emerson. *The Later Lectures of Ralph Waldo Emerson* [M]. 2 vols. Eds. Bosco R. A. and Myerson J. Athens: University of Georgia Press, 2001.

［8］Ralph Waldo Emerson. *The Letters of Ralph Waldo Emerson* [M].

10 vols. Eds Ralph L. Rusk and Eleanor M. Tilton. New York：Columbia University Press，1939，1990－1995.

［9］Ralph Waldo Emerson. *Ralph Waldo Emerson：Essays and Lectures* ［M］. Ed Joel Porte. New York：Literary Classics of the United States，Inc.1983.


**2 译本**

［1］［美］拉尔夫·沃尔多·爱默生.爱默生集——论文与讲演录［M］.吉欧·波尔泰编,赵一凡等译,北京：生活·读书·新知三联书店,1993.

［2］［美］拉尔夫·沃尔多·爱默生.美国学者：爱默生讲演集［M］.赵一凡译,北京：生活·读书·新知三联书店,1998.

［3］［美］拉尔夫·沃尔多·爱默生.爱默生文集——不朽的声音［M］.张世飞,蒋旭东译,北京：当代世界出版社,2002.

［4］［美］拉尔夫·沃尔多·爱默生.爱默生文集——精神的足迹［M］.王久高,李双伍译,北京：当代世界出版社,2002.

［5］［美］拉尔夫·沃尔多·爱默生.爱默生文集——心灵的感悟［M］.李磊,文小勇译,北京：当代世界出版社,2002.

［6］［美］拉尔夫·沃尔多·爱默生.爱默生文集——生活的准则［M］.史土本,牛雅芳译,北京：当代世界出版社,2002.


## 二、研究文献

**1 著作**

**外文研究文献：**

［1］Alexander Thomas. *John Dewey's Theory of Art，Experience，and Nature*［M］. Albany：State University of New York Press，1987.

［2］Annette T. Rubinstein，*American Literature，Root and Flower*［M］. New York：Monthly Review Press，2013.

［3］Barbara Packer，*Emerson's Fall: A New Interpretation of Major Essays* ［M］. New York：The Continuum Publishing Company，1982.

［4］Barbara Novak，*Nature and Culture: American Landscape and Painting，1825－1875*［M］. Oxford：Oxford Univ. Press，2007.

[ 5 ] Barbara Novak. *American Painting of the Nineteenth Century: Realism, Idealism, and the American Experience*[M]. Oxford: Oxford university press, 2007.

[ 6 ] Cornel West, *The American Evasion of Philosophy: A Genealogy of Pragmatism*[M]. Madison: The University of Wisconsin Press, 1989.

[ 7 ] David A. Granger. *John Dewey, Robert Pirsig, and the Art of Living* [M]. London: Palgrave MacMillan, 2006.

[ 8 ] David Greenham, *Emerson's Transatlantic Romanticism*[M]. London: Palgrave MacMillan, 2012.

[ 9 ] David Schuyler. *Sanctified Landscape: Writers, Artists, and the Hudson River Valley, 1820 - 1909* [M]. Ithaca, N. Y.: Cornell University Press, 2012.

[10] David M. Robison. *Emerson and the Conduct of Life: Pragmatism and Ethical Purpose in the Later Work* [M]. Cambridge: Cambridge University Press, 1993.

[11] Edward Hitchcock, *Elementary Geology*[M]. New York: Dayton and Newman, 1842.

[12] Friedrich Nietzsche. *Untimely meditations*[M]. Breazeale D. ed, R. J. Hollingdale. trans. Cambridge: Cambridge University Press, 1997.

[13] George Kateb, *Emerson and Self-Reliance*[M]. New York: Rowman & Littlefield, 2002.

[14] Gerald Bruns. *Modern poetry and the idea of language*[M]. Dallas: Dalkey Archive Press, 2001.

[15] Hans Huth. *Nature and the American: three centuries of changing attitudes*[M]. Berkeley: University of Calif Press, 1957.

[16] Henry James. *Partial Portraits*[M]. London: Macmillan, 1888.

[17] Hyatt Waggoner. *Emerson as poet* [M]. Princeton: Princeton University Press, 2016.

[18] Hume, David. *Essays: Moral, Political and Literary* [M]. Oxford: Oxford Up Print, 1963.

[19] Hedge, Frederic Henry, *Coleridge's Literary Character Transcendentalism:*

*A Reader*[M]. Ed. Joel Myerson. Oxford：Oxford UP，2000.

[20] Hugh. Blair，*Lectures on Rhetoric and Belles Letters*[M]. Philadelphia：193 Market Street Philadelphia Troutman & Hayes，1813.

[21] Irena Makarushka. *Religious Imagination and Language in Emerson and Nietzsche*，London：Palgrave Macmillan press，1994.

[22] James M. Albrecht. *Reconstructing Individualism：A Pragmatic Tradition from Emerson to Ellison* [M]. New York：Fordham University Press，2012.

[23] Joel Porte，Saundra Morris，eds，*The Cambridge Companion to R. W. Emerson*[M]. USA：Cambridge University Press，1999.

[24] John Dewey，*Art as Experience* [M]. New York：Minton Balch & Company，1934.

[25] James Thomas Flexner. *That Wilder Image: The Painting of America's Native School from Thomas Cole to Winslow Homer*[M]. New York：Dover Publications，1970.

[26] Jean McClure Mudge（ed）. *Mr Emerson's Revolution*[M]. Cambridge，UK：Open Book Publishers，2015.

[27] Joseph Urbas. *The Philosophy of Ralph Waldo Emerson* [M]. New York：Routledge，Taylor & Francis Group，2021.

[28] Kate Stanley. Practices of Surprise in American Literature After Emerson [M]. Cambridge：Cambridge University Press，2018.

[29] Locke，John. *An Essay Concerning Human Understanding* [M]. Ed. Roger Woolhouse. London：Penguin，2004.

[30] Lawrence Buell，*Emerson* [M]. Cambridge：The Belknap Press of Harvard University Press，2003.

[31] Louis L. Noble，*The Course of Empire*，*Voyage of Life and Other Pictures of Thomas Cole*，N.A.[M]. New York：Cornish，Lamport & Co，1853.

[32] Louis Legrand Noble，*The Life and Works of Thomas Cole* [M]. Cambridge，MA：The Belknap Press，1964.

[33] Makarushka，Irena S. M. *Religious Imagination and Language in*

*Emerson and Nietzsche*[M]. London: Palgrave Macmillan press，1994.

[34] Michael Katz. *Class*，*Bureaucracy and Schools: the Illusion of Educational Change in America*[M]. NY: Praeger Publishers，1971.

[35] Martin Bickman. *Minding American education: Reclaiming the Tradition of Active Learning* [M]. NY: Teachers College Press，2003.

[36] Nicholas Guardiano. *Aesthetic Transcendentalism in Emerson*，*Peirce*，*and Nineteenth-Century American Landscape Painting* [M]. London: The Rowman & Littlefield Publishing Group，Inc，2017.

[37] Oliver W. Larkin，Samuel F. B. *Morse and American Democratic Art* [M]. Boston and Toronto: Little，Brown，1954.

[38] Oisín Keohane. *Cosmo-nationalism: American*，*French and German Philosophy*[M]. Edinburgh University Press，2018.

[39] Paul de Man，*The Rhetoric of Romanticism*[M]. New York: Columbia University Press，1984.

[40] Richardson，Robert D.，Jr. Emerson: The Mind on Fire[M]. Berkeley，CA: University of California Press，1995.

[41] Russell Goodman，*American Philosophy Before Pragmatism* [M]. Oxford: Oxford University Press，2015.

[42] Robert Kern. *Orientalism*，*Modernism*，*and the American Poem*[M]. Cambridge: Cambridge University Press，1996.

[43] Robert Langbaum. *The Poetry of Experience: The Dramatic Monologue in Modern Literary Tradition*[M]. Chicago: The University of Chicago Press，1957.

[44] Robert Essick. *William Blake and the Language of Adam*[M]. Oxford: Oxford University Press，1989.

[45] Raymond Williams. *Marxism and Literature* [M]. London: Oxford University Press，1977.

[46] Samantha Harvey，*Transatlantic Transcendentalism: Coleridge*，*Emerson and Nature*[M]. Edinburgh: Edinburgh University Press，2013.

[47] Santayana. *Interpretations of Poetry and Religion* [M]. New York: Scribner's，1900.

［48］Thomas Flexner. *That Wilder Image: The Painting of America's Native School from Thomas Cole to Winslow Homer*［M］. New York: Dover Publications，1970.

［49］Van Leer，David，*Emerson's Epistemology: The Argument of the Essays*［M］. Cambridge: Cambridge University Press，1986.

［50］Whicher Stephen，*Freedom and Fate: An Inner Life of Ralph Waldo Emerson*［M］. Philadelphia: University of Pennsylvania Press，1953.

［51］Walter Benjamin. *Reflections: Essays，Aphorisms，Autobiographical Writings*［M］. New York and London: Harcourt and Kurt Wolff Book，1978.


**中文研究文献**

［1］［美］杜威.经验与自然［M］.傅统先译,北京：商务印书馆,1960.

［2］［美］杜威.艺术即经验［M］.高建平译,北京：商务印书馆,2005.

［3］［美］迪安.美国的精神文化——爵士乐、橄榄球和电影的发明［M］.袁新译,北京：商务印书馆,2013.

［4］贺麟.现代西方哲学讲演集［M］.上海：上海人民出版社,2012.

［5］［美］康乃尔·韦斯特.美国人对哲学的逃避　实用主义的谱系［M］.南京：南京大学出版社,2016.

［6］［法］卢梭.论科学与艺术［M］.北京：商务印书馆,1963.

［7］［英］莱蒙.历史哲学：思辨、分析及其当代走向［M］.毕芙蓉译,北京：北京师范大学出版社,2009.

［8］［美］理查德·舒斯特曼.情感与行动　实用主义之道［M］.上海：商务印书馆,2018.

［9］［英］洛克.人类理解论［M］.关文运译,北京：商务印书馆,1959.

［10］李永毅.比较之维　诗歌与诗学论稿［M］.重庆：重庆大学出版社,2014.

［11］［美］拉塞尔·柯克.美国秩序的根基［M］.张大军译,南京：江苏凤凰文艺出版社,2018.

［12］［美］劳伦斯·克雷明.美国教育史：建国初期的历程［M］.洪成文等译,北京：北京师范大学出版社,2002.

［13］［德］马克斯·韦伯.新教伦理与资本主义精神［M］.彭强,黄晓京译,西安：

陕西师范大学出版社,2002.

[14] [美] M. H.艾布拉姆斯.镜与灯　浪漫主义文论及批评传统[M].郦稚牛等译,北京：北京大学出版社,1989.

[15] 毛峰.神秘主义诗学[M].北京：生活·读书·新知三联书店,1998.

[16] [美] 纳尔逊·布莱克.美国社会生活与思想史[M].许季鸿等译,北京：商务印书馆,1994.

[17] 彭峰.完美的自然[M].北京：北京大学出版社,2005.

[18] 钱满素.爱默生和中国　对个人主义的反思[M].北京：生活·读书·新知三联书店,1996.

[19] [美] 梭罗.瓦尔登湖[M].仲泽译,成都：四川文艺出版社,2010.

[20] [美] 舒斯特曼.实用主义美学：生活之美,艺术之思[M].彭锋译,北京：商务印书馆,2002.

[21] 涂纪亮.美国哲学史[M].武汉：武汉大学出版社,2007.

[22] [美] 沃浓·路易·帕灵顿.美国思想史 1620—1920[M].陈永国等译,长春：吉林人民出版社,2002.

[23] [美] 威廉·詹姆斯.彻底的经验主义[M].庞景仁译.上海：上海人民出版社,1965.

[24] [英] 休谟.人性论[M].关文运译,北京：商务印书馆,1983.

[25] [美] 小罗伯特·D. 理查森.爱默生——充满激情的思想家[M].石坚,李竹渝等译,成都：四川人民出版社,2001.

[26] 向玉乔.人生价值的道德诉求　美国伦理思潮的流变[M].长沙：湖南师范大学出版社,2006.

[27] [美] 约翰·洛尔卡.西方文化的衰落[M].叶安宁译,北京：新星出版社,2007.

[28] 袁义江,罗志野,李泰俊.美国哲学史[M].桂林：广西师范大学出版社,1989.

[29] [美] 詹姆斯·米勒.思想者心灵简史　从苏格拉底到尼采[M].李婷婷译,北京：新华出版社,2015.

[30] [美] 詹姆斯·卡伯特.爱默生传　生为自由[M].佘卓桓译,哈尔滨：黑龙江教育出版社,2017.

[31] 张晓立.美国文化变迁探索：从清教文化到消费文化的历史演变[M].北

京：光明日报出版社,2010.

［32］张云岗,陈志新.爱默生的超验主义思想研究［M］.石家庄：河北科学技术出版社,2013.

［33］朱立元.西方美学思想史［M］.上海：上海人民出版社,2009.


## 2 学位论文

［1］Edward E. Eller, *Language Limits and Transcendence: Emerson and Locke*［D］. Thesis（Ph. D.）, Southern Illinois University, Carbondale, 1994.

［2］Kenneth Maddox. *Intruder into Eden: Iconographic Significance of the Train in Nineteenth-Century American Landscape*［D］. Ph.D. diss. Ph.D. diss. in progress, Columbia University, written under the author's direction.

［3］陈奔.爱默生与美国个人主义［D］.厦门大学,2008.

［4］高雪.回到感性：重思马克思哲学的美学向度［D］.吉林大学,2020.

［5］高青龙.爱默生思想的伦理审视［D］.湖南师范大学,2014.

［6］马丽媛.爱默生思想中的东方元素新探［D］.北京外国语大学,2016.

［7］马玉凤.实用主义哲学的起源与发展［D］.辽宁大学,2013.

［8］左少峰.爱默生的神人一体自然观与美学观［D］.山东大学,2012.

［9］曾蕊蕊.爱默生权利思想与美国社会运动［D］.北京外国语大学,2014.


## 3 期刊论文

### 外文论文

［1］Cameron Thompson. *John Locke and New England Transcendentalism*［J］. The New England Quarterly, 1962(04)：435 – 457.

［2］Charles R. Metzger. *Emerson's Religious Conception of Beauty*［J］. The Journal of Aesthetics and Art Criticism, 1952(01)：67 – 74.

［3］Davis, Merrell R. *Emerson's "Reason" and the Scottish Philosophers.*［J］. New England Quarterly, 1944(02)：209 – 228.

［4］Daniel O'Hara. *Over Emerson's Body*［J］. CEA Critic, 1987(02)：79 – 88.

［5］Douglas R. Anderson. *American Loss in Cavell's Emerson* ［J］.

Transactions of the Charles S. Peirce Society，1993(01)：69 – 89.

［6］Douglas C. Stenerson. *Emerson and the Agrarian Tradition*［J］. Journal of the History of Ideas，1953(01)：95 – 115.

［7］Donald MacRae. *Emerson and the Arts*［J］. The Art Bulletin，1938(01)：78 – 95.

［8］David Robinson. *Emerson's Natural Theology and the Paris Naturalists: Toward a Theory of Animated Nature*［J］. Journal of the History of Ideas，1980(01)：69 – 88.

［9］David Justin Hodge. *Reforming Emerson: A Review of Recent Scholarship*［J］. Transactions of the Charles S. Peirce Society，2001(04)：537 – 553.

［10］Eric Wilson. *Emerson's "Nature", Paralogy, and the Physics of the Sublime*［J］. Mosaic：An Interdisciplinary Critical Journal，2000(01)：39 – 58.

［11］Earl Rovit. *James and Emerson: The Lesson of the Master*［J］. The American Scholar，1964(03)：434 – 440.

［12］Frank T. Thompson. *Emerson and Carlyle*［J］. Studies in Philology，1927(03)：438 – 453.

［13］Gregg Crane. *Intuition: the "Unseen Thread" Connecting Emerson and James*［J］. Modern Intellectual History，2013(10)：57 – 86.

［14］Harold Fromm. *Overcoming the Oversoul: Emerson's Evolutionary Existentialism*［J］. The Hudson Review，2004(01)：71 – 95.

［15］Jason de Stefano. *The Birth of Creativity: Emerson's Creative Impulse*［J］. Modern Language Quarterly，2019(06)：167 – 193.

［16］Jeffrey Downard. *Emerson's Experimental Ethics and Kant's Analysis of Beauty*［J］. Transactions of the Charles S. Peirce Society，2003(01)：87 – 112.

［17］Jason Berger. *Emerson's Operative Mood: Religious Sentiment and Violence in the Early Works*［J］. Studies in Romanticism，2015(04)：477 – 502.

［18］Lawrence I. Buell，*Aesthetics and Emerson's Poet-Priest*［J］. American Quarterly，1968(20)：3 – 20.

［19］Lewis S. Feuer. *Ralph Waldo Emerson's Reference to Karl Marx*［J］. The New England Quarterly，1960（03）：378 – 379.

［20］Lloyd Williams. *The Vision of Truth: Basic Perspectives in Emerson's Philosophy of Education*［J］. Peabody Journal of Education，1963（40）：286 – 290.

［21］Lloyd P. Williams. *The Vision of Truth: Basic Perspectives in Emerson's Philosophy of Education*［J］. Peabody Journal of Education，1963（40）：286 – 290.

［22］Lloyd P. Williams. *Intuitions of a Free Mind: Emerson's View of the Education of His Time*s［J］. Peabody Journal of Education，1960（37）：365 – 369.

［23］Luke Carson. *"Your Majesty's Self Is But a Ceremony": Laura (Riding) Jackson, Emerson, and the Conduct of Life*［J］. Texas Studies in Literature and Language，2010（01）：1 – 30.

［24］Marjorie Stiem. Beginnings of Modern Education：Bronson Alcott［J］. Peabody Journal of Education 1960（I）：7 – 9.

［25］Meehan，Sean Ross. *Ecology and Imagination: Emerson, Thoreau, and the Nature of Metonymy*［J］. Criticism，2013（02）：299 – 329.

［26］Meehan，Sean Ross. *Metonymies of Mind: Ralph Waldo Emerson, William James, and the Rhetoric of Liberal Education*［J］. Philosophy & Rhetoric，2016（03）：277 – 299.

［27］Mason Golden. Emerson-Exemplar：Friedrich Nietzsche's Emerson Marginalia［J］. Journal of Nietzsche Studies，2013（03）：398 – 408.

［28］Matthew Scott. *William Hazlitt and Ralph Waldo Emerson: Unitarianism, the Museum, and the Aesthetics of Power*［J］. The Wordsworth Circle，2010（02）：99 – 103.

［29］Norman Foerster. *Emerson on the Organic Principle in Art*［J］. PMLA，1926（01）：193 – 208.

［30］Nikhil Bilwakesh. *Emerson's Decomposition: Parnassus*［J］. Nineteenth-Century Literature，2013（04）：520 – 545.

［31］Percy W. Brown. *Emerson's Philosophy of Aesthetics*［J］. The Journal of

Aesthetics and Art Criticism，1957(03)：350 – 354.

[32] Ronald A. Bosco. *"Poetry for the World of Readers" and "Poetry for Bards Proper": Poetic Theory and Textual Integrity in Emerson's "Parnassus"*[J]. Studies in the American Renaissance，1989 (04)：257 – 312.

[33] Roger Lundin. *Natural Experience: Emerson，Protestantism，and the Emergence of Pragmatism*[J]. Religion & Literature，2000 (03)：23 – 67.

[34] Richard Shusterman. *Pragmatist Aesthetics and Confucianism*[J]. The Journal of Aesthetic Education，2009(01)：18 – 29.

[35] Richard Grusin. *Revisionism and the Structure of Emersonian Action*[J]. American Literary History，1989(02)：404 – 431.

[36] Sydney Smith. *Review of Seybert's Annals of the United States*[J]. The Edinburgh Review，1820(33)：79.

[37] Sheldon W. Liebman，*The Development of Emerson's Theory of Rhetoric，1821 – 1836*[J]. American Literature，1969(41)：178 – 206.

[38] Sean Ross Meehan. Ecology and Imagination：Emerson，Thoreau，and the Nature of Metonymy[J]. Criticism，2013(02)：299 – 329.

[39] Thomas Sorensen. *Between Emerson and His Several Voices*[J]. A Journal of American Literature，Culture，and Theory，2020 (04)：113 – 137.

[40] Theo Davis. *Emerson Attuning: Issues in Attachment and Intersubjectivity*[J]. American Literary History，2019(03)：369 – 394.

[41] Theodore M. Brown. *Greenough，Paine，Emerson，and the Organic Aesthetic*[J]. The Journal of Aesthetics and Art Criticism，1956 (03)：304 – 317.

[42] Ulf Schulenberg. *"Strangle the singers who will not sing you loud and strong" —Emerson，Whitman，and the Idea of a Literary Culture*[J]. Arbeiten aus Anglistik und Amerikanistik，2006(01)：39 – 61.

[43] Wesley T. Mott. *Emerson and Second Church in Boston*[J]. The Concord Saunterer，New Series，2003(11)：22 – 29.

[44] W. Ross Winterowd. *Emerson and the Death of "Pathos"*[J]. JAC, 1996(01)：27 - 40.

[45] Willam W. Stowe. *Transcendental Vacations: Thoreau and Emerson in the Wilderness*[J]. The New England Quarterly, 2010(03)：482 - 507.


## 中文论文

[1] 陈榕.西方文论关键词：崇高[J].外国文学,2016(06)：93 - 111.

[2] 陈露茜.对美国"公共学校"(common school)中"common"的讨论[J].清华大学教育研究,2018(01)：117 - 124.

[3] 程心.福勒和爱默生：超验主义的文学关系[J].国外文学,2012,32(02)：97 - 107.

[4] 段国重,顾明栋.超验主义主体思想与儒家角色伦理学——爱默生、梭罗和惠特曼的"自我"书写新论[J].浙江大学学报(人文社会科学版),2022,52(02)：157 - 166.

[5] 郭勇健.论审美经验中的身体参与[J].郑州大学学报(哲学社会科学版),2021,54(01)：73 - 79,128.

[6] 简功友.爱默生实体化诗学思想[J].外国文学,2022(03)：114 - 124.

[7] 刘涛.隐喻与转喻的互动模型：从语言到图像[J].新闻界,2018(12)：33 - 46.

[8] 刘军.反讽与复归：浪漫主义诗歌在马克思思想演进中的作用[J].学术研究,2012(12)：32 - 36

[9] 刘森林.从浪漫派的"存在先于意识"到马克思的"社会存在决定社会意识"[J].哲学动态.2007(09)：3 - 8.

[10] 龙云.伦理使命与人格化书写：爱默生的文学创作伦理观[J].暨南学报(哲学社会科学版),2014,36(10)：113 - 119,163.

[11] 毛亮.抽象与具象之间：爱默生个人主义的形而上学问题[J].外国文学评论,2010(02)：151 - 166.

[12] 孟宪平.透光风格：一种美国绘画风格的学术史考察[J].美术,2011(03)：121 - 125.

[13] 马玉凤,陆杰荣."自然是外化的心灵,心灵是内化的自然"——爱默生自然观解析[J].世界哲学,2013(06)：146 - 150.

[14] 戚涛.防御与建构——爱默生的惯习与思想体系[J].学术界,2013(10):169-177,311.

[15] 戚涛.主流或边缘——场域视野下爱默生超验主义再探[J].外国文学,2013(03):103-111,159.

[16] 隋刚.爱默生的多义隐喻:改革的精灵[J].外国文学研究,2012,34(04):105-110.

[17] 王屹.爱默生超验主义对美国文学的影响[J].外语教学,1997(03):59-65+82.

[18] 徐亮.叙事的建构作用与解构作用——罗兰·巴尔特、保罗·德曼、莎士比亚和福音书[J].文学评论,2017(01):68-76.

[19] 夏睿.爱默生的早期进化思想[J].复旦外国语言文学论丛,2012(02):41-46.

[20] 殷晓芳.实用主义的审美形式论——杜威和爱默生的交集与分野[J].文艺理论研究,2018,38(05):182-190.

[21] 张宝贵.工业社会的歌者——杜威生活美学思想简述[J].外国美学,2019(02):101-116.

[22] 张中.直觉的考古[J].美育学刊,2014,5(05):67-75.

[23] 张旭春.革命·意识·语言——英国浪漫主义研究中的几大主导范式[J].外国文学评论,2001(01):116-127.

[24] 赵锦英,刘森林.现代性批判:从浪漫主义人论到历史唯物主义人论[J].现代哲学,2017(02):21-27.

[25] 朱进东.卡维尔与美国实用主义[J].浙江学刊,2021(05):144-153.

[26] 张世耘.爱默生论自然与心灵:知识论再解读[J].外国文学,2018(05):80-91.

[27] 曾雪梅.在文学与宗教之间寻求平衡——解读爱默生的"诗人—神父"[J].重庆大学学报(社会科学版),2015,21(01):176-179.

[28] 周玉军.爱默生与美国内战前的慈善运动[J].外国文学评论,2013(03):180-194.

# 索　引

**A**

爱默生　1—153,155—162

**J**

教育　10,20,99,100,115,134—148,154

**M**

马克思　20,55,77,117,127,128,137,147,
149—162

**S**

诗人　12,13,15,19,22—40,52—54,56,57,
59,65,79,88,89,91,94,97,124,145,
150,155,156,159

诗性　2—8,11—13,16—20,22,26,27,31,
33,40,51—54,56—60,62,64,67,72,
77—79,83—92,95—98,102,108,110,
121,140,148—152,154,156,158—161

实用　1—5,7—18,20,21,25—27,38,39,
54,55,57,58,71,73,88,92,93,96,98,
102,107,113,115,117,121,123,124,
131—133,135,138,145—147

行动　1—10,13,17—20,26,35,47,56,57,
64,65,79,81,85,88,91—93,95—98,
103,104,107—110,113,114,117,125,
128—135,137—141,143—149,151,152,
154,156

**Y**

语言　12,13,19,34,42,47,52,79—95,97,
137,160

**Z**

直觉　1—5,7,10,11,13—15,17,19,25—
27,40,43—59,62,79,84,91,93,95,97,
98,100,102,103,110,120,123—125,
129,140—143,146,148,149

自然　1,3—7,13,15,16,18,19,22,24—27,
31—38,40,44,47—51,53,54,57,59—
80,82,84—88,90,91,93—95,97,98,
100,103—108,110,112,115,116,118—
124,128—130,132,134,140—142,144,
145,148,149,152,153,155—157,161,
162

# 后　记

　　本书的出版算是对自己博士阶段的小结,也意味着对爱默生美学研究将暂时告一段落。选择爱默生作为研究对象,多少有点偶然。他算不上严格意义上的美学家,没有一本美学专著,与美学相关的言论也非常零散、不成体系,有时还有表述前后矛盾、颠倒多变之嫌。这些都会让研究困难重重,甚至难以为继。在研究伊始,我便意识到了这些困难,会担心自己学术素养无法完成论文,但我最终还是选择了他。一方面,缘于我被爱默生浓厚的人文关怀、社会意识所深深打动。我好奇这样一位美国精神、文化教父,在美学层面究竟如何引领了时代的思想变革。另一方面,缘于我有一个非常给力的师门,导师的指点、师门同侪的出谋划策,帮助我克服了一个个研究困难。最终,我完成了论文,梳理出爱默生完整的美学脉络,尽力去体现爱默生鲜活的思想印记。

　　但对于爱默生研究,我是有遗憾的。与爱默生接触的时间越长,我越会觉得自己对其思想的复杂与深邃,远没有做到充分的洞见,甚至会有将其简单化之嫌。他就像一面镜子,照见的是我自身学识、视野的局限。本打算多花点时间去打磨完善论稿,可惜在有限的时间内,自身理论能力难以有质的提升,对于论文的修改与加工也常流于表面功夫。书中定有不少遗漏、不足之处,希望能得到读者们的包容与指正。若读者朋友在阅读中,能从爱默生思想处收获些对自身思想、生活有益的体悟,这便是对拙作最高的赞赏。我想无论是研究还是阅读某个对象,只有关怀到自身才有价值。我很感谢能与爱默生相遇,感谢他在潜移默化间观照我的生活,也希望他能照进各位读者的生活里。

　　本书的出版,首先要感谢我的博士导师张宝贵老师。张老师不仅在学业上给予了我诸多指导,敦促我严谨治学,更是在生活上给予了我诸多照顾与关怀,特别是在我家中遇事、心情极度低沉时,张老师与师母详细询问情况、开解宽慰我,如父母般给予了我内心笃定的力量,走过那段难挨的时光。每当想到这些,都深觉自己是如此幸运，能遇上这么好的老师与师母，感念他们对我的呵护！我还要感谢我的硕士导师江守义老师、本科论文指导陈志华老师，感谢他们一直以来对我学业上的帮助、扶持、教导一个懵懂的学术小白，一步步学会如何开展科研工作。此外，在爱默生美学思想研究中，我还收获了朱立元老师、陆扬老师、汪涌豪老师、王才勇老师、谢金良老师、李钧老师、张勤老师的指导建议，在此一并感谢。

感谢编辑吴芸茜先生，若没有先生的全力支持，该书无法实现这么快便能与读者见面。

最后我想说，该书的出版或许仅意味着真正学术道路的开始，我也不过刚刚拿到学术研究的入场券。未来的路还很长，或许很难，或许很刺激，希望作为新人的我，可以脚踏实地，认真读书，做好学问。

李珍珍

2024 年 12 月 6 日于上海复旦大学